미국과 중국의
대격돌

미국과 중국의 대격돌
바이든 시대의 미·중 패권전쟁

초판 1쇄 인쇄 2021년 2월 3일
초판 1쇄 발행 2021년 2월 10일

–

지은이 이장훈
펴낸이 이방원
편 집 송원빈 · 김명희 · 안효희 · 정조연 · 정우경 · 최선희 · 조상희
디자인 양혜진 · 손경화 · 박혜옥 **영 업** 최성수

–

펴낸곳 세창출판사
신고번호 제300-1990-63호 **주소** 03735 서울시 서대문구 경기대로 88 냉천빌딩 4층
전화 02-723-8660 **팩스** 02-720-4579 **이메일** edit@sechangpub.co.kr **홈페이지** http://www.sechangpub.co.kr
블로그 blog.naver.com/scpc1992 **페이스북** fb.me/Sechangofficial **인스타그램** @sechang_official

–

ISBN 978-89-8411-999-4 03340

미국과 중국의 대격돌

바이든 시대의
미·중 패권전쟁

이장훈 지음

세창출판사

★ 들어가는 말 ★

신축(辛丑)조약은 열강 11개국이 1901년 9월 7일 청나라를 압박해 체결한 불평등 조약을 말한다. '베이징 의정서'라고도 한다. 이 조약은 1899년 '부청멸양(扶清滅洋: 청을 도와서 서양 오랑캐를 멸하자)'을 기치로 내건 의화단(義和團) 운동에서 비롯됐다. 당시 제국주의 열강의 침탈로 어려움을 겪었던 농민들은 토착 무술 조직과 힘을 합쳐 반외세, 반제국주의, 반기독교를 기치로 내걸고 의화단 운동을 벌였다. 산둥의 농촌 지역에서 불붙기 시작한 의화단 운동은 톈진과 수도 베이징까지 빠르게 확산됐다. 서태후(西太后)가 은밀하게 지원한 의화단 운동 세력 20만여 명은 무장봉기를 했다. 이들은 정부군과 함께 외국 공사관을 습격하고 서양 선교사와 가족, 중국 기독교인 5만 명을 살해했다. 열강 8개국(열강 11개국 중 3개국은 군대를 파병하지 않음)은 자국민과 공관 보호 등을 명분으로 연합군을 결성해 이들을 격파하고 베이징을 점령했다. 열강의 요구에 따라 청나라는 4억 5000만 냥의 배상금 지불과 베이징에 공사관 구역 설정, 외국 군대 상주 등을 내용으로 하는 신축조약을 체결했다. 이 조약으로 청나라는 사실상 열강들의 반(半)식민지로 전락하고 결국 멸망의 길로 들어섰다. 당시 열강 11개국은 영국, 프랑스, 독일, 미국, 러시아, 이탈리아, 일본, 오스트리아-헝가리 제국, 스페인, 벨기에, 네덜란드 등이었다.

신축조약이 체결된 지 120년이 되는 올해, 미국과 중국의 대결이 당시 상황과 비슷하게 전개되고 있다. 조 바이든(J. R. "Joe" Biden, Jr.) 미국 대통령이 중국을 견제하기 위해 동맹과의 강화를 통해 '반중(反中) 연합전선' 구축 전략을 추진하고 있기 때문이다. 바이든 대통령은 도널드 트럼프(Donald J. Trump) 전 대통령이 집권하는 동안 '미국 우선주의' 정책을 추진하는 바람에 동맹국들과 갈등과 대립이 심화됐다고 비판해 왔다. 특히 바이든 대통령은 "임기 첫해에 '민주주의를 위한 정상회의(Summit For Democracy)'를 개최할 것"이라면서 "세계의 민주국가들이 모여 민주주의 시스템을 강화하고, 민주주의에서 퇴보하는 국가들에 맞설 것"이라고 밝혔다.

이런 가운데 영국, 프랑스, 독일 등 서방 국가들이 대거 남중국해와 서태평양에 함대를 보내는 등 미국 지원에 나서고 있다. 이런 양상은 19세기의 상황을 떠올리게 한다. 의화단 운동에 맞서 열강들이 연합군을 구성했듯이 미국이 주도하는 인도·태평양 전략을 위한 안보협력체인 '쿼드(Quad)'에 일본, 호주, 인도를 비롯해 영국, 프랑스, 독일과 캐나다 등이 합세하는 모양새다. 19세기에선 열강들이 힘을 잃은 중국에서 이권을 뜯어가려는 목적이었지만, 21세기에선 민주주의 국가들이 갈수록 커지고 있는 중국을 견제하려는 의도라는 점에서 그 성격이 상당히 다르다.

중국의 집권 세력인 공산당은 올해 창당된 지 100주년을 맞는다. 중국 공산당은 7월 1일 창당 100주년을 맞아 그 어느 때보다 대대적으로 성대한 기념행사를 가질 예정이다. 톈안먼 광장에서 열병식 등을 비롯해 중국의 발전과 국력을 대내외에 과시하면서 '현대화된 사회주의'의 우월성을 강조할 것이 분명하다. 시진핑(习近平) 중국 국가주석 겸 공산당 총서기는 공산당 창당 100주년을 맞아 중국은 '전면적인 샤오캉(小康: 모든 국민이 편안하고 풍족한 생활을 누림)' 사회가 됐다고 선언하고 건국 100주년인 2049년에는 초강대국이 되겠다는 '중국몽(中國夢)'을 천명할 것이다. 특히 시 주석은 "아편전쟁(1840) 이후 서구 열강에 의해 침탈당했던 치욕의 역사를 절대 잊지 않을 것"이라면서 "오늘날 사회주의 중국은 세계에 우뚝 일어섰고, 그 어떤 세력도 중국 인민과 중화민족의 진전하는 발걸음을 막을 수 없다"고 강조할 것이 분명하다.

중국인들은 1840년대의 아편전쟁으로부터 마오쩌둥(毛泽东)이 건국한 1949년까지의 세월을 중국 역사의 '백년 치욕'이라고 부른다. 영국의 경제사학자 앵거스 메디슨(Angus Maddison)에 따르면 아편전쟁 발발 20년 전인 1820년 청나라의 국내총생산(GDP)은 전 세계의 32.96%를 차지했다. 유럽 전체의 GDP는 22.91%였고, 신생 국가 미국은 1.81%에 불과해 유럽과 미국을 합해도 중국과 비교할 수준이 되지 못했다. 청나라는 아편전쟁 이후 신축조약 등으로 열강의 먹잇감으로 전락했다. 이 때문에 중국 공산당은 중국을 바로 세워 지금까지 발전시킨 것을 가장 최고의 업적으로 생각한다. 중국 공산당이 독재와 권위주의 통치의 정당성에 대한 명분으로 이 업적을 내세우는 것도 이 때문이다. 시 주석의 중국몽은 강성했던 중화민족의 부흥을 의미한다. 1840년의 아편전쟁 이전 세계사에서 차지했던 중국의 막강했던 위상을 되찾겠다는 것이다.

이런 맥락에서 볼 때 미·중은 포스트 코로나 시대를 맞아 세계의 주도권을 놓고 패권다툼을 벌일 수밖에 없다. 특히 세계 유일 초강대국인 미국은 현재의 위상과 영향력을 중국에 양보하지 않을 것이 분명하다. 게다가 바이든 정부에서도 미국은 중국에 대한 압박을 더욱 강화할 것이다. 반중 봉쇄전략은 트럼프 전 대통령뿐만 아니라 미국 조야의 컨센서스(합의)이기 때문이다. 미·중의 대결을 '투키디데스의 함정'으로 묘사한 그레이엄 앨리슨(Graham T. Allison, Jr.) 미국 하버드대 교수는 "자유, 인권, 민주주의에 대한 미·중 간의 근본적 차이는 바이든 정부에서 더욱 뚜렷해질 것"이라고 지적했다.

필자는 이 책에서 미·중 양국의 패권다툼 전략이 그동안 어떻게 진행됐고 앞으로 어떻게 전개될지 조망해 보고자 했다. 1장 「포스트 코로나 국제질서 패권다툼」에선 과거 강대국들의 패권다툼과 미·중의 입장을, 2장 「기술패권 다툼과 경제전쟁」에선 미·중이 각종 경제 분야에서 치열하게 대립하는 상황을, 3장 「미국과 중국의 군사력 대결과 제2의 태평양 전쟁」에선 미·중이 홍콩, 대만, 남중국해 등과 안보 및 군사 분야 등에서 경쟁하는 전략을, 4장 「바이든 시대와 미국의 초강대국 수호 전략」에선 앞으로 중국의 도전에 대한 바이든 대통령이 이끄는 미국의 대응 방안을, 5장 「역사의 교훈과 한국의 선택」에선 한·미 동맹이 나가야 할 방향 등을 다루었다.

필자가 이 책에서 미·중의 대격돌을 상정한 것은 냉전적 사고방식 때문은 아니다. 세계 역사를 볼 때 항상 강대국들은 그동안 패권다툼을 해 왔기 때문이다. 국제질서는 언제나 힘의 논리가 작동한다. 코로나19라는 100년 만의 전염병 대유행인 팬데믹 상황에서도 미·중은 자국의 이익을 위해 패권다툼을 벌여 왔다. 미국과 중국은 모두 힘의 논리나 자국의 이익을 외면하면서 공존과 평화를 추구한 적이 없다. 물론 과거 강대국들도 마찬가지다. 국제정세를 역사의 관점에서 볼 수만은 없지만, 역사의 교훈을 무시해서도 안 된다. 역사는 항상 되풀이되지는 않지만 비슷하게 전개되기 때문이다. 특히 세계 최강국으로 부상하고 있는 중국의 '부활'은 국제정세에 엄청난 파장을 일으킬 것이 분명하다. 기존의 초강대국인 미국은 세계에서 가장 많은 코로나19 확진자와 사망자를 내면서 상당한 국력을 상실했다. 반면 코로나19 발원국인 중국은 피해를 최소화하면서 위기를 새로운 기회로 만들려고 한다. 때문에 양국의 대격돌은 포스트 코로나 시대를 맞아 불가피한 국제정세의 가장 중요한 변수가 될 수밖에 없다.

미·중은 앞으로 세계 각국을 상대로 우군 만들기에 적극 나설 것이 분명하다. 바이든 정부의 '민주주의를 위한 정상회의' 개최가 이런 전략의 하나라고 볼 수 있다. 중국 정부도 경제협력을 고리로 각국과의 연대에 총력을 기울일 것이다. 이런 상황에서 한 가지 주목할 점은 120년 전처럼 중국을 도와줄 이렇다 할 동맹국들이 사실상 없다는 것이다. 중국 공산당의 독재와 권위주의 통치체제는 국제사회가 보편적으로 지향하는 모델이 아니기 때문이다. 각국이 중국과는 경제적으론 협력하면서도 거리두기에 나서고 있는 것도 이런 이유 때문이라고 볼 수 있다. 그런데 한국의 일부 정치권은 한·미 동맹을 무시하고 중국에 편향되는 주장마저 하고 있다. 중국은 6·25전쟁에서 보듯이 남북한 통일을 지지한 적도 없고 바라지도 않는다. 중국은 미국을 견제하기 위해 한반도를 자국의 영향권에 두려는 전략을 구사해 왔다. 필자는 미·중 패권다툼과 대격돌 시대를 맞아 독자들이 미·중의 전략과 의도를 제대로 파악하고 올바른 선택을 할 수 있도록 이 책을 집필했다. 모쪼록 필자는 독자들이 이 책을 통해 한국이 지향하는 가치와 정체성에 대한 냉철한 판단을 하는 데 도움이 되기를 기대한다.

언제나 남편을 믿어 주는 사랑하는 아내 김영희와 아들 현규에게 이 책을 바친다.

2021년 1월

이장훈

차례

2장 기술패권 다툼과 경제전쟁

3장 미국과 중국의 군사력 대결과 제2의 태평양 전쟁

5장 역사의 교훈과 한국의 선택

· 1장 ·

포스트 코로나 시대의 국제질서 패권다툼

★

독일제국의 황제 빌헬름 2세와 중화제국의 붉은 황제 시진핑

대양함대(大洋艦隊, Hochseeflotte)는 독일제국의 3대이자 마지막 황제인 프리드리히 빌헬름 2세(Friedrich Wilhelm II, 재위 기간 1888~1918)가 만들었던 함대를 말한다. 대양함대는 말 그대로 독일제국의 국력을 상징했다. 빌헬름 2세가 대양함대를 만든 의도는 당시 세계 최강국인 영국(대영제국)의 해군력을 따라잡으려는 것이었다. 독일제국은 1898년 의회에서 제정된 '함대법(Flottengesetz)'에 따라 7년간 4억 890만 마르크를 투입해 전함 19척, 대형 순양함 12척을 건조했다. 독일제국의 연간 예산이 20억 마르크였을 때 이런 거액의 자금을 해군 함정을 만드는 데 사용했다는 것은 빌헬름 2세의 해군력 강화 의지가 대단했던 것을 증명한다. 이후에도 독일제국은 1914년 1차 세계대전이 발발할 때까지 해군력 증강에 박차를 가했다.

빌헬름 2세의 목표는 당시 세계정세의 주도권을 독점하던 대영제국에 버금가는 독일제국을 만드는 것이었다. 독일은 애초 유럽에서 후발 산업국이었다. 독일은 1840년대 선진국이던 영국의 기술과 제품을 모방하면서 제조업을 시작했다. 조악한 짝퉁 물품을 생산하던 독일은 1850년대에 접어들면서 영국에서 수입하던 기계류나 증기기관차 등을 독일산으로 대체하는 저력을 보였다. 빌헬름 2세의 조부 빌헬름 1세가 1871년 독일을 통일하고 독일제국을 세운 이후 경제가 더욱 눈부시게 발전했다. 강철, 화학, 전기 같은 첨단 중화학공업 분야에서 빠른 진전을 이뤄 영국을 앞서는 제품들을 생산할 수 있었다. 독일제국은 1880년 세계 공산품 교역의 20%를 점유할 수 있었다. 게다가 주력 수출상품도 석유화학이나 철강 등 주로 2차 산업혁명을 통해 생산된 첨단제품들이었다.

궁정사진가 토마스 H. 포이크트가 촬영한 빌헬름 2세

빌헬름 2세는 1888년 조부가 사망한 후 제위를 계승한 부친 프리드리히 3세가 99일 만에 후두암으로 숨지자 29세의 나이로 황제에 등극했다. 하지만 대외정책을 둘러싸고 빌헬름 2세는 독일제국의 정치·외교를 주도해 온 '철혈 재상' 오토 폰 비스마르크(Otto E. L. von

Bismarck)와 빈번하게 충돌했다. 결국 비스마르크가 사임하면서 빌헬름 2세는 적극적인 대외정책을 추진했다. 빌헬름 2세는 그동안 비스마르크가 견지한 유럽 내 현상유지라는 수세적 외교정책이 아니라 독일제국도 해외로 진출해 세계 강대국으로 도약해야 한다는 이른바 '세계정책[Deutschland über alles]'을 내세웠다. 빌헬름 2세의 야심은 경제발전 덕분이었다. 당시 신흥 산업국인 독일제국은 영국에 도전할 만큼 유럽 제1의 경제 대국으로 부상했다. 철강이나 석탄 등 산업혁명의 기초 생산에서 독일제국은 영국을 추월했고, 전기나 화학 등 새로운 기술과 산업에서도 절대적인 강자로 군림하기 시작했다. 빌헬름 2세는 적극적인 해외 진출정책을 추진하기 위해 해군력 증강에 나섰다. 당시 전 세계 주요 지역을 식민지배 하던 영국과 프랑스에 도전장을 내밀려면 강력한 군사력을 보유해야만 했다. 빌헬름 2세는 대규모 자금을 해군력 강화에 투입했고 결국 독일제국은 세계 2위의 군사력을 갖추게 됐다.

그러던 중 1914년 6월 28일 발칸반도에 있는 보스니아의 수도 사라예보에서 세르비아 청년이 오스트리아 황태자 부부를 쏘아 죽인 사건이 발생하면서 1차 세계대전이 발발했다. 오스트리아가 이 사건을 빌미로 한 달 후인 7월 28일 세르비아에 선전포고를 했다. 영국, 프랑스, 러시아가 세르비아의 편에 서고, 오스트리아의 동맹국인 독일이 러시아에 전쟁을 선언하면서 유럽은 전쟁의 소용돌이로 빠져들었다. 1차 세계대전은 연합국(영국, 프랑스, 러시아, 이탈리아, 미국 등)과 동맹국(독일, 오스트리아, 헝가리, 오스만튀르크제국, 불가리아 등)으로 나뉘어 31개국이 참전하는 가운데 전개됐다. 4년간의 힘의 대결 끝에 연합국이 승리하면서

1918년 11월 11일 전쟁은 끝났다. 당시 동맹국을 이끌던 독일제국이 11월 혁명으로 빌헬름 2세의 퇴진과 함께 붕괴되고 바이마르공화국이 수립됐기 때문이었다.

코로나19로 전 세계가 고통을 겪고 있는 가운데 현재의 국제정세가 1차 대전이 발발할 때와 비슷하게 전개되고 있다. 영국 역사학자인 마거릿 맥밀런(Margaret O. MacMillan) 옥스퍼드대 교수는 저서 『평화를 끝낸 전쟁(*The War That Ended Peace*)』에서 현재의 중국을 1차 세계대전 당시의 신흥 강대국 독일제국에, 당시의 영국, 프랑스, 러시아 등을 현재의 미국과 일본에 각각 비유했다. 특히 중화제국(중국)과 시진핑 주석의 야심은 독일제국과 빌헬름 2세의 데자뷔(deja vu)라고 해도 과언은 아니다. 중국의 목표는 너무나도 분명하다. 중국은 이제 강대국으로 부상했으니 그에 걸맞은 위상과 영향력을 행사할 뿐만 아니라 과거 중화제국의 영광을 되찾겠다는 것이다. 중국은 또 세계 유일 초강대국인 미국의 글로벌 맹주 자리까지 차지하겠다는 야심까지 보이고 있다.

마커스 브루너마이어(Markus K. Brunnermeier) 미국 프린스턴대 경제학 교수와 해럴드 제임스(Harold James) 프린스턴대 역사학 교수 및 러시 도시(Rush Doshi) 미국 〈브루킹스 연구소〉 연구원은 "21세기 미국과 중국의 경쟁은 19세기 말과 20세기 초 사이 영국과 독일의 경쟁을 빼다 박은 듯이 닮았다"고 주장했다. 특히 이들은 지금의 미국과 당시 패권국인 영국이 자유시장경제를 내세운 데 비해 지금의 중국과 당시 신흥 강국인 독일은 국가주도 발전을 통해 패권에 도전한 공통점이 있다고 지적하면서 이런 경쟁에서는 경제의 네 가지 전선에서 치열한다툼이 벌어진다고 강조했다. 경제의 네 가지 전선은 산업 표준을 둘러싼 경쟁, 기술 획득, 금융 전쟁, 인프라를 통한 경제력 투사 등이다. 영국 『파이낸셜타임스(The Financial Times)』의 마틴 울프(Martin H. Wolf) 논설위원도 "미국과 중국의 대립은 과거 영국과 독일과 비슷하다"면서 "두 대립은 모두 경제적 세계화와 빠른 기술 혁신의 시대에 발생했고, 또 자유시장체제를 갖춘 기성의 민주주의 국가에 국가보호경제를 갖춘 부상하는 전제국가가 도전한다는 점이 유사하다"고 지적했다.

독일제국은 식민지 경영과 해상 통로 확보를 위해 대양해군 건설에 적극 나섰다. 게다가 빌헬름 2세의 세계정책은 당시의 글로벌 패자인 대영제국을 겨냥한 것이었다. 이에 따라 대양해군 건설은 결국 1914년의 1차 세계대전의 중요한 원인이 되었다. 중국도 해군력을 비롯해 군사력 강화에 총력을 기울이고 있다. 중국은 남중국해를 비롯해 서태평양과 인도양까지 진출하고 있다. 미국으로선 중국의 이런 도전에 물러서지 않을 것이 분명하다. 이런 맥락에서 볼 때 빌헬름 2세와 시진핑 주석은 닮은꼴이라고 말할 수 있다. 빌헬름 2세는 독일제국을 강대국에 올려놓겠다는 '독일의 꿈'을 꾸었다. 시 주석도 미국을 제치고 중국을 세계 최강국으로 만들겠다는 '중국의 꿈[中國夢]'을 실현시키겠다는 야심을 노골적으로 드러내 왔다. 하지만 '하나의 산에 두 호랑이가 살 수 없다[一山不容二虎]'는 중국의 속담처럼 미국과 중국이 포스트 코로나 시대를 맞아 패권다툼을 본격적으로 벌이고 있는 만큼 승패가 분명히 갈릴 것이다.

문제는 독일제국과 대영제국이 벌였던 1차 세계대전이 또다시 벌어질 가능성이 있다는 것이다. 1차 세계대전은 군 병력 900만여 명이

전사하고 1280만여 명이 부상당했다. 민간인도 700만여 명이나 목숨을 잃었다. 게다가 전쟁 막바지에 '스페인 독감'이라 불린 유행성 인플루엔자가 전 세계에 퍼져 최소 5000만여 명이 사망했다. 코로나19 팬데믹이 전 세계에 유행하고 있는 현재의 상황과 너무나 비슷하다. 미국과 중국의 패권다툼이 자칫하면 전쟁으로 비화될 수도 있다는 전망이 나오는 것도 이 때문이다.

투키디데스의 함정에 빠진 미국과 중국

미국과 중국은 포스트 코로나 시대를 맞아 정면대결을 벌일 것인가. 양국 관계가 어떻게 전개될지를 놓고 이른바 '투키디데스의 함정(Thucydides Trap)'이 화두로 떠오르고 있다. 이 용어는 『펠로폰네소스 전쟁사』의 저자인 고대 그리스의 역사학자 투키디데스(BC 460~400?)가 신흥 강국이 기존의 패권 국가에 도전하고 이 과정에서 전쟁이 발발하는 상황을 지적한 데서 비롯됐다. 투키디데스는 저서에서 당시 그리스 반도에서 가장 강력한 도시 국가인 스파르타와 신흥 강국으로 떠오른 아테네가 전쟁을 벌이게 된 과정을 생생하게 묘사했다. 아테네는 지중해 곳곳의 도시국가들과 델로스 동맹을 맺고 시칠리아와 이탈리아 반도까지 세력을 넓혀 갔다. 이에 위협을 느낀 펠로폰네소스 반도의 국가들은 스파르타를 위시하여 펠로폰네소스 동맹을 결성해 맞섰다. 양국은 펠로폰네소스 전쟁(BC 431~404)을 벌였고, 이 전쟁에서 아테네가 패배하고 스파르타는 승리했지만 얼마 지나지 않아 국력 쇠퇴로 멸망했다. 투키디데스는 아테네의 국운 융성과 스파르타의 두려움이 전쟁의 발발 원인을 제공했다고 주장했다.

역사적으로 볼 때 어느 한 세력의 빠른 부상(浮上)은 반드시 주변국 간의 세력 균형을 흔들고, 무력충돌을 통해 불균형을 해소하는 경우가 비일비재하다. 그레이엄 앨리슨 교수는 저서 『예정된 전쟁(*Destined for War*)』에서 1500년 이후 전 세계적으로 힘의 축이 이동했던 16번 중 12번이 전쟁으로 귀결됐다고 분석했다. 국제사회의 패권이 이동하는 과정에서 전쟁이 발발한다는 것이다. 대표적인 사례가 기존 강국인 대영제국과 신흥 강국인 독일제국의 대결이었다. 2,500년 전 역사가 새삼 언급되는 것은 중국의 부상 때문이다. 중국은 이미 새로운 패권국가로 급성장하고 있다. 중국은 아테네를 연상케 한다. 중국은 당연히 미국 중심의 세계질서에 이의를 제기하고 있다. 반면 미국은 중국의 도전에 노골적인 경계심을 드러내고 있다. 앨리슨 교수의 지적처럼 미국과 중국은 모두 투키디데스의 함정에 빠져들고 있다. 심지어 앨리슨 교수는 양국의 대결이 무력충돌로 비화될 가능성이 있다고 전망했다.

이런 맥락에서 볼 때, 트럼프 행정부의 중국 때리기는 신흥 대국의 도전에 대한 위기감의 발로라고 볼 수 있다. 반면 시진핑의 중공(중국 공산당 정권)은 중국몽 실현이라는 통치 슬로건을 통해 체제에 대한 자신감과 중화 민족주의를 내세우면서 미국에 맞서고 있다. 미국의 두려움과 중국의 오만함이 맞부딪치는 형국이다. 게다가 코로나19 팬데믹으로 미국과 중국은 갈등의 골이 더욱 깊어졌을 뿐만 아니라 전쟁을 벌일 가능성도 높아지고 있다.

실제로 중국은 미국을 제치고 세계 최강국이 되겠다는 야심을 노골적으로 드러내 왔다. 특히 시 주석은 '중화민족의 위대한 부흥'이라는 중국몽을 기치로 내걸고 중국 건국 100주년이 되는 2049년까지 초강대국이 되기 위해 군사력과 경제력 강화에 박차를 가하겠다는 원대한 청사진을 제시했다. 게다가 시 주석은 중국식 사상과 정치·경제체제를 바탕으로 서구식 자유민주주의 체제에 도전장을 내밀었다. 시 주석은 "서구 자유민주주의 제도를 배울 필요는 없다"며 "새 시대 중국 특색의 사회주의를 통해 두려움을 모르는 자세로 중화민족의 위대한 부흥이라는 목표를 향해 계속 힘차게 나아가야 한다"고 강조해 왔다.

미국으로선 중국의 도전에 일종의 두려움을 느끼고 있다. 마이클 필스버리(Michael P. Pillsbury) 미국 〈허드슨 연구소〉 산하 중국전략연구센터 소장은 저서 『백 년의 마라톤(*The Hundred-Year Marathon*)』에서 중국몽은 단순한 부국강병이 아닌 미국의 패권을 대체하고 중국 중심의 새로운 국제질서를 구축하려는 것이라고 지적했다. 필스버리 소장은 중국이 아편전쟁 이후 100년간의 '치욕의 세기'를 설욕하고 글로벌 패권을 차지해 세계문명의 중심으로서 자신들의 가치관, 언어, 문화를 확산시키고 다른 문명을 '천하'에 편입시키려는 의도를 보이고 있다고 밝혔다. 이 때문에 미국 내에선 자국 중심의 국제질서가 붕괴할 수도 있다는 목소리가 나오고 있다. 심지어 앨프리드 맥코이(Alfred

시진핑 주석의 중국몽을 강조하는 포스터(chineseposters.net)

W. McCoy) 위스콘신대 매디슨캠퍼스 석좌교수는 저서 『대전환(*In the Shadows of the American Century*)』에서 "미제국이 쇠퇴기에 들어섰기 때문에 국제질서가 흔들리고 있다"면서 "미제국은 2030년경 무너진다"고 전망했다. 이 때문에 미국의 공화당과 민주당은 정파에 관계없이 중국의 부상을 강력하게 저지해야 한다는 입장을 보이고 있다.

그렇다면 양국은 앨리슨 교수의 지적처럼 전쟁을 벌일 것인가. 미국의 대표적인 안보 전문 싱크탱크인 〈랜드 연구소〉는 「중국의 세계 제패전략: 추세와 궤적, 장기적 경쟁에 대한 분석(The compilers of China's Grand Strategy: Trends, Trajectories and Long-Term Competition)」이라는 제목의 보고서에서 중국 공산당이 2050년까지 설정한 목표를 달성하는 데 얼마나 성공할 가능성이 있는지를 분석했다. 보고서는 목표의 완전 달성을 의미하는 '대성공', 일부 달성을 의미하는 '우세', 목표 달성 미달을 의미하는 '침체', 마지막으로 공산당 존립이 위협을 받는 '붕괴' 등 4가지 종류의 시나리오를 상정하고, 이 가운데 두 번째와 세 번째인 '우세'와 '침체'가 가장 가능성이 있다고 전망했다. 특히 〈랜드 연구소〉는 보고서에서 "미국은 크게 성공한 중국이나 강해진 중국에 대비하는 것이 가장 현명하다"면서 "이것이 현재의 중국 국가발전 흐름과 부합하고 미국의 군사력에 대한 가장 도전적인 시나리오이기 때문"이라고 지적했다. 보고서는 미국과 중국이 과거와 같이 긴밀한 협력관계를 누릴 가능성은 거의 없다면서 미국은 앞으로 30년간 현재보다 더 강해진 중국에 대비한 전략을 수립해야 한다고 강조했다.

키신저 질서의 종말과 신냉전 본격화

"닉슨 중국에 가다(Nixon goes to China)"라는 말은 '이념적 적대세력과의 화해, 혹은 그에 버금가는 정책 전환'을 의미하는 관용어구이다. 반공주의자였던 리처드 닉슨 전 미국 대통령(Richard M. Nixon, 재임 기간 1969~1974)이 1972년 2월 21부터 28일까지 중공(中共)을 전격 방문, 데탕트 시대를 출범시킨 것에서 유래한 표현이다. 당시 닉슨 대통령은 중국을 방문해 마오쩌둥 주석과 정상회담을 갖고 영토와 주권의 상호존중, 상호불가침, 내정불간섭, 평등호혜, 평화공존 등 평화 5원칙을 내용으로 하는 '상하이 공동성명'을 발표했다. 양국은 1978년 5월 연락사무소를 상호 개설하고 1979년 1월 1일 외교관계를 수립했다. 양국이 수교하는 데 일등 공신은 헨리 키신저(Henry A. Kissinger) 전 백악관 국가안보 보좌관이었다. 키신저 보좌관은 1971년 7월 9~11일 사이 베이징을 비밀리에 방문해 저우언라이(周恩來) 당시 중국 총리와 만났다. 키신저 보좌관과 저우 총리는 1950년 6·25전쟁 이후 철천지원수로 지냈던 양국의 화해 방안을 논의했다. 미국의 전략은 중국과 소련이 국경 분쟁 등으로 대립하자 중국과 협력해 소련을 압박하려는 의도였다. 이후 소련의 붕괴와 냉전체제의 종식은 미·중 수교에서 비롯됐다는 평가까지 나왔다. 미국과 중국은 지난 40년여간 아시아·태평양 지역에서 협력체제를 유지해 왔다. 국제사회는 이를 두고 '키신저 질서(Kissinger Order)'라고 부른다. 미국이 주도하는 아시아·태평양 지역의 자본주의 분업체제의 틀 속에서 중국은 경제개발에 적극 나섰고, 중국은 그 대가로 이 지역에서의 미국의 패권을 인정했다.

하지만 미국과 중국의 관계에서 키신저 질서는 더 이상 작동하지 않을 것이 분명하다. 그 이유는 미국이 그동안 중국을 자유민주주의 체제에 편입시키려고 노력해 왔지만 실패했기 때문이다. 트럼프 정부는 아예 역대 미국 정부의 중국 포용정책(engagement policy)이 잘못됐다는 입장을 대내외적으로 천명했다. 마이크 폼페이오(M. R. "Mike" Pompeo) 전 미국 국무장관은 2020년 7월 23일, 캘리포니아주 오렌지카운티 요바린다에 있는 닉슨 도서관을 방문해 미국과 중국의 데탕트가 실패했다고 선언했다. 폼페이오 전 국무장관은 '공산주의 중국과 자유세계의 미래(Communist China and the Free World's Future)'라는 주제의 연설에서 "닉슨 전 대통령이 자신이 중국을 세계에 개방시켜 '프랑켄슈타인'을 만들어 냈다고 토로했었다"면서 "이런 예언적 발언처럼 역대 미국 정부의 포용정책은 중국을 변화시키지 못했다"고 평가했다. 메리 셸리(Mary W. Shelley)가 쓴 동명의 소설에서 물리학자 프랑켄슈타인이 만들어 낸 괴물이 오히려 자신을 창조한 세계를 향해 복수한다는 내용을 빗댄 것이다. 특히 폼페이오 전 국무장관은 시진핑 주석을 '공산당 총서기'로 호칭하면서 "시 총서기는 과거 소련이 저지른 실수를 반복하고 있다"면서 "시 총서기는 실패한 전체주의 이데올로기의 신봉자"라고 규정했다. 폼페이오 전 국무장관은 "우리가 시 총서기가 꿈꾸는 중국의 세기가 아니라 자유로운 21세기를 바란다면 중국에 대한 맹목적인 포용정책의 낡은 패러다임으로는 이를 실현할 수가 없다"면서 "우리는 중국 포용정책을 계속해서도 안 되고, 과거로 돌아가서도 안 된다"고 강조했다. 그는 "미국과 동맹국들이 중국 국민과 힘을 합쳐 중국 공산당을 변화시켜야 한다"고 목소리를 높였다. 폼페이오 전 국무장관의 이런 연설 내용은 중국 공산당 정권에 대한 비판을 넘어 이른바 '레짐 체인지(regime change: 정권 교체)'의 의지를 드러낸 것이라고 볼 수 있다.

특히 주목할 점은 폼페이오 전 국무장관이 중국을 '새로운 전체주의 국가'로 지칭하면서 "자유세계 국가들이 단결해 [중국이라는] 새로운 독재에 승리해야 한다"고 촉구했다는 것이다. 그의 이런 연설 내용은 과거 냉전시대의 이념 및 체제 대결을 소환한 것이라고 볼 수 있다. 그는 "중국 공산당의 궁극적 목적은 세계에서 공산주의 헤게모니를 구축하는 것"이라면서 "이런 점에서 볼 때 미국과 중국은 서로 근본적으로 이념적인 차이가 있다"고 지적했다. 그는 "만약 자유세계가 중국 공산당을 변화시키지 않는다면 중국 공산당이 우리를 변화시킬 것이 분명하다"고 강조했다.

키신저 질서가 폐기됐다는 것은 미국과 중국이 본격적으로 신냉전에 돌입했다는 것을 의미한다. 양국은 코로나19 발원지 규명과 확산 문제, 무역 문제, 세계 최대 통신장비업체인 중국 〈화웨이〉의 5G 문제, 글로벌 공급망 재구축, 홍콩국가보안법, 남중국해와 대만, 북한의 비핵화 등을 비롯해 전방위적으로 팽팽하게 맞서고 있다. 미국 백악관은 2020년 5월 21일 의회에 제출한 「미국의 중국에 대한 전략적 접근(United States Strategic Approach to the People's Republic of China)」이라는 제목의 보고서에서 키신저 질서가 끝났으며 중국과의 신냉전이 본격적으로 시작됐다는 점을 분명하게 밝혔다. 보고서는 중국을 '미국의 가치(values)와 안보, 경제를 위협하는 국가'로 규정했다. 특히 보고서는 "중국 공산당이 40여 년간 경제, 정치, 군사적 역량을 확대하면서 미국의 핵심 국익뿐 아니라 전 세계 국가들의 주권과 존엄성을 침해하고, 자유롭고 개방적인 세계질서를 자국의 국익에 연동해 변모시키고 있다"고 비판했다. 보고서는 미국 국민과 국토, 생활방식을 보호하고, 미국의 번영을 증진하며, 힘을 통해 평화를 지키고, 미국의 영향력을 확대한다는 4가지 목표를 천명했다. 보고서는 또 "중국과 전략적 경쟁에서 우위를 차지하기 위해서는 역내 동맹 및 파트너들과의 관계 강화가 필요하다"고 강조했다.

그렇다면 미국이 키신저 질서를 폐기한 이유는 무엇 때문일까. 미국의 조야에는 '판다를 껴안는 사람들(panda huggers)'이라고 불리는 중국에 대한 유화파가 있다. 이들은 중국에 대한 포용정책을 추진할 경우, 중국이 미국과의 협력에 적극 호응하는 것은 물론 민주주의 체제를 도입할 것이라고 확신했다. 이에 따라 미국의 역대 정부는 2001년 중국을 〈세계무역기구(WTO)〉에 가입시키고 그동안 자국 시장을 개방하는 등 중국의 경제적·정치적 발전을 지원했다. 하지만 미국의 기대와 달리 중국은 거꾸로 미국을 제치고 글로벌 패권을 차지하려는 전략을 추진해 왔다는 것을 유화파를 비롯해 미국의 조야가 뒤늦게 깨달았다. 필스버리 소장은 중국은 "글로벌 슈퍼파워인 미국을 대체하기 위해 100년에 걸친 장기적이고 은밀한 전략을 추진해 왔다"면서 미국은 수교할 때부터 중국에 대한 정보와 전략을 제대로 파악하지 못했다고 지적했다. 필스버리 소장에 따르면 중국 개혁 정책의 설계사란 말을 들어 온 덩샤오핑(邓小平)의 '도광양회(韜光養晦)'는 '때를 기다리고 능력을 키운다'는 의미라고 해석해 왔지만 실제로는 '기존의 패권을 전복시키고 복수할 때까지 기다린다'는 뜻이라는 것이다. 중국이 제시하는 새로운 질서의 개념인 '대동(大同)'은 흔히 '조화로운 시대'라고 말하지만 사실은 '단극이 주도하는 시대'로서 중국을 정점으로 하는 위계적 질서를 의미한다는 것이다. 필스버리 소장은 "미국이 이를 인식하지 못하고 대비하지 않는다면 중국은 2049년까지 미국보다 두세 배 큰 경제력을 갖게 될 것이고 미국과의 패권다툼에서 승리할 것"이라고 지적했다.

미국에선 이미 중국과의 신냉전은 시작됐으며 코로나19 사태가 양국의 패권다툼을 본격화하는 계기가 됐다는 견해가 지배적이다. 세계적인 경제사학자로 손꼽히는 니얼 퍼거슨(Niall C. Ferguson) 하버드대 교수는 "2019년을 중국과의 신냉전(New Cold War)이 시작된 원년"으로 봐야 한다면서 "코로나19 팬데믹을 계기로 양국의 신냉전이 수면 위로 떠오르면서 본격적으로 진행되고 있다"고 분석했다. 신냉전의 승자는 포스트 코로나 시대의 국제질서를 주도할 것이 분명하기 때문에 양국은 앞으로 전방위적으로 치열하게 대결할 것이 분명하다. 이에 따라 미국과 중국이 포스트 코로나 시대를 맞아 더 이상 협력하지는 않을 것이다. 미국 외교·안보 전문지 『포린 폴리시(Foreign Policy)』는 코로나19 때문에 미국과 중국의 결별에 가속도가 붙었다면서 양국의 갈등과 대립을 '대결별(the great decoupling)'이라고 규정했다.

미국과 중국의 대결은 체스와 바둑의 게임

바둑과 체스는 동양과 서양의 대표적인 게임이다. 바둑은 중국어로 웨이치(圍棋)라고 불린다. 주변을 둘러싼[圍] 돌[棋]을 다루는 게임이란 뜻이다. 공간을 먼저 차지하는 포석과 상대를 부지불식간에 무력화시키는 포위를 통해 승부를 가린다. 반면 체스는 왕을 공격해 승리를 거두는 것을 목표로 하는 게임이다. 중심부를 지배하고 정면충돌을 통해 상대의 말을 제거하고 왕을 쓰러뜨리면 승리한다. 키신저 전 미국 백악관 안보 보좌관은 저서 『중국 이야기(*On China*)』에서 "체스는 결정적인 전투의 게임이지만 바둑은 쉽사리 끝나지 않는 작전의 게임"이라면서 미국과 중국의 패권 전략의 차이를 설명했다. 키신저는 중국은 바둑처럼 주변의 빈 곳을 향해 움직이면서 포위를 뚫고 역으로 상대를 에워싸는 전략을 쓴다고 지적했다. 키신저는 애초 중국에 대해 잘 알지 못했다. 그의 전공은 유럽사였기 때문이다. 키신저는 하버드대 동료이자 중국사 권위자인 존 킹 페어뱅크(John K. Fairbank) 교수에게 중국에 대해 자문했다. 페어뱅크 교수는 중국의 외교 안보 전략으로 주변 지역에 대한 지배력, 이웃 국가들이 중국의 우월함을 인식하고 존중하도록 만드는 것, 이웃 국가들에게 이런 지배력과 우월함을 기꺼이 사용하겠다는 의지를 보이는 것 등 3가지를 제시했다.

페어뱅크 교수가 언급한 중국의 3가지 전략은 '기미정책'과 '조공체제'를 말한다. '기미'는 소나 말에 씌우는 굴레다. 기미정책은 굴레를 씌워 말을 다루듯 책봉(冊封)이나 조공(朝貢) 같은 수단을 통해 중국이 주변국들을 자국의 속국으로 만드는 것이다. 역사적으로 볼 때 주변국들은 중국 황제의 연호를 사용해야 하고 왕과 세자는 책봉을 받아야 했다. 주변국들이 이를 따르지 않을 경우, 중국 역대 왕조는 철저하게 응징했다. 기미정책과 조공체제는 청나라 멸망과 함께 공식적으로 사라졌지만, 아직도 공산주의 중국의 외교 안보 전략에선 그대로 남아 있다. 중국은 새로운 육상·해상 실크로드를 뜻하는 '일대일로(一帶一路) 프로젝트'를 앞세워 주변국들은 물론 유라시아와 세계로 뻗어

나가며 미국과 패권경쟁을 벌이고 있다.

포스트 코로나 시대를 맞아 미국과 중국 간의 신냉전이 본격적으로 벌어지고 있는 가운데 앞으로 양국의 대결에서 누가 승자가 될 것인지 관심이 쏠릴 수밖에 없다. 양국의 대결은 과거 미국과 소련의 냉전과는 상당히 다르게 전개될 것으로 보인다. 무엇보다도 경제적 측면에서 볼 때 21세기 미·중 간 신냉전과 20세기 미·소 간의 냉전은 상당한 차이가 있다. 중국은 미국만큼 성장했다. 인구가 14억 명에 달하는 중국은 지난 30여 년 동안 연평균 10%에 육박하는 초고속 경제성장을 이룩하면서 미국 다음가는 경제 대국이 됐다. 중국은 매년 〈국제통화기금(IMF)〉이 추정하는 세계 경제성장 기여도가 30%를 넘는다. 세계경제가 3% 성장할 경우 최소한 1%는 중국 덕분이란 얘기다. 중국은 군사나 정보기술(IT)에서도 미국과 겨루고 있다. 중국의 국방예산은 매년 경제성장률을 훨씬 능가할 수준으로 증가해 왔다. 중국의 국방 예산 증가율은 지난 20년간 연평균 15%나 된다. 중국 IT 분야의 발전도 눈부시다. 중국은 매년 엄청난 자금을 투입하면서 최첨단 기술 개발에 총력을 기울여 왔다. 현재 중국은 옛 소련보다 더 부유하고 안정돼 있는 국가로 평가된다. 군사력 증강에만 몰두했던 소련과는 달리 중국은 계획경제를 이용해 국영기업을 육성하고 자본주의도 일부 포용하며 성장했다. 무역 또한 냉전시대와는 다른 체계에서 이뤄진다. 당시 소련은 미국과 분리된 무역지대를 형성했다. 하지만 지금 중국은 유럽연합(EU)뿐 아니라 호주, 뉴질랜드, 일본 등 미국의 우방과도 활발히 교역한다. 이들은 안보 측면에서 미국과 동맹이지만, 무역 측면에서는 중국이 이들에게 가장 중요한 파트너다. 중국과 관계가 깊어진 미국의 동맹들은 냉전 당시보다 분열된 모습을 보일 수밖에 없다. 피터 매티스(Peter Mattis) 전 미국 〈중앙정보국(CIA)〉 분석가는 "중국은 소련이 진출하지 않았던 모든 분야에 존재한다"면서 "미국은 유럽의 파트너로서 중요하지만 중국도 유럽의 중요한 파트너"라고 평가했다.

이런 맥락에서 볼 때 미국이 중국과의 신냉전에서 쉽게 승자가 되기는 어려울 것으로 전망된다. 물론 단기적으로 국력과 체제 등에서 우위에 있는 미국이 우세할 것이 분명하다. 하지만 장기적으로 볼 때 미국의 승리를 장담할 수는 없다. 중국은 정면대응과 회피전술을 혼용하면서 바둑처럼 장기전으로 신냉전을 이끌어갈 것으로 보인다.

미국의 중국 공산당 정권과 시진핑 주석 때리기

중국 공산당은 올해 창당한 지 100년이 된다. 당원 수는 2019년 말 기준 9191만 4000명으로 세계 최대 정당이다. 중국 전체 인구가 14억 3932만 4000명임을 감안하면 16명당 1명꼴로 공산당원인 셈이다. 1921년 7월 1일 창당할 때 당원은 53명이었는데, 1949년 공산정권을 수립할 때 449만 명으로 늘었고, 2018년 말에는 9000만 명을 돌파했다. 당원들 중 82%는 중국이 개혁·개방을 시작한 1978년 이후 입당했다. 또 1980~1990년대 이후 출생자도 3분의 1을 넘는다. 전문대학 이상 학력을 가진 당원이 절반을 약간 넘는 4661만 5000명에 달한다. 중국은 '이당치국(以黨治國: 정당으로서 국가를 통치한다)' 원칙에 입각한 '당국체제(黨國體制: 중국 공산당이 국가를 영도한다)'의 나라이다. 다시 말해 중국은 정부가 아니라 공산당이 정부 행정조직인 국무원을 지도하는 당 우위의 지도체제를 채택하고 있다. 때문에 헌법상 국가원수인 국가주석이 아니라 공산당 총서기가 중국의 최고 지도자다. 실제로 공산당이 국가의 모든 권력을 틀어쥐고 있다. 3권(입법, 사법, 행정)은 물론 언론을 비롯해 모든 분야를 장악하고 있다. 공산당의 뜻에 따라 국가가 일사불란하게 움직인다. 중국을 일당독재 국가라고 부르는 것도 이 때문이다.

심지어 공산당 조직은 민간 기업들에도 있다. 중국 공산당은 2015년부터 민간 기업을 비롯해 모든 기업에서 당 조직 설치를 의무화했다. 당 조직은 기업들이 당 노선을 충실하게 따르고 있는지를 '감시'하는 역할을 한다. 게다가 중국 대기업 총수와 설립자들도 대부분 공산당원들이다. 세계 최대 통신장비 업체인 〈화웨이〉의 런정페이(任正非) 회장, 중국 3대 정보기술 업체인 〈바이두〉의 리옌훙(李彦宏) 회장, 〈알리바바〉의 설립자 마윈(马云), 〈텐센트〉의 마화텅(马化腾) 회장, 부동산개발 및 엔터테인먼트 기업 〈완다 그룹〉의 왕젠린(王健林) 회장, 중국 최대 전기자동차 회사인 〈비야디〉의 왕촨푸(王传福) 회장, 〈샤오미〉의 레이쥔(雷军) 회장 등도 공산당원이다.

공산당은 피라미드식 지도체제에 따라 움직인다. 공산당원들 가운데 2,287명의 대의원으로 구성된 전국대표대회(당 대회)가 당의 최고지도기관이다. 5년마다 열리는 당 대회를 통해 200여 명 규모의 중앙위원들이 선출되며 이들이 당의 모든 사업을 이끄는 권력의 핵심이 된다. 중국 공산당이 자주 쓰는 표현인 '당 중앙'은 바로 이 중앙위원회를 가리킨다. 중앙위원회에는 최상위 권력기관인 25명 규모의 중앙정치국이 있으며 이 중에서 7명의 정치국 상무위원이 선출된다. 정치국 상무위원이자 수장인 총서기는 국가의 모든 업무를 총괄한다. 또 형식적인 국가원수인 국가주석과 군 통수권자인 중앙군사위원회 주석을 겸임한다. 공산당 총서기는 이처럼 막강한 권한을 갖고 있다. 중국 포털 바이두를 보면 시진핑이 가진 공식 직위는 4개다. 공산당 중앙위원회 총서기, 중공 중앙군사위원회 주석, 중화인민공화국 주석(국가주석), 중화인민공화국 중앙군사위원회 주석 등이다. 직위의 순서로 볼 때 공산당의 직위가 가장 높다고 말할 수 있다.

게다가 시진핑 주석은 2012년 11월 18차 당 대회에서 총서기로 선출된 이후 지금까지 권력을 강화하면서 '황제'라는 말을 들을 정도로 철권통치를 해 왔다. 시 주석은 2017년 10월 19차 당 대회에서 중국 개혁·개방의 설계자인 덩샤오핑이 정해 놓은 '격대지정(隔代指定: 현 지도자가 한 세대를 건너뛰어 그다음 세대의 지도자를 지명하는 방식)'의 원칙에 따라 후계자를 지명해야 하는데도 불구하고 이를 무시했다. 덩은 자신이 물러나면서 후임 지도자에게 총서기와 국가주석을 한 차례 연임해 10년씩 집권하는 원칙을 정하고 이를 공산당의 내부 규약으로 만들었다. 특히 시 주석은 지난 2018년 3월 국회 격인 전국인민대표자대회(전인대)에서 개헌을 통해 국가주석 3연임 금지 조항을 삭제했고, '시진핑 사상'을 헌법에 명시하는 등 '1인 중심의 지도체제'의 법적 토대를 마련했다. 시 주석은 2022년 10월 제20차 당 대회에서 당 규약 개정을 통해 총서기 3연임 금지 조항을 삭제할 것이 분명하다. 말 그대로 무소불위의 독재자가 되는 셈이다.

미국은 '공룡'이 된 중국 공산당과 '독재자'인 시 주석을 정조준하고 있다. 특히 중국 때리기에 앞장서고 있는 폼페이오 전 국무장관은 중국 공산당을 국민과 분리하고 중국 내 반체제 인사, 홍콩과 대만의 민주화 세력, 나아가 민주주의 국가들과의 새로운 동맹을 결성해 중국 공산당 정권의 교체에 적극적으로 나서야 한다고 강조했다. 폼페이오 전 국무장관의 이런 주장에 호응하듯 미국 조야에선 중국의 국가원수인 시진핑을 '프레지던트(President, 주석)' 대신 '총서기(General Secretary)'로 부르는 경향이 나타나고 있다. 미국 의회 산하 독립기구인 〈미·중 경제안보 검토위원회(USCC)〉는 2019년 11월 발표한 연례 보고서에서 '프레지던트'는 민주주의 국가에서 투표에 의해 지도자가 선정됐을 때 사용하는 호칭이기 때문에 중국 공산당 내부 권력 투쟁의 승자에게 '프레지던트'라는 호칭을 사용해선 안 된다고 지적했다. 로빈 클리블랜드(Robin Cleveland) USCC 의장은 "시진핑은 선거에 의해 선출되고 시민사회와 유권자의 정치적 지지를 받는 자유민주주의 체제의 대통령이 아니라는 단순한 진실을 염두에 둘 필요가 있다"면서 "시진핑은 공산당의 꼭대기에 자리 잡은 독재자"라고 강조했다. 미국의 의도는 시진핑에 대한 호칭 변화를 통해 중국 공산당과 국민의 뜻은 서로 다른 것임을 구분하려는 것이다. 다시 말해 시진핑은 공산당의 지도자이지 국가의 지도자가 아니라는 프레임을 짜려는 것이다. 엘리자베스 이코노미(Elizabeth C. Economy) 미국 외교협회 연구원은 "호칭 변화는 중국 공산당과 국민을 분리하기 위해 고안된 것"이라며 "시진핑이 중국의 합법적인 지배자라는 정통성과 권위를 무너뜨리려는 전략"이라고 지적했다.

미국 백악관도 전술했듯이 의회에 제출한 「미국의 중국에 대한 전략적 접근」이라는 보고서에서 시진핑 주석의 직함을 '공산당 총서기'로 바꿔서 표기했다. 백악관은 이와 함께 이 보고서에서 중국을 '중공(CCP: Chinese Communist Party)'이라고 지칭했다. 이 보고서는 각 부처 회람, 의회 심사를 거쳐 대통령까지 서명한 미국 정부의 공식 문서다. 미국의 의도는 중국이 공산주의 국가란 점을 강조한 것이라고 볼 수 있다. 냉전시대의 용어를 다시 사용한 셈이다. 실제로 이 보고서는 미국이 중국의 '가치에 대한 도전(Challenges to Our Values)'에 직면했다며 양국 분쟁이 근본적으로는 '이념 갈등'이라고 주장했다. 그런가 하면 공화당 소속인 스콧 페리(Scott Perry) 하원의원은 '적 명명법(Name the Enemy Act)'이라는 법안을 하원에 제출했다. 이 법안의 내용은 미국 정부 문서에서 중국 지도자를 '주석'이라고 표기 않고 중국 공산당 내 직위로 표기해야 한다는 것이다.

미국은 과거 냉전시대 소련 공산당 정권을 붕괴시킨 것처럼 중국 공산당 정권 타도에 나섰다. 문제는 미국이 중국 공산당 정권을 무너뜨릴 수 있느냐이다. 폼페이오 전 국무장관은 "중국은 냉전시대 옛 소련보다 어떤 면에서 서방에 더 나쁜 위협이 되고 있다"면서 "중국 공산당은 이미 옛 소련에 없었던 방식으로 우리 경제, 정치, 사회에 얽혀 있다"고 지적했다. 실제로 미국과 소련은 주로 군사 분야에서 경쟁을 했었지만, 소련의 경제 규모는 미국의 절반을 넘은 적이 없다. 또 소련의 무역은 동유럽 위성국가들로 제한됐고 세계경제에서도 철저히 고립돼 있었다. 하지만 중국은 소련과는 달리 세계 2위의 경제 대국이다. 중국은 2010년 8월 일본을 제치고 세계 2대 경제국으로 올라섰다. 중국의 2012년 교역 규모는 3조 8700억 달러로, 60년간 1위를 유지해 온 미국(3조 8200억 달러)을 제쳤다. 중국의 1인당 GDP는 2019년 기준 사상 처음으로 1만 달러를 돌파했다. 20년 만에 10배나 는 것이다. 중국의 GDP는 2014년 말 구매력 기준으로 17조 6000억 달러를 기록하면서 미국(17조 4000억 달러)을 추월했다. 미국은 1872년 세계 최대 경제국으로 등장한 이래 140여 년 동안 정상을 지켜 왔지만, 중국이란 강력한 도전자를 맞이하게 된 셈이다.

마오쩌둥의 지구전론에 따른 중국의 장기전 전략

중국 산시성 옌안은 공산당의 '혁명 성지'로 불리는 곳이다. 마오쩌둥의 공산당 홍군은 장제스(蔣介石)의 국민당군과의 내전에서 수세에 몰리자 1934년 10월 17일 장시성 간저우시 위두현에서 출발해 1년여의 대장정(大長征) 끝에 1935년 10월 20일 옌안으로 피신했다. 마오는 이곳에 터를 잡고 힘을 기르면서 국민당군을 이기고 침략자인 일본군을 물리치면서 1949년 중국을 건국했다. 이 때문에 중국 공산당은 불굴의 투지와 인내로 온갖 고난을 이겨 낸 당시의 혁명 의지를 '옌안 정신'이라면서 찬양해 왔다.

특히 마오는 중일전쟁이 한창이던 1938년 5월 26일부터 6월 3일까지 이곳에서 열린 항일전쟁연구회에서 「지구전론(持久戰論)」이라는 군사논문을 발표하고 항일 전략의 지침을 제시했다. 마오는 '중국필망론(中國必亡論)'과 '중국속승론(中國速勝論)'을 비판하면서 군사력과 경제력이 월등한 일본에 맞서 유격전을 바탕으로 한 장기전으로 승리를 쟁취해야 한다는 전략을 강조했다. '중국필망론'은 중국이 일본에 비해 군사력과 경제력이 약하기 때문에 반드시 망할 것이라는 주장이었

1938년의 마오쩌둥

다. '중국속승론'은 중국이 크고 인구도 많기 때문에 거국적으로 항일 투쟁에 나서기만 한다면 빠른 시일 내 일본에 승리할 것이라는 입장이었다. 마오는 중국은 망하지도 빠른 승리를 거두지도 못할 것이라면서 지구전을 통해서만 이길 수 있다고 역설했다. 마오의 지구전론은 자신보다 강한 상대와 싸울 때 정면 승부보다 유격전 등을 펼치며 장기간 투쟁으로 상대를 무너뜨린다는 전략이다.

세계 유일 초강대국인 미국과 신냉전에 본격적으로 돌입한 중국에서 당시와 같은 두 가지 주장이 나오고 있다. 공산당 지도부 중 유화파는 미국의 첨단과학, 공업, 금융 및 군사력이 월등하다며 중국이 대항할 방법이 없기 때문에 미국과 정면 대결할 경우 패배할 수 있다고 주장한다. 반면 강경파는 중국이 이미 여러 분야에서 미국을 앞서고 있기 때문에 미국의 공세에 강력하게 맞서야 한다고 주장한다. 양측의 입장이 팽팽한 가운데 중국 공산당은 시진핑 주석이 주재한 가운데 정치국 회의(2020년 7월 30일)를 열고 대미항전 전략을 논의했다. 시 주석은 이 자리에서 "국제환경이 날이 갈수록 복잡해지고, 불안정·불확실성이 매우 증가하고 있다"면서 "우리 앞에 놓인 많은 문제는 중장기적이기 때문에 반드시 지구전으로 인식해야 한다"고 강조했다. 중국에선 미국과의 무역전쟁이 벌어졌을 때 일부 관영 매체를 중심으로 지구전이 언급된 적은 있지만, 시 주석이 이를 언급한 것은 이번이 처음이다. 이를 감안할 때 중국 공산당 지도부가 코로나19 사태 발생 이후 최악으로 치닫고 있는 미·중 갈등과 대립 상황에 대한 향후 대응 전략으로 마오의 지구전론에 따른 장기전을 선택한 것이라고 볼 수 있다.

시 주석이 강조한 지구전 전략은 미·중 양국의 국력에 대한 냉철한 분석에 따른 것이라고 말할 수 있다. 시 주석은 미국의 경제력과 군사력이 월등하고 첨단과학기술이 앞선다는 객관적인 사실을 인정하면서도 중국이 가진 장점, 다시 말해 14억의 인구, 방대한 시장 및 세계 2위로 성장한 경제규모를 고려하는 전략을 추진하겠다는 것이다. 시 주석이 이런 전략을 선택한 것은 시간이 갈수록 중국이 미국보다 더욱 유리한 위치를 점할 수도 있다고 판단했기 때문이다. 시 주석은 미국과의 무역전쟁이 한창이던 지난 2019년 초 마오의 지구전론을 읽는 모습을 관영매체들을 통해 공개한 적이 있다. 시 주석은 2020년 4월 20~23일 산시성을 시찰하면서 "두 개의 100년[중국 공산당 창당 100년인 2021년, 중국 건국 100년인 2049년] 목표를 향해 분투해 중화민족의 위대한 부흥이라는 중국몽 실현에 적극 나서야 한다"고 밝히기도 했다. 시 주석은 베이징 중난하이에서 당외(黨外) 인사들(공산당 당원이 아닌 사람들)과의 좌담회(2020년 7월 28일)에서 "어떤 국가, 어떤 사람도 중화민족이 위대한 꿈을 실현하는 역사적 발걸음을 막을 수 없다"고 강조했다. 중국 공산당 지도부의 '비공식 대변인' 역할을 하고 있는 후시진(胡锡进) 『환구시보(环球时报)』 총편집장도 웨이보에 올린 글에서 "미국이 걸어오는 안보 전쟁에 국력을 소진하지 말고 중국이 흔들림 없이 '자기 일을 잘하는 것[做好自己的事情]'에 집중해야 한다"면서 "중국은 지구전을 준비해야 할 때"라고 주장했다. 말 그대로 버티면 버틸수록 승리할 수 있다는 것이다.

시 주석과 중국 공산당 지도부가 장기전에 나선 또 다른 이유는 코로나19 사태 이후 중국만이 주요 국가들 가운데 유일하게 경제 회복세를 보이고 있기 때문이다. 특히 중국은, 미국이 트럼프 전 대통령의 코로나19 방역 실패로 대공황 이후 최악의 경제 상황을 보이는 등 앞으로 상당기간 어려움을 겪을 것이 분명하다는 점도 고려한 듯하다. 실제로 중국 공산당 간부들 중 상당수는 중국이 앞으로 미국을 제치고 GDP 기준 세계 1위가 될 것이라면서 '시간은 내 편'이라고 확신하고 있다. 중국 공산당 정치국이 "중국 특색 사회주의 제도가 강대한 생명력을 갖고 있다"고 자평한 것도 같은 맥락이다.

중국 공산당 정치국은 제14차 5개년 경제개발 계획(2021~2025)에서 미국의 공세에 맞서 경제적 자립도를 높이는 정책을 적극 추진하고, 앞으로 내수 확대를 경제 운영의 새로운 전략으로 삼기로 결정했다. 이른바 내수를 중심으로 경제를 발전시킨다는 '국내 대순환론'이다. 이는 기존의 수출 중심 대외개방 발전 전략인 '국제 대순환론'과 대비되는 개념이다. 국제 대순환론은 풍부한 노동력을 이용해 가공무역을 발전시켜 공업화를 실현한다는 것으로, 지난 40년간 중국의 경제 전략의 핵심 기조였다.

서방의 중국 경제 전문가들은 이런 전략은 코로나19 사태와 미국과의 신냉전에 대응해 지구전을 상정한 경제 운영과 핵심 정책들이라고 분석했다. 미국 〈맥쿼리 증권〉은 "중국 공산당 지도부가 새로운 세계에 대응하기 위해 새로운 전략을 추진하기로 했다"면서 "이는 한 마디로 말해 내수 우선 전략"이라고 지적했다. 일본 〈노무라 증권〉도 "중국 공산당 지도부의 새 전략의 핵심은 사실상 수입 대체(혹은 자급자족)와 내수 확대를 의미한다"고 해석했다. 중국 공산당 지도부는 또 미국과 지구전을 효과적으로 전개하기 위해 4차 산업혁명 시대를 주도한 첨단기술 개발에도 박차를 가한다는 방침이다.

시 주석은 베이징 인민대회당에서 열린 중일전쟁 승리 75주년 기념 좌담회(2020년 9월 3일)에서 연설을 통해 "중국 인민은 중국 공산당의 역사를 왜곡하고, 공산당과 중국 국민을 분리하려는 어떤 시도도 용납하지 않을 것"이라면서 중국 공산당과 중국 국민들을 분리·대립시키려는 미국을 직접 겨냥해 경고했다. 시 주석은 중국 공산당 역사를 왜곡하려는 시도, 중국 특색 사회주의의 업적을 부정하려는 시도, 중국 공산당과 국민을 갈라놓는 시도, 중국의 진로를 바꾸려는 시도, 중국과 다른 국가의 교류를 파괴하려는 시도 등 5가지 도전에 중국 국민은 굴복하지 않을 것이라고 강조했다. 시 주석이 항일전쟁 승리를 기념하는 행사에서 미국에 강력하게 경고한 것은 중국이 미국과의 신냉전에서 승리하겠다는 의지를 보인 것이라고 해석할 수 있다. 중국 공산당의 이론지 『추스(求是)』는 "오늘날의 중국은 강대국으로 발전하는 결정적 단계에 있지만 일부 세력이 중국이 발전하고 강대해지는 것을 두려워하며 이를 막고 음해하고 있다"며 "중국을 침략했던 일본 군국주의처럼 결국에는 쓰디쓴 실패를 삼키게 될 것"이라는 평론을 싣기도 했다. 중국 공산당이 일본을 이긴 것처럼 미국과의 전쟁에서도 승리하겠다는 결연한 각오를 보인 것이다. 이런 맥락에서 볼 때 중국의 공세적 부상 전략과 미국의 대중 봉쇄전략이 충돌하면서 양국의 패권전쟁이 앞으로 치열하게 벌어질 것이 분명하다.

· 2장 ·

기술패권 다툼과 경제전쟁

★★

중국, 2025 프로젝트로 세계 최강국 노리다

중국은 오는 2030년이면 미국을 제치고 세계 1위의 경제 대국이 될 것이라고 자신하고 있다. 중국에서 권위 있는 경제학자라는 평가를 받아 온 린이푸(林毅夫) 베이징대 교수(전 세계은행 부총재)는 중국 경제가 연평균 5~6% 성장한다면 2025년에 1인당 GDP가 1만 2700달러로 증가, 고소득 국가에 진입한 뒤 2030년에는 미국을 제치고 세계 1위 경제 대국이 될 것이라고 내다봤다. 린 교수는 2030~2040년에 4~5%, 2040~2050년에는 3%대 성장률을 기록한다고 할 때, 2050년에는 중국의 1인당 GDP가 미국의 절반이 돼, 인구를 감안한 경제규모가 두 배로 확대될 것이라면서 이때가 되면 미국의 글로벌 패권은 끝날 것이라고 전망했다. 중국 국무원 산하 싱크탱크인 〈국무원발전연구중심(DRC)〉도 보고서에서 오는 2032년이면 중국이 미국을 제치고 세계

1위의 경제 대국으로 등극할 것이라고 전망했다. 보고서는 중국 경제가 세계경제에서 차지하는 비중이 2019년 16.2%에서 2025년에는 18.1%로 증가할 것으로 예측했다. 반면 같은 기간 미국 경제가 세계경제에서 차지하는 비중은 24.1%에서 21.9%로 축소될 것으로 내다봤다. DRC는 보고서에서 2019년 6.1%를 기록한 중국의 GDP 증가율이 앞으로 5년 동안 5~5.5% 수준으로 다소 둔화할 것으로 예상했다. 중국의 1인당 GDP는 오는 2024년에 1만 4000달러까지 오를 것으로 전망했다. DRC는 지속적인 GDP 성장을 바탕으로 중국의 경제 규모가 오는 2027년 유럽연합을 제치고, 2032년에는 미국마저 추월할 것이라고 예측했다.

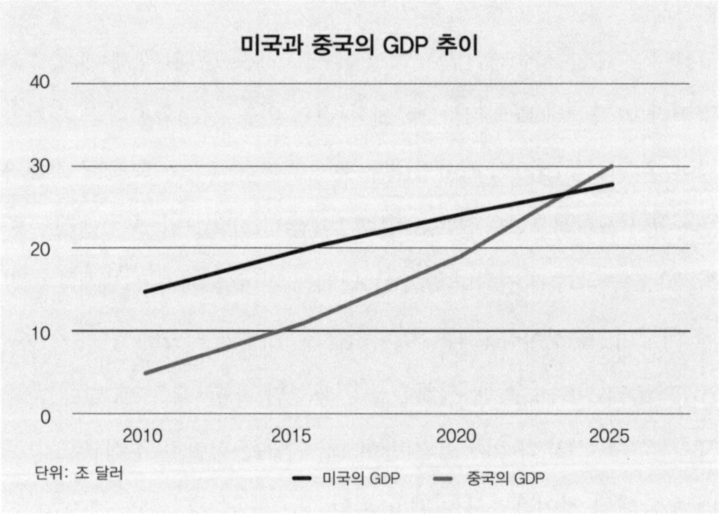

코로나19 사태에도 불구하고 중국 경제에 대한 낙관론이 나오고

있는 이유는 중국 정부가 그동안 추진해 온 기술패권 전략인 '중국 제조 2025' 때문이라고 볼 수 있다. '중국 제조 2025'는 중국 정부가 오는 2025년까지 추진하는 산업고도화 전략을 말한다. 중국 정부는 2015년 5월 자국을 제조업 강국으로 만들기 위해 10개 핵심 산업을 오는 2025년까지 10년간 세계 1~3위 수준으로 끌어올리겠다는 청사진을 마련했다. 10개 핵심 산업은 5G 통신을 포함한 차세대 정보기술, 로봇 및 첨단 공작기계, 항공우주, 해양엔지니어 및 하이테크 선박, 선진 궤도교통, 신에너지 자동차, 전력 장비, 농기계 장비, 신소재, 바이오 의약 및 고성능 의료기기 등이다. 중국 정부의 로드맵은 1단계로 2025년까지 제조업 강국 대열에 진입하고, 2단계로 2035년까지 제조업 선진국과 어깨를 견주는 수준으로 첨단기술 산업을 끌어올리며, 3단계로 2050년까지 세계 제조업을 선도하는 국가로 올라선다는 것이다. 중국 정부의 이런 전략은 앞으로 첨단기술 산업을 적극 육성함으로써 미국의 경제패권을 뛰어넘겠다는 의도라고 볼 수 있다. '중국 제조 2025' 계획은 일종의 중국판 4차 산업혁명을 대비한 첨단기술 제조업 청사진이다. 중국 정부는 이를 통해 자국을 세계 초강대국으로 만들겠다는 것이다.

중국은 더 이상 단순한 '세계의 공장'이 아니다. 국력과 비례한다고 간주되는 세계 500대 슈퍼컴퓨터 순위에 든 슈퍼컴퓨터 보유 대수도 중국이 이미 미국을 앞서고 있다(2020년 6월 기준). 중국은 슈퍼컴퓨터 500대 중 226대를 차지하고 있지만, 미국은 114대에 불과하다. 불과 수년 전만 해도 슈퍼컴퓨터 시장은 미국이 지배했다. 중국은 미국의 기술을 베끼는 수준이었다. 더욱 중요한 사실은 슈퍼컴퓨터에 내장되는 칩을 중국이 설계·제조하고 있다는 것이다. 중국의 특허출원 건수는 연 134만 건으로 61만 건인 미국의 2배가 넘는다. 특히 4차 산업혁명의 5대 기술인 인공지능(AI), 빅데이터, 사물인터넷(IoT), 클라우드 컴퓨팅, 3D프린팅 분야를 보면 2005~2017년까지 전체 특허출원 건수는 중국이 3만 4288건으로 전체의 41%를 차지하며 1위를 기록했고, 미국이 2만 7410건(32%)으로 2위를 차지했다. 로버트 워크(Robert O. Work) 전 미국 국방부 차관은 "중국이 쫓아오는 지금은 미국에겐 '스푸트니크 모멘트(Sputnik Moment)'라고 말할 수 있다"고 지적했다. '스푸트니크 모멘트'란 기술 우위에 안주하던 미국이 1957년 옛 소련이 먼저 최초의 위성 스푸트니크 1호를 발사하자 큰 충격을 받은 것에서 나온 말이다. 중국의 첨단기술 산업이 조만간 미국을 앞설 가능성이 높다는 것이다. 미국의 의회 산하 독립기구인 〈미·중 경제안보 검토위원회(USCC)〉는 지난 2018년 4월 발표한 보고서에서 "중국이 첨단기술 분야를 지배하기 위한 야심 찬 정부 차원의 계획을 가지고 있으며 미국의 첨단기술이 중국에 의해 잠식되고 있다"고 지적했다. 당시 보고서는 '중국의 첨단기술의 진전'이라는 제목의 항목에서 미·중이 경쟁하는 9개 분야의 우열을 평가했는데, 미국이 우위를 차지하는 것은 생명 공학 등 4개 분야뿐이었고, 인공지능 등 3개 분야는 중국과 비슷하고, 슈퍼컴퓨터와 드론(무인기) 등 2개 분야는 중국이 앞서고 있다는 결론을 내렸다.

중국 정부는 앞으로 5G와 인공지능, 반도체 등 전략 중점산업에 대한 투자를 더욱 확대할 방침이다. 중국 〈국가발전개혁위원회〉(이하 발전위)는 '전략적 신흥 산업 투자확대 지도 의견'을 통해 차세대 IT 산업 성장을 가속화하겠다고 천명했다. 발전위는 또 5G 구축을 위한 투자를 증대하고 상용화를 강화하며 각국 정부 기관과 기업 단위, 공공기구가 기지국 건설과 개방에 최우선 중점을 두도록 하겠다고 밝혔다. 발전위는 이와 함께 5G 기지국을 사무용 빌딩과 주택에 설치하는 것을 촉진하는 방안을 연구 추진할 계획이다. 특히 중국 정부는 첨단기술 분야의 패권을 차지하기 위해 올해부터 2025년까지 6년간 무려 10조 위안(약 1727조 원)을 투자할 계획이다. 중국의 시스템 통합 업체인 〈디지털 차이나〉의 마리아 궉(Maria Kwok) 최고운영책임자(COO)는 "이런 웅대한 계획은 일찍이 없었던 구상으로, 전 세계 기술패권 경쟁에서 이기기 위한 포석"이라고 밝혔다. 시 주석은 중국의 차기 경제발전 계획인 제14차 5개년 계획(2021~2025)의 과학기술사업과 관련해 "현재 중국의 발전은 국내외 환경에 복잡한 변화가 발생하는 국면에 직면해 있다"면서 "국가의 미래가 과학기술 혁신에 달려 있다"고 강조했다. 말 그대로 시 주석과 중국 공산당은 첨단기술 패권을 잡기 위해 국가 역량을 총동원하겠다는 것이다.

미국, 무역전쟁 카드로 중국의 첨단기술 패권 저지

미국은 중국의 야심 찬 계획을 저지하기 위해 무역전쟁 카드를 꺼내 들었다. 미국은 중국이 세계 2위의 경제 대국으로 부상한 것은 자국과의 무역에서 대규모 흑자를 내왔기 때문이라고 보고 있다. 미국으로선 중국이 앞으로 첨단기술 산업 분야에서 발전을 거듭할 경우 더 많은 흑자를 낼 것이 분명하고 자칫하면 세계 1위 경제 대국에서 밀려날 것이라고 우려하고 있다. 이에 따라 미국은 '중국 제조 2025' 계획을 저지하기 위해 나섰다. 특히 '미국 우선주의'를 앞세우며 각국을 상대로 무역적자 해소를 천명해 왔던 트럼프 전 대통령은 중국의 대규모 흑자를 더 이상 묵과할 수 없다는 명분을 앞세워 고율 관세부과라는 카드를 꺼냈다. 미국 정부가 무역전쟁의 첫 번째 카드로 2018년 7월 6일 340억 달러어치의 중국산 제품 818개에 25%의 관세를 부과한 내용을 보면 전기자동차, 반도체, 고성능의료기기, 로봇, 항공우주 기자재, 바이오 신약, 해양 엔지니어링 설비, 발광 다이오드 등 첨단기술 제품들이다. 미국 정부가 '중국 제조 2025'의 10대 산업 제품들을 고율관세 대상으로 지정한 것은 미래 산업의 주도권에 대한 중국의 도전을 좌시하지 않겠다는 것이다.

미·중 무역전쟁은 트럼프 전 대통령의 지나친 보호무역주의 정책 때문에 촉발된 것이 아니다. 중국의 첨단기술력이 급성장하면서 미국을 위협하기 시작했고, 첨단기술 산업을 선점하지 않으면 중국에 밀릴 수 있다는 미국의 강한 위기감이 반영된 것이라고 볼 수 있다. 『파이낸셜타임스』는 "미국이 자국 경제패권에 직접적인 위협으로 보고 있는 '중국 제조 2025' 계획을 겨냥하고 있다면서 "이는 미래 산업에서 중요한 기술의 통제권을 유지하기 위한 것"이라고 지적했다. 『뉴욕타임스(The New York Times)』도 "미국과 중국의 무역전쟁의 이면에는 미래 기술을 장악하려는 중국의 야망에 대한 미국의 우려가 깔려 있다"고 강조했다.

특히 주목할 점은 트럼프 정부에서는 첨단기술 산업 분야에서 중국의 급속한 성장이 자체 혁신의 노력보다는 국가 차원의 지원과 기술 탈취가 있었기 때문에 가능했다고 봤다는 것이다. 중국은 2001년 WTO에 가입함으로써 시장을 개방하는 척했지만 국가적 산업 육성과 해외 기업 규제, 지식재산권 침해, 산업스파이 활동, 사이버 해킹 등으로 불공정하고 불법적인 경쟁을 했다고 트럼프 정부는 지적하고 있다. 실제로 〈미국 무역대표부(USTR)〉는 2018년 통상법 301조를 근거로 기술이전과 지식재산권 분야에서 중국의 부당무역행위 등을 조사해 무려 200여 쪽의 보고서를 만들어 백악관에 제출했다. 이 보고서에는 중국의 지식재산권 침해에 대해 구체적인 사례들이 적시돼 있다. 지식재산권이란 특허권과 상표권, 디자인권, 실용신안권을 아우르는 개념을 말한다. USTR은 이 보고서에서 중국 기업들이 미국 기업들의 특허와 상표, 디자인을 베끼거나, 첨단기술을 도용하는 규모가 공정한 무역질서를 해칠 만큼 많다고 지적했다. 보고서는 중국이 외국인에 대한 소유권 제한을 통해 미국 기업들에게 합작기업을 설립해 기술이전을 하도록 강요하고 있으며, 여기에 더해 기술이전을 압박하기 위해 특허나 행정절차 등을 까다롭게 하고 있다고 지적했다. 보고서는 이와 함께 중국 정부의 주도 아래 미국의 기술기업과 자산에 대한 투자와 인수가 이뤄지고 있고, 이를 통해 첨단기술과 지식재산권을 획득하고 있는 것도 문제라고 밝혔다. 보고서는 중국이 불법으로 미국 기업의 컴퓨터 네트워크에 침투해 지식재산권이나 기업의 영업 비밀을 캐내고 있으며, 중국 정부가 과학기술 진보와 군 현대화 등을 위해 이를 뒤에서 지원하고 있다고 비판했다.

중국과 무역전쟁을 불사해야 한다고 주장해 온 피터 나바로(Peter Navarro) 전 미국 백악관 무역제조업 정책국장도 「중국의 경제적 침략은 어떻게 미국과 세계의 기술과 지식재산권을 위협하는가」라는 제목의 보고서에서 중국이 자본력을 앞세워 미국의 첨단기업을 통째로 사들이거나, 지분투자를 하는 과정에서 부당하게 기업의 기밀을 빼내가고 있다고 지적했다. 보고서는 또 중국이 사이버 해킹을 통해서도 미국의 기술과 지식재산권을 훔쳐 가고 있다고 비판했다. 나바로 국장은 "미국 정부는 첨단기술과 지식재산권을 몰래 훔쳐 간 중국에 대해 강경한 조치를 내릴 수밖에 없다"고 강조했다.

미국 정부의 이런 지적처럼 중국 정보기관들은 그동안 유학생과 연구원, 자국 출신 화교를 적절히 활용해 미국의 기술을 훔쳐 가는 행위를 자행해 왔다. 미국을 찾는 외국인 유학생은 연간 100만 명에 달한다. 이들 중 3분의 1이 중국 출신이다. 미국 대학과 대학원의 컴퓨터, 물리, 화학 분야에는 수많은 중국인 유학생이 공부하고 있다. 민간 연구소는 물론, 국가가 운영하는 연구소에도 중국 출신인 박사후과정

(post doctor) 연구원들이 있다. 중국 정보기관은 이들을 포섭해 주요 분야의 연구결과나 특허 내용 등 각종 자료를 수집해 왔다. 대표적 사례가 '투명망토' 기술 유출 사건이다. 투명망토는 열감지기와 금속탐지기가 사물을 탐지하지 못하게 하는 장치로, 미국 국방부의 지원을 받아 듀크대에서 연구해 왔다. FBI는 수사를 벌인 끝에 듀크대에서 관련 실험에 참여한 중국 연구원 류뤄펑(刘若鹏)이 이 기술을 유출한 것으로 의심하고 있다. 하지만 류는 FBI 조사 후 기소되지 않았다. 류가 참여한 단계의 기술이 아직 비밀로 분류되지 않았을 뿐 아니라, 연구과정에서 중국에 있는 동료들과 연구결과를 공유하고 각종 자료까지 주고받았지만 이런 행위를 스파이 활동이라고 규정할 수는 없었기 때문이다. 빌 에버니나(W. "Bill" Evarnina) 미국 〈국립 컴퓨터 보안센터(NCSC)〉 국장은 "중국이 유학생과 교육기관을 동원해 미국 정부는 물론 민간기업, 연구소의 극비 정보도 빼내고 있다"며 "중국의 산업스파이 활동이 미국에 중대한 위협이 되고 있다"고 경고했다. USCC도 "일부 중국 기업이 경쟁력을 높이고자 산업스파이 활동을 하고 있고, 중국 정부가 이를 지원하고 있다"고 지적했다.

미국 정부의 무역전쟁 카드에 중국 정부도 "눈에는 눈, 이에는 이" 식으로 맞대응해 왔다. 중국 정부의 이런 입장은 미국의 압박에 밀리지 않겠다는 것이라고 분석할 수 있다. 시진핑 주석은 2018년 6월 22~23일 베이징 인민대회당에서 〈공산당 중앙 외사공작 회의〉를 주재하고 미국과의 무역전쟁에 강력하게 대응하겠다는 의지를 밝혔다. 〈공산당 중앙 외사공작 회의〉는 중국의 대외정책 방향을 정하는 최고 의사결정 기구다. 당시 회의에는 7명의 정치국 상무위원 전원과 왕치

산(王岐山) 국가부주석, 추이톈카이(崔天凱) 주미 대사 등 각국에 파견된 대사급 외교관들과 당의 선전부와 대외연락부, 정부의 외교부, 상무부, 국가발전개혁위원회, 군의 연합참모부, 지방 조직의 국제·대외 업무 및 홍콩·대만 관련 업무에 종사하는 간부들이 모두 참석했다. 2014년 11월 이후 4년 만에 열린 당시 회의에서 가장 중요한 현안은 미국과의 무역전쟁이었다. 시 주석은 이 자리에서 "중국은 근대 이후 가장 양호한 발전기에 있고 세계는 지난 100년간 겪지 않은 변혁기에 있다"며 "이 두 변화가 상호작용을 일으키며 중국에 유리한 국제환경이 갖춰졌다"고 강조했다. 시 주석은 "전환 과도기의 국제정세 변환 법칙을 깊이 있게 분석하고 외부환경 특징들을 정확하게 파악해 대응해야 한다"고 지시했다. 시 주석의 이런 발언은 중국이 앞으로 미국과의 패권경쟁에서 양보할 의사가 없음을 분명히 한 것이었다. 시 주석이 국가 핵심 이익을 마지노선으로 하는 주권과 안전·이익 수호, 중국 특색의 대국 외교를 추진하겠다고 천명한 것은 미국 주도의 국제질서와 보호무역주의에 강력히 대응하겠다는 것이라고 말할 수 있다.

중국 정부는 '중국 제조 2025' 계획을 절대 포기할 수 없다는 입장이다. 그 이유는 국가와 인민의 핵심 이익이기 때문이다. 시 주석이 강조해 온 중국몽을 실현하기 위해서라도 중국 정부는 첨단기술 산업을 반드시 육성할 필요가 있기 때문이다. 특히 중국 정부는 첨단기술 산업의 핵심인 반도체 산업 강화에 총력을 기울이고 있다. 시 주석은 "반도체는 사람의 심장에 해당된다. 심장이 약하면 아무리 덩치가 커도 강하다 할 수 없다"면서 "중대기술 돌파를 가속화해 세계 반도체 산업에서 정상에 올라야 한다"고 강조했다. 시 주석의 강력한 독려에 따라 중국 정부는 지난 2019년을 '반도체 국산화의 원년'으로 삼고 2025년까지 1조 위안(약 176조 8000억 원)의 '국가 반도체 산업 투자펀드'를 조성하겠다는 계획을 발표했다. 2019년 기준으로 13.5%에 불과한 반도체 자급률을 70%까지 올리겠다는 계획이다. 중국은 전 세계에서 반도체 제품을 가장 많이 수입하는 국가이다. 중국 정부로선 세계 최강대국이 되려면 반도체 산업을 발전시켜야만 한다는 입장이다. 세계 스마트폰의 90%, PC의 65%, 스마트TV의 67%를 생산하는 중국으로선 이들 제품 생산에 필수인 반도체를 수입해 쓸 수만은 없기 때문이다. 게다가 인공지능, 로봇, 항공우주장비, 자율주행 자동차 등 첨단기술 산업 대부분은 반도체 기술을 바탕으로 한다. 군사기술 방면에서도 핵심은 반도체이다.

영국의 경제주간지 『이코노미스트(The Economist)』는 「반도체 전쟁: 중국, 미국 그리고 실리콘 패권」이라는 제목의 기사에서 미국 산업의 선도적 입지와 슈퍼파워를 향한 중국의 야심이 가장 격렬하게 충돌하는 지점이 반도체라고 지적했다. 이코노미스트는 "미국과 중국의 무역전쟁에서 가장 중요한 전선은 기술을 둘러싼 21세기 싸움"이라면서 "기술패권 경쟁의 핵심 전쟁터는 반도체 분야"라고 강조했다. 반도체 기술은 미·중 양국이 무역전쟁에서 첨예하게 충돌하고 지식재산권 문제의 핵심을 이루는 부분이다. 트럼프 정부는 미국의 기술력을 따라잡으려는 중국의 노력을 미국의 미래 경제에 대한 '실존적인 위협(existential threat)'으로 간주한다. 중국과의 무역전쟁에서도 이 분야가 사실은 가장 핵심적인 부분이다. 미국이 중국에서 수입되는 상품에 관세를 부과한 것도 첨단기술 절도 같은 비정상적인 산업정책을 중단하라는 요구가 담겨 있다. 중국 정부로서도 첨단산업을 발전시키는 것이 경제발전 정책의 핵심이다. 물론 중국 정부는 미국으로부터 부당하게 기술을 훔친 적은 없다고 주장한다. 이런 맥락에서 볼 때 미국과 중국의 무역전쟁은 첨단기술 산업의 주도권을 차지하기 위한 기술패권 싸움의 전초전이라고 말해도 과언은 아니다.

미·중의 무역전쟁은 장기전

미국과 중국은 2020년 1월 15일 「1단계 무역합의문」에 서명함으로써 1년 7개월간 벌인 무역전쟁을 잠정 중단했다. 미국이 중국과의 무역전쟁에서 일단 승리했다고 볼 수 있다. 당시 트럼프 대통령은 백악관에서 열린 「1단계 미·중 무역합의문」 서명식에서 흡족한 표정을 지으며 합의문에 사인했다. 중국에선 류허 부총리가 대표로 참석했다. 특히 트럼프 전 대통령은 연설에서 "중국과의 1단계 무역합의가 과거의 잘못을 바로잡는 것"이라고 평가하면서 "국제무역에서 상전벽해와 같은 변화로 자리매김할 것"이라고 강조했다. 미국과 중국이 서명한 「1단계 무역합의문」은 미국이 대중 관세를 일부 완화하는 조건으로 미국산 제품의 수출을 늘리는 것이 핵심이었다.

게다가 중국이 미국산 농산물을 대거 수입하기로 약속한 것은 트럼프 전 대통령의 입장에선 만족할 만한 내용이었다고 볼 수 있다. 합의문 내용을 보면 중국은 앞으로 2년간 미국산 제품과 서비스를 2000억 달러(약 231조 7000억 원)를 추가 구입하기로 했다. 부문별로는 공산품 777억 달러, 농산물 320억 달러, 에너지 524억 달러, 서비스 379억 달러 등이다. 합의문에는 쇠고기, 돼지고기, 가금류, 가공육, 유제품, 대두, 쌀, 해산물, 과일·채소 등 농산물 부문이 23쪽 분량의 별도 항목으로 기술됐다. 2017년 기준으로 미국산 농산물 240억 달러를 사들였던 중국은 합의문에서 따라 2020년 365억 달러, 2021년 435억 달러어치를 각각 수입해야 한다. 중국의 미국산 농산물 구매액이 올해엔 52%, 내년에는 81%가 각각 늘어나는 셈이다. 당시 트럼프 전 대통령의 입장에선 대선을 앞두고 자신의 텃밭과 공화당의 핵심 지지기반인 중서부의 이른바 '팜 벨트(farm belt: 농업지대)'의 표심을 만족시킬 규모였기 때문이었다. 미국 정부는 중국 정부의 미국산 제품 수입에 대한 반대급부로 1600억 달러어치의 중국산 수입품에 대한 관세부과를 보류하고, 1200억 달러어치에 대한 관세는 기존 15%에서 7.5%로 하향 조정했다. 미국 정부는 2500억 달러 규모의 중국산 제품에 대한 25% 관세는 그대로 유지하기로 했다. 이에 따라 중국산 수입품 3700억 달러어치에 대한 25% 또는 7.5% 관세는 그대로 남아 있게 되는 셈이다. 미국 정부는 2단계 무역협상이 타결되면 기존 관세를 모두 없애겠다고 밝혔다.

하지만 미·중 갈등의 핵심인 기술패권 문제는 여전히 해결되지 않고 있다. 중국 정부는 합의문에서 미국 기업들에 대한 기술이전 강요를 금지하고, 미국의 지식재산권을 보호하는 노력을 강화하겠다고 약속했다. 또 지식재산권 침해에 대한 적절한 형사처벌 조치도 약속했다. 이와 함께 중국 정부는 지식재산권 보호를 강화하기 위한 액션플랜을 수립해 시행하고, 해외투자를 지시하는 관행을 억제하기로 약속했다. 그런데 합의문에는 중국 정부의 약속이행을 강제하는 관련 법률이나 규정을 개정하는 내용은 들어가지 않았다. 미국 정부는 협상에서 중국 정부에 법률 개정을 요구했지만, 중국 정부가 강력히 반발하면서 결국 합의문에 포함되지 않았다. IMF의 중국 담당 책임자로 재직했던 에스와르 프라사드(Eswar S. Prasad) 미국 코넬대 교수는 "1단계 무역합의가 양국 사이의 무역과 경제적 긴장을 해결할 근본적인 내용을 담지 못했다"고 평가했다. 게다가 미·중 양국의 2차 무역협상이 언제 시작될지 불확실하다. 국제경제 전문가들은 대부분 바이든 정부가 완전히 자리 잡은 이후에나 2차 협상이 본격적으로 시작될 것이라고 내다보고 있다. 무엇보다 2차 협상을 제대로 하려면 중국이 1단계 합의를 완전하게 이행해야 한다. 중국이 코로나19 사태를 핑계로 미국산 제품을 합의대로 사들일지 여부는 불확실하다. 미국 경제방송 CNBC는 "중국이 1단계 무역합의 구매 약속을 달성하려면 미국산 제품을 미친 듯이 사들여야 한다"면서 "이 때문에 미·중 무역전쟁의 재발은 시간문제"라고 지적했다. 일본 〈노무라증권〉의 아메미야 아이치(雨宮 愛知) 선임 이코노미스트는 "중국의 약속은 어마어마한 규모라 실현되기 어려울 수 있다"며 "무역합의가 깨지기 쉽다"고 밝혔다. 또 양국의 2차 무역협상에서 다뤄질 중국 국영기업 보조금 등 민감한 현안들은 난제 중의 난제라고 말할 수 있다. 홍콩의 영자지 『사우스 차이나 모닝 포스트(South China Morning Post)』는 양국의 2단계 무역협상은 '신기루'에 그칠 수 있다고 지적했다.

미·중 무역전쟁은 일단 임시적으로 봉합됐지만, 앞으로도 계속될 것이란 전망이 지배적이다. 특히 미·중 양국은 '관세 폭탄'으로 벌이는 전통적인 전쟁에서 기술패권 다툼으로 전쟁의 양상을 바꾸고 있는 만큼 장기전을 벌일 가능성이 높다. 중국 전문가인 케빈 러드(Kevin M. Rudd) 전 호주 총리는 "양국은 21세기 패권을 놓고 신경제냉전을 벌이고 있다"고 지적했다. 중국 최고부자인 마윈 전 〈알리바바〉 회장도 "양국의 무역전쟁은 20년은 갈 것"이라는 전망을 내놓기도 했다. 아무튼 양국의 신경제냉전은 앞으로 상당기간 계속될 것이 분명하며 누가 승리할지는 결국 경제력에 좌우될 수밖에 없을 것이다. 이런 맥락에서 볼 때 한 가지 분명한 점은 미국이 중국보다 유리한 고지를 점령하고 있다는 것이다.

미국의 '화웨이 죽이기' 작전과 중국과의 5G 주도권 싸움

〈화웨이(Huawei, 华为)〉는 세계 최대 통신장비업체이자 중국을 대표하는 기업이다. 〈화웨이〉는 또 인공지능, 사물인터넷, 자율주행차 등

4차 산업혁명 분야의 핵심 인프라 기술인 5G 통신 분야의 선두주자이다. 특이하게도 회사 이름인 '화웨이'는 '중화민족을 위하여 노력한다'는 뜻이다. 〈화웨이〉는 중국 인민해방군 정보통신 장교로 오랜 기간 복무하면서 총참모부 정보공학부 국장을 역임한 런정페이가 1987년 광둥성 선전에서 설립했다. 특히 〈화웨이〉는 인민해방군의 프로젝트를 독점 수주해 성장의 발판을 마련했다. 〈화웨이〉는 2004년 글로벌 시장 진출 당시 중국 〈국가개발은행〉으로부터 100억 달러의 자금 지원을 받기도 했다. 〈화웨이〉는 2012년 이후 매년 30%의 이익 증가율을 기록하고 있으며 현재 170개국에 통신장비를 판매하는 등 통신장비 분야에서 22%의 시장점유율로 세계 1위를 차지하고 있다. 또 스마트폰 판매에서도 미국의 〈애플〉을 제치고 〈삼성전자〉에 이어 세계 2위를 기록했다. 종업원 수는 18만 명에 달한다. 매출은 8588억 위안(약 149조 원, 2019년 기준)이나 된다. 이처럼 규모가 엄청난데도 〈화웨이〉는 비상장 기업이다. 기업의 지배구조 또한 남다르다. 창업주인 런정페이는 1.4%의 지분만을 소유하고 있으며 나머지 98.6%는 노동조합인 공회에 가입한 직원이나 퇴직자가 보유하고 있다. 그런데 공회는 중국 공산당의 직접 감독을 받는 하부조직이다. 중국의 공회법에는 "공회가 공산당의 기본노선, 방침, 정책 등을 견지하고 당의 지도 사상을 관철한다"고 명시되어 있다. 게다가 중국은 2017년 자국과 해외에서 개인이나 단체를 감시할 수 있는 국가정보법을 제정했다. 이 법에 따라 〈화웨이〉는 중국 정부가 정보 제공을 요청한다면 이를 거부할 수 없다.

미국 정부는 2018년부터 〈화웨이〉에 대한 제재 조치를 취하기 시

중국 선전에 있는 세계 최대 통신장비 업체인 〈화웨이〉의 본사

작했다. 트럼프 전 대통령은 2018년 8월 정부와 공공기관이 보안 위협을 이유로 〈화웨이〉 등 중국 통신 기업들의 장비와 제품을 사용할 수 없도록 명령하는 2019 회계연도 국방수권법(NDAA)에 서명했다. 미국 정부는 그동안 〈화웨이〉의 제품에는 일명 '백도어(backdoor)'가 심어져 있다고 지적해 왔다. 실제로 미국에서 2016년 〈화웨이〉의 스마트폰에서 백도어가 발견된 적이 있다. 백도어는 인증되지 않은 사용자가 무단으로 시스템에 접근해 메시지, 연락처, 통화기록, 위치 정보 등을 알아내는 '뒷문' 통로를 말한다. 특히 미국 정보기관들은 〈화웨이〉가 중국 정부와 공산당과 밀접한 관련을 맺고 있다고 의심해 왔다. 미국 정부가 5G 통신 기술 개발에 앞장서 온 〈화웨이〉의 장비 등

에 대해 사용금지 조치를 내린 것은 바로 이런 이유 때문이다. 〈미국 하원 정보위원회〉는 2012년 10월 8일 발간한 「중국 통신장비회사 〈화웨이〉와 〈ZTE〉가 제기하는 미국 국가안보 문제에 대한 조사 보고서」에서 〈화웨이〉는 자발적으로 중국 정부와 공산당의 지령을 따라 기밀을 훔치고 지식재산권을 침해하며 미국의 적성국과 수상한 거래까지 하는 기업이라고 규정한 바 있다. 미국 싱크탱크인 〈전략국제문제연구소(CSIS)〉의 제임스 루이스(James A. Lewis) 부회장은 "〈화웨이〉는 중국 정보기관의 한 조직으로 활동한다"며 "중국 정부가 〈화웨이〉를 적극 지원하는 것도 이런 이유 때문"이라고 주장했다.

미국 정부의 〈화웨이〉에 대한 제재 조치는 단계적으로 부과돼 왔다. 미국 상무부는 2019년 5월 트럼프 전 대통령의 행정명령에 따라 〈화웨이〉와 114개 계열사를 수출제한 대상 기업 명단(entity list)에 올렸다. 당시 행정명령 내용은 외국의 위협으로부터 자국 정보통신기업과 서비스망을 보호하기 위해 '국가비상사태'를 선포하고, 자국 기업의 외국 통신장비와 서비스 사용을 금지한다는 것이었다. 상무부 명단에 오른 외국 기업은 미국 정부의 허가 없이 미국 기업과 거래할 수 없다. 그러자 미국 반도체 업체인 〈인텔〉, 〈퀄컴〉, 〈브로드컴〉 등과 영국 반도체 설계회사 〈ARM〉 등이 〈화웨이〉와 거래를 중단했다. 하지만 〈화웨이〉는 2004년에 세운 〈하이실리콘〉을 통해 대만의 〈TSMC(台積電)〉에서 반도체를 조달했다. 하이실리콘은 반도체를 직접 생산하지 않고 설계만 하는 팹리스(Fabless) 업체다. 〈TSMC〉는 세계 최대 반도체 파운드리(Foundry, 위탁생산) 업체이다. 파운드리는 설계를 하지 않고 반도체 설계 전문업체가 주문한대로 팹(Fab: Fabrication)에서 반도체만 생산하는 것을 말한다. 반도체 업계에서 팹은 공장을 의미하는데, 공장 없이 설계만 전문으로 하는 기업은 팹리스(Fabless)라고 부른다.

〈화웨이〉가 이처럼 미국 정부의 제재 조치를 빠져나가자 미국 상무부는 2020년 5월 15일 자국 반도체 소프트웨어 및 장비를 활용하는 기업들이 〈화웨이〉(계열사 포함)의 설계로 생산된 제품을 수출하려면 사전 승인을 받아야 한다는 행정명령을 내렸다. 당시 조치는 〈화웨이〉가 〈하이실리콘〉을 통해 설계한 반도체를 〈TSMC〉에 맡겨 생산하는 것을 금지한 것이었다. 이후 〈화웨이〉가 계열사를 통해 대만의 〈미디어텍〉 등에서 기존에 만들어진 AP(애플리케이션 프로세서) 등을 대량 구매하는 방법으로 미국 정부가 내린 제재 조치의 빈틈을 빠져나오자 미국 정부는 가장 강력한 카드를 꺼내 들었다. 미국 상무부는 2020년 9월 15일부터 외국 반도체 업체라도 자국의 소프트웨어와 기술·장비를 이용해 생산한 모든 종류의 반도체를 미국 정부의 승인 없이 〈화웨이〉와 계열사에 판매할 수 없다는 조치를 내렸다. 미국 기술이나 장비를 안 쓰는 반도체 기업은 전 세계에 하나도 없다고 해도 과언이 아니다. 미국 정부가 〈화웨이〉에 대해 사실상 '사형선고'를 내린 것과 마찬가지라고 볼 수 있다.

이런 제재들로 〈화웨이〉는 외국산 반도체 부품과 장비를 전혀 구할 수 없게 됐다. 중국 반도체 기업들이 〈화웨이〉에 부품을 제공할 것으로 보이지만 이들의 기술력이 〈화웨이〉가 필요한 수준에 미치지 못해 도움이 되지 못할 것으로 예상된다. 이에 따라 〈화웨이〉는 스마트폰, 랩톱컴퓨터, 태블릿PC, 스마트TV, 이동통신 기지국, 통신장비, 서버

등 모든 주력 제품에 필수적으로 들어가야 할 반도체 부품을 새로 구하기가 불가능해졌다. 『블룸버그 통신(Bloomberg News)』은 "이번 제재는 〈화웨이〉의 5G 네트워크 사업과 스마트폰 사업에 심각한 타격을 줄 것"이라고 분석했다.

〈화웨이〉는 당장 비축한 반도체 부품과 장비 재고로 버틸 계획이지만 이런 상황이 장기화된다면 문제를 해결할 뾰족한 방법이 없는 상태다. 게다가 비축분이 충분하다고 가정해도 과거 구매한 부품으로 계속 제품을 만드는 것은 다른 업체들과 첨단제품 경쟁을 포기하는 것이라는 점에서 〈화웨이〉의 시장 경쟁력 약화로 이어질 수밖에 없다. 〈화웨이〉는 미국 정부의 강력한 제재 조치에 맞서 '난니완 프로젝트'를 적극 추진하겠다고 선언했다. 난니완(南泥湾)은 중국 산시성 옌안에서 남동쪽으로 90km 떨어진 곳에 있는 계곡을 말한다. 항일전쟁(1937~1945) 때 중국 공산당의 주력부대 중 하나인 팔로군(八路軍)은 일본군의 공격과 봉쇄에도 불구하고 이곳의 황무지를 개간해 식량을 자급자족하며 일본군과 싸웠다. 이곳은 현재 중국 공산당의 혁명 성지이다. 당시 팔로군의 이런 불굴의 투지와 인내를 '난니완 정신'이라고 부른다. '난니완 프로젝트'는 〈화웨이〉가 당시처럼 미국의 기술과 제품을 전혀 사용하지 않고 오로지 자체적으로 개발한 기술과 중국산 부품으로 각종 제품을 제조하겠다는 것을 말한다. 〈화웨이〉가 '난니완 프로젝트'를 추진하는 것은 시진핑 주석을 비롯해 중국 공산당 지도부가 천명한 '자력갱생' 전략의 일환이라고 볼 수 있다. 자력갱생은 마오쩌둥 전 국가주석이 주창한 경제 이론이다. 마오 전 주석은 과거 집권했을 당시 북한과 마찬가지로 자급자족의 폐쇄형 국가 경제정책을 추진했는데, 당시 선전구호는 "자력갱생 자급자족" 이었다. 시 주석도 지난 2020년 5월 공산당 지도부 모임인 정치국 회의에서 '경제 자력갱생'을 기치로 내걸었다.

미국 정부가 〈화웨이〉를 정조준하고 있는 이유는 중국의 '기술 굴기(우뚝 일어섬)'를 저지하겠다는 의도라고 볼 수 있다. 〈화웨이〉는 중국 정부가 추진하고 있는 첨단산업 육성화 전략인 '중국 제조 2025' 계획의 핵심 기업이다. 때문에 〈화웨이〉는 미국 정부의 제1타깃이라고 해도 과언은 아니다. 미국 정부는 5G 기술 상용화를 앞두고 중국 정부와 눈에 보이지 않는 경쟁을 벌이고 있다. 미국 정부는 〈화웨이〉가 5G 기술표준이 되는 걸 막는 것이 목표다. 5G 기술은 기존보다 속도와 데이터 용량을 획기적으로 개선시켰다. 기존 4G보다 속도는 20배 빨라지고, 통신 지연은 10배 짧아지며, 연결기기는 10배 많아지는 초연결성이 특징이다. 기존 정보통신기술(ICT)과 달리 통신 속도, 데이터 용량, 인공지능, 빅데이터 등과 결합해 미래 생활을 바꿀 수 있는 근원적 기술이라고 말할 수 있다. 5G가 구현돼야 자율주행차와 인공지능, 가상·증강현실 등 데이터 용량이 큰 미래 산업에 최적의 환경을 구축할 수 있다. 수많은 기기들이 네트워크에 접속해 신호와 정보를 주고받아야 하는 스마트 시티, 스마트 팩토리 등 사물인터넷을 가능하게 하는 것이 바로 5G이다. 5G는 모든 미래 기술의 출발점이라고 말할 수 있다.

이 때문에 미국과 중국은 5G의 국제기술표준을 선점하기 위해 치열하게 경쟁하고 있다. 국제 기술표준으로 선정되면 시장의 주도권을 장악하면서 다양한 부가가치를 창출할 수 있어서다. 국제기술표준의 승자가 12조 달러(약 1경 3512조 원)로 추산되는 5G 글로벌 통신 시장을 선점할 것으로 예상된다. 『월스트리트 저널(The Wall Street Journal)』은 "미국과 중국 간의 5G 경쟁은 양국 무역전쟁의 또 다른 전선"이라면서 "미국 정부의 의도는 관세 폭탄보다 더 치명적인 기술억제를 통해 중국의 도전을 물리치겠다는 것"이라고 지적했다. 다시 말해 미·중 무역전쟁의 본질은 5G는 물론, 주요 첨단산업 분야에서 세계 선두로 도약하려는 중국과 기존의 우월적 지위를 사수하려는 미국과의 기술패권 전쟁이라고 볼 수 있다.

이런 맥락에서 볼 때 5G를 놓고 미국과 중국이 본격적인 기술패권 전쟁을 시작한 셈이다. 〈미국 이동통신 산업협회(CTIA)〉는 「글로벌 5G 경쟁」이라는 보고서에서 미국이 세계 기술 진보를 선도하지 못한다고 경고했다. 보고서는 주요국 5G 이동통신 주파수 분배와 정부 정책, 상용화 수준 등을 종합 검토한 결과 미국이 중국에 뒤지고 있다고 지적했다. 보고서는 중국이 5G 상용화 경쟁에서 가장 앞선 이유로 '강력한 정부 주도 정책'을 꼽았다. 보고서는 중국은 〈정보기술산업부(MIIT)〉 주도로 '중국 제조 2025' 등 정책을 통해 5G 기술 개발과 상용화를 지원하고 있다고 지적했다. 〈화웨이〉는 중국 정부의 강력한 지원 덕분에 글로벌 통신장비 시장의 30% 이상을 장악했고 5G 특허의 23%인 61건을 보유하고 있다. 글로벌 리스크 컨설팅 업체인 〈유라시아 그룹〉의 글로벌 기술정책 책임자인 파울 트리올로(Paul S. Triolo)는 "〈화웨이〉는 현재 기지국, 데이터센터, 안테나, 핸드세트와 같은 5G 네트워크의 모든 요소를 생산할 수 있는 유일한 회사"라고 평가했다. 이런 추세라면 중국이 5G 글로벌 시장을 장악할 것이 분명하다는 것이 미국 정부의 판단이다. 미국은 2025년 5G 운영체제를 구축할 계획이다.

때문에 미국 정부로선 중국과 〈화웨이〉의 '5G 굴기'를 저지할 수밖에 없는 입장이다. 20세기에는 철강, 석탄, 자동차, 항공기, 선박이 국력의 원천이었다면 21세기는 5G와 같은 최첨단 기술을 개발하고 시장까지 장악하는 것이 경제력과 국가안보의 동력이라고 말할 수 있기 때문이다. 〈허드슨 연구소〉의 아서 허먼(Arthur L. Herman) 수석연구원은 "21세기를 지배하기 위한 패권전쟁의 승패는 슈퍼컴퓨터, 반도체, 인공지능, 5G, 양자컴퓨팅 등 5대 첨단기술 경쟁에 달렸다"면서 "이는 자유시장과 국가주의 대결"이라고 지적했다. 때문에 미국의 '화웨이 죽이기'는 중국과의 기술패권 경쟁에서 반드시 승리하겠다는 의지를 드러낸 것이라고 볼 수 있다.

미국, 중국 최대 반도체 기업 〈SMIC〉 제재로 중국의 '반도체 굴기' 저지

〈SMIC(Semiconductor Manufacturing International Corporation)〉는 중국 최대의 반도체 기업으로, 파운드리 전문업체이다. 〈SMIC〉는 2020년 2분기 기준으로 시장점유율 4.8%를 기록하면서 파운드리 분야에서 대만의 〈TSMC〉(51.5%), 〈삼성전자〉(18.8%), 미국의 〈글로벌 파운드리〉(7.0%), 대만의 〈UMC〉(7.0%)에 이어 세계 5위를 차지했다. 〈SMIC〉는 대만 출신이자 '중국 반도체의 아버지'라는 평가를 받는 장루징(張汝京) 박사가 2000년 상하이에서 만든 기업이다. 대만대 기계공학과를 나와 미국에서 석사와 박사학위를 받은 후 미국 반도체 기업 〈텍사스 인스트루먼트(TI)〉에서 20년간 근무한 장 박사는 대만으로 돌아와 〈스다(世大) 반도체〉를 설립했다. 하지만 〈텍사스 인스트루먼트〉에서 함께 일했던 장중머우(張忠謀)가 창업한 〈TSMC〉가 〈스다 반도체〉를 인수하자 장 박사는 중국 상하이에서 〈SMIC〉를 설립했다. 당시 대만 정부는 대만인의 중국 반도체 산업 투자를 엄격히 제한했다. 대만 정부는 2005년 장 박사가 중국에 불법 투자했다는 이유로 벌금을 부과하고 여권 말소 조치와 함께 중국에서의 사업 철수를 명령했다. 장 박사는 이에 불복하고 대만 국적도 포기했다. 이런 우여곡절 끝에 장 박사는 〈SMIC〉 성장의 기반을 닦았다. 이후 장 박사가 CEO(최고 경영자)에서 물러난 뒤, 〈SMIC〉는 중국 정부가 반도체 산업 육성 차원에서 국영통신기업과 국영펀드를 동원해 회사의 지분을 매입하면서 사실상 '홍색기업(국영기업)'이 됐다.

중국 정부는 2025년까지 반도체 자급률을 70%까지 끌어올리겠다는 '반도체 굴기' 정책의 일환으로 〈SMIC〉를 전폭적으로 지원해 왔다. 게다가 미국 정부의 압박을 받아 온 세계 1위이자 중국 최대 통신장비업체인 〈화웨이〉는 〈TSMC〉에 의존해 온 반도체 제조 물량을 〈SMIC〉에 몰아줬다. 특히 〈SMIC〉는 지난 2020년 7월 '중국의 나스닥'으로 불리는 상하이 증권거래소 커촹반(科創板: 과학혁신판)에 상장해

중국 최대 파운드리 기업인 〈SMIC〉의 상하이 본사

462억 8000만 위안(약 8조 원)을 모았다. 〈SMIC〉가 끌어모은 자금은 2010년 7월 상장한 〈중국농업은행〉(약 11조 8000억 원)에 이어 중국 기업 공개(IPO) 사상 두 번째 규모이다. 이에 힘입은 〈SMIC〉는 2020년 8월 〈베이징 경제기술개발구 관리위원회〉와 공동으로 합작법인을 설립해 베이징에 2개의 라인을 만들어 28nm(나노미터: 1nm는 100만 분의 1mm) 이하 공정을 적용한 제품을 12인치 웨이퍼(wafer) 기준으로 월 10만 장 생산하겠다는 계획을 발표하는 등 새롭게 도약하겠다는 의지를 보였다. 중국 정부도 〈SMIC〉의 이런 계획을 적극 후원했다. 중국 정부가 15년 이상 반도체 사업을 한 기업 중에서 회로 선폭(회로 간 거리)이 28mm이거나 그 이상의 공정을 도입한 기업에 최대 10년 동안 법인세를 면제해 주겠다는 조치를 발표했는데, 이에 해당하는 기업은 〈SMIC〉와 2위인 〈화홍(华虹) 반도체〉뿐이기 때문이었다.

중국 정부가 이처럼 〈SMIC〉를 키우기 위해 공을 들이자 미국 정부가 찬물을 끼얹었다. 미국 상무부 공업안보국은 2020년 10월 4일 수출통제조례(EAR) 규정에 근거해 자국 반도체 기술과 장비 업체들에 공문을 보내 〈SMIC〉와 자회사들에 대한 수출은 사전 허가를 받아야 한다고 통보했다. 이에 따라 〈SMIC〉는 미국에서 반도체 생산 장비, 재료, 소프트웨어 등을 구입하기가 어려워진다. 〈어플라이드 머티리얼스〉, 〈램 리서치〉, 〈KLA〉 등 미국의 반도체 장비 기업들은 앞으로 〈SMIC〉에 기술과 제품을 수출하려면 상무부의 허가 절차를 거쳐야 한다. 현재 〈SMIC〉는 장비의 절반가량을 미국에 의존하고 있어 미국의 수출이 중단되면 생산 차질이 불가피하다. 미국 상무부는 제재 이유로 〈SMIC〉 제품이 군사적 목적으로 전용될 가능성이 있다고 밝혔다. 수출통제조례는 중국, 러시아, 베네수엘라 등 특정 국가에 최종적으로 군사 용도로 활용될 제품의 수출을 제한할 수 있다고 규정하고 있다. 〈SMIC〉는 "중국군과는 아무런 관계가 없으며 어떠한 군사용 제품도 만들지 않는다"고 반박했지만 소용이 없었다.

미국 정부가 〈SMIC〉를 제재한 것은 두 가지 이유 때문이다. 무엇보다 '화웨이 죽이기' 작전에 완전히 못을 박겠다는 것이다. 〈화웨이〉는 AP 분야 등에서 〈SMIC〉와의 협력을 강화할 계획을 추진해 왔다. 〈SMIC〉는 최첨단 통신칩 제조엔 한계가 있지만, 중저가용 제품은 충분히 생산할 수 있다. 이런 움직임에 미국 정부가 제동을 걸려 하는 것이다. 또 다른 이유는 중국 파운드리 산업을 주저앉히려는 것이다. 글로벌 반도체 산업의 무게중심이 〈인텔〉 등 종합 반도체 기업에서 〈엔비디아〉, 〈퀄컴〉 등 팹리스로 옮겨 가면서 파운드리의 중요성이 커지고 있다. 실제로 전 세계적으로 인공지능, 사물인터넷, 로봇 등 첨단기술 산업이 발전하면서 각양각색의 맞춤형 반도체 수요가 높아지고 있고, 이를 만들어 주는 파운드리 시장도 성장세를 보이고 있다. 시장조사업체 〈옴디아〉에 따르면, 2018년 618억 3600만 달러 규모였던 파운드리 시장은 연평균 9.5%씩 성장해 2024년엔 944억 100만 달러에 달할 것으로 전망된다. 특히 2020년 파운드리 시장 성장률은 13.5%로, 전체 반도체 시장 성장률(4.9%)의 약 2.8배에 달한다. 때문에 미국 정부의 의도는 아예 〈SMIC〉가 성장하지 못하도록 싹부터 자르려는 것이라고 분석할 수 있다. 국제 반도체 전문가들은 이번 미국 정부의 조치가 〈SMIC〉의 현재보다 미래를 겨냥한 것이라고 보고 있다. 소재 부품은 대체할 수 있지만 장비는 힘들기 때문이다. 반도체 생산은 미국 장비가 없으면 사실상 어렵다. 지금 운용하는 라인은 가동할 수 있지만 추가 라인을 구축하기는 쉽지 않다. 〈SMIC〉는 올해 12인치 공정을 본격화할 계획이었지만 장비를 도입하지 못하면 공정 전환은 불가능하다.

미국 정부의 조치는 〈화웨이〉에 대한 3단계 제재 중 1단계와 유사해 향후 〈SMIC〉에 대한 제재가 2, 3단계로 강화될 가능성이 높다. 미국 정부는 2019년 5월 제1단계로 자국 반도체 기업들에게 〈화웨이〉에 대한 수출 승인을 받도록 했다. 이어 2단계로 2020년 5월 자국 반도체 소프트웨어 및 장비를 활용하는 기업들이 〈화웨이〉의 설계로 생산된 제품을 수출하려면 사전 승인을 얻도록 했다. 이후 〈화웨이〉가 자회사인 〈하이실리콘〉 등 계열사를 통해 대만의 미디어텍 등에서 기존에 만들어진 AP 등을 대량 구매하는 방법으로 제재 조치의 빈틈을 빠져

나오자, 미국 정부는 2020년 9월 15일부터 외국 반도체 업체라도 자국의 소프트웨어와 기술·장비를 이용해 생산한 모든 종류의 반도체를 승인 없이 〈화웨이〉와 계열사에 판매할 수 없다는 조치를 내렸다. 이에 따라 〈삼성전자〉와 〈SK하이닉스〉 등 한국을 비롯해 모든 외국 반도체 기업들이 〈화웨이〉 수출을 중단했다. 이번 〈SMIC〉에 대한 미국 정부의 제재 조치도 〈화웨이〉처럼 단계적으로 강화될 수가 있다.

미국 정부의 이번 조치에 따라 〈삼성전자〉를 비롯해 다른 파운드리 업체들이 상당한 이득을 볼 것이 분명하다. 대만의 시장조사업체인 〈트렌드포스〉는 보고서(2020년 10월 5일 자)에서 "〈SMIC〉에 주문을 해 왔던 외국 업체들은 리스크를 완화하기 위해 앞으로 〈삼성전자〉와 〈글로벌 파운드리〉, 대만의 파운드리 업체인 〈TSMC〉와 〈UMC〉 등으로 수입처를 옮길 것"이라고 전망했다. 이에 따라 기술력에 비해 파운드리 시장점유율이 낮은 〈삼성전자〉엔 호재가 될 것으로 보인다. 〈SMIC〉는 〈화웨이〉(매출 비중 18.7%), 〈퀄컴〉(8.6%), 〈브로드컴〉(7.5%) 등을 고객사로 뒀다. 이 중에서 미국 회사인 〈퀄컴〉과 〈브로드컴〉의 물량이 〈삼성전자〉와 대만 기업들에 넘어갈 것으로 보인다.

미국 정부가 〈SMIC〉에 제재 조치를 내리면서, 2025년까지 반도체 자급률을 70%로 높인다는 중국 정부의 반도체 굴기 계획은 상당한 차질을 빚을 수밖에 없다. 때문에 미국 정부의 〈SMIC〉에 대한 제재 조치는 중국의 반도체 산업의 급소를 정밀 타격하는 셈이라고 볼 수 있다. 이에 따라 IT 분야를 비롯한 중국 산업 전반이 타격을 받을 것으로 보인다. 미국 정부의 제재 조치로 중국의 2024년 반도체 자급률은 20.7%가 될 전망이다. 중국은 세계 반도체 매출의 30% 이상을 차지하는 반도체 최대 수입국이다. 2019년 수입액은 무려 3055억 달러에 달했다. 중국으로선 반도체를 자체 생산하는 것이 무엇보다 가장 긴요한 과제라고 볼 수 있다.

중국 정부는 그동안 반도체 산업을 발전시키기 위해 막대한 자금을 투자해 왔다. 중국 정부는 2014년 반도체 전용 펀드인 '국영 반도체 산업 투자 기금'을 설립해 매년 300억~600억 위안 규모 자금을 반도체 기업에 쏟아부었다. 2019년까지 누적 투자액은 1400억 위안에 달한다. 상하이와 베이징 등 지방정부도 자체 펀드를 설립해 반도체 기업에 자금을 지원하고 있다. 중국 정부는 이와 함께 반도체 기술력 향상을 위해 인재를 육성하는 데도 적극 나서고 있다. 장루징 전 〈SMIC〉 CEO도 "중국의 최대 약점은 단기간 내 반도체 인력풀이 부족하다는 것"이라면서 "중국이 젊은 인력을 키운다면 충분히 미국과 어깨를 나란히 할 수 있다"고 주장했다. 중국 집적회로 산업 인재 백서에 따르면 2020년 전후 중국 반도체 인재 수요는 72만 명이다. 하지만 현재까지 인재는 40만 명에 불과하다. 특히 고급 인력이 더욱 부족하다. 중국 정부는 고급 인력 육성을 위해 각 대학의 반도체 학과 등급을 '1급 학과'로 격상시켰다. 1급 학과로 지정되면 연구비 예산도 늘고, 학생 모집 정원수도 증가한다. 교수 역량, 연구실험 설비 수준도 높아지게 된다. 산하엔 반도체 시스템, 패키징, 소재, 설계, 초미세전자공학 등 별도 세부 전공을 만들어 전문 인력을 배양하는 데도 도움이 된다. 중국 기업들도 대만과 한국 등 각국에서 전문 기술 인력을 유치하는 데 총력을 기울이고 있다. 〈중국 과학기술 전략정세학회〉 천징(陈经) 연구원은 "반도체는 미·중 기술냉전의 핵심"이라면서 "미국으로부터 반도체 독립은 핵폭탄을 만드는 것만큼 중요하다"고 강조했다. 중국이 반도체 굴기에 실패한다면 미국과의 기술패권 경쟁에서 패배할 것이 분명하다.

미국의 목표는 클린 네트워크 프로그램을 통한 중국의 IT 기업들 퇴출

미국 정부는 〈화웨이〉에 그치지 않고 중국의 모든 정보통신 기업들을 배제시키기 위한 '클린 네트워크 프로그램(Clean Network Program)' 구축에 적극 나서고 있다. 폼페이오 전 미국 국무장관은 "클린 네트워크 프로그램은 미국 국민들의 개인정보와 미국 기업들의 민감한 정보들을 중국 공산당 같은 악의적인 행위자들의 공격에서 보호하기 위한 포괄적인 접근법"이라고 강조했다. 폼페이오 전 국무장관은 "우리는 미국 기업들이 중국 공산당의 감시통제에 연루되지 않기를 바란다"면서 "자유를 사랑하는 모든 국가와 기업들이 클린 네트워크 프로그램에 적극 동참해 줄 것을 요청한다"고 밝혔다. 폼페이오 전 국무장관은 "현재 30여 개국이 클린 국가들이고 세계의 가장 큰 이동통신사들이 클린 통신사들"이라면서 "우리의 모든 동맹국과 파트너 국가의 정부와 산업이 우리의 움직임에 합류할 것을 기대한다"고 강조했다.

미국 국무부는 클린 네트워크 프로그램의 출범 선언과 함께 자국의 이런 프로그램에 적극 협력하고 있는 '5G 클린 이동통신사(5G Clean Telecom Company)'를 발표했다. 5G 클린 이동통신사는 〈화웨이〉와 〈ZTE〉 등 중국산 통신장비를 사용하지 않는 회사를 의미한다. 5G 클린 이동통신사들은 미국 국무부의 의뢰에 따라 민간기구인 〈전략국제문제연구소〉가 미국, 아시아, 유럽 등 25명 전문가와 함께 통신장비 평가기준에 따라 '안전하다'고 선별한 기업들이다. 미국 국무부가 발표한 5G 클린 이동통신사들은 한국의 〈SK텔레콤〉과 〈KT〉를 비롯해 미국 〈버라이즌〉·〈스프린트〉·〈AT&T〉, 일본 〈NTT 도코모〉·〈KDDI〉, 대만 〈티스타〉·〈타이완 모바일〉, 스페인 〈텔레포니카〉, 프랑스 〈오렌지〉, 영국 〈오투〉, 캐나다 〈로저스〉, 호주 〈옵터스〉, 〈텔스트라〉, 인도 〈지오〉 등 31개사이다. 미국 국무부가 5G 클린 이동통신사 명단을 공개한 의도는 동맹국들과 파트너 국가들은 물론, 각국의 동참을 압박하려는 것이라고 볼 수 있다. 각국 정부와 이동통신사들은 이에 따라 미국 정부의 눈치를 볼 수밖에 없을 것으로 보인다. 실제로 명단에 들지 못한 기업들은 미국 정부에 '신뢰할 수 없는 회사'로 낙인찍혀 자칫 미국 시장 진출 길이 막힐 수도 있다. 이와 관련 키스 크라크(Keith J. Krach) 전 미국 국무부 경제담당 차관은 "한국의 주요 이동통신사 3곳 중 규모가 큰 두 곳은 이미 신뢰할 수 있는 업체를 택했고 규모가 작은 한 곳은 여전히 결정 중"이며 "한국은 기술적으로 아주 요령 있는 곳이고 그들이 위험을 알고 있다고 본다"며 우회적으로 압박했다. 로버트 스트레이어(Robert L. Strayer) 전 미국 국무부 부차관보(사이버·국제통신정보정책 담당)도 "우리는 〈LG유플러스〉 같은 기업들에 믿을 수 없는 공급업체에서 믿을 수 있는 업체로 옮기라고 촉구한다"고 밝히기도 했다.

미국 정부의 클린 네트워크 프로그램의 내용은 ① 클린 캐리어(Clean Carrier), ② 클린 스토어(Clean Store), ③ 클린 앱(Clean Apps), ④ 클린 클라우드(Clean Cloud), ⑤ 클린 케이블(Clean Cable) 등 5가지다. 첫째, 믿을 수 없는 중국 이동통신사들이 미국의 통신 네트워크와 연결되지 않게 하겠다는 것이다. 둘째, 바이러스나 정치 선전물이 배포될 우려가 있는 중국 앱을 미국 앱스토어에서 퇴출하겠다는 것이다. 셋째, 〈화웨이〉 등 중국 스마트폰 제조업체들이 미심쩍은 앱을 미리 깔아 두는 것을 막겠다는 것이다. 넷째, 미국 국민들의 민감한 개인정보나 코로나19 백신 연구 자료 같은 중요 정보가 유출되는 것을 막기 위해 중국에 서버가 있는 클라우드에 들어가는 것을 막겠다는 것이다. 특히 미국

폼페이오 전 국무장관이 클린 네트워크 프로그램에 한국 등이 참여할 것을 강조하고 있다.

정부는 〈알리바바〉와 〈바이두〉, 〈텐센트〉 등 중국의 대표적인 IT 기업들의 위험성을 지적했다. 다섯째, 태평양을 건너는 정보를 중국이 중간에 수집하지 못하도록 해저 케이블 사업에 중국 기술을 배제하겠다는 것이다. 국제 IT 전문가들은 미국 정부의 클린 네트워크 프로그램은 사실상 모든 중국 IT 기업들과 기술의 퇴출을 추진하려는 것이라고 평가했다. 미국 정부는 동맹국 등 각국에 반중 공동 전선에 참여할 것을 강력하게 강조하고 있다.

미국 정부의 클린 네트워크 프로그램은 2019년 5월 체코 프라하에서 열린 30여 개국과 유럽연합, 나토(NATO: 북대서양조약기구) 대표들이 참여해 5G 인프라의 안정성과 보안 문제를 검토했던 '프라하 제안'에서 비롯됐다. 폼페이오 전 국무장관은 이 제안을 바탕으로 2020년 4월 '5G 클린 패스(Clean Pass)' 구상을 추진하겠다고 발표한 데 이어 클린 네트워크 프로그램 구축을 선언한 것이다. 미국 정부의 클린 네트워크 프로그램은 중국 정부의 'IT 굴기'를 견제하려는 것이다. 말 그대로 전 세계 IT 네트워크가 중국 중심으로 재편되는 것을 막는 것이 핵심 목표다. 중국은 전자상거래, 검색엔진, SNS 등의 분야에서 미국과 격차를 좁히고 있고, 전자결제 등 일부 분야에선 이미 미국을 앞질렀다. 때문에 미국 정부로선 IT 패권을 중국에 넘겨주지 않기 위해 클린 네트워크 프로그램을 추진하게 된 것이라고 볼 수 있다.

미국 정부는 개인정보 유출과 국가안보를 위협한다는 이유로 2020년 9월 15일 이후 중국 모바일 애플리케이션인 틱톡(TikToc, 抖音)과 모회사인 〈바이트댄스〉, 위챗(WeChat, 微信)과 모회사인 〈텐센트〉와의 모든 거래를 금지했다. 틱톡은 중국 소프트웨어 회사인 〈바이트댄스〉가 개발한, 15초짜리 짧은 동영상에 음악을 입혀 지인과 공유하는 앱이다. 〈바이트댄스〉는 2016년 9월 틱톡을 출시했는데, 애플 앱스토어와 구글 플레이에서 틱톡을 내려받은 누적 횟수는 20여억 건이나 된다. 150여 개국에서 8억여 명이 틱톡을 사용하고 있다. 틱톡을 사용하려면 나이, 이름, 비밀번호 등을 등록해야 한다. 게다가 틱톡은 사용자의 위치 정보와 접속·검색 기록 등 광범위한 정보를 수집할 수 있다. 미국 정부가 문제 삼는 것이 이 때문이다. 미국 정부는 중국 정부가 영향력을 행사해 미국 사용자의 개인정보를 빼내 갈 수 있으며 이 때문에 자칫하면 국가안보에 위협이 될 수 있다고 지적해 왔다. 〈바이트댄스〉는 2012년 중국 IT 사업가 장이밍(张一鸣)이 설립했다. 〈바이트댄스〉는 설립 6년 만인 2018년 우버를 제치고 세계 유니콘 기업 순위 1위에 오르는 저력을 과시했다. IT 업계에서 유니콘이란 '기업가치 10억 달러 이상의 비상장 스타트업'을 의미한다. 현재 기업가치가 1000억 달러에 달하는 〈바이트댄스〉는 '슈퍼 유니콘(기업가치 100억 달러 이상)'으로 분류된다. 미국 정부는 〈바이트댄스〉가 중국 정부와 공산당과 연계돼 있다고 의심하고 있다.

위챗은 중국인 11억 명 이상이 매일 사용하고 있는 중국판 카카오톡과 페이스북이다. 중국 스마트폰 사용자의 대부분이 위챗을 쓰고 있다고 해도 과언이 아니다. 중국인들은 이 앱을 사용해 친구들에게 메시지를 보내고, 사진을 공유하고, 물건값을 지불하고, 레스토랑을 예약하고, 음식을 주문하고, 은행 거래를 한다. 또 위챗에는 전자결제 서비스인 위챗페이와 코로나19 방역을 위한 건강코드 등 각종 생활 필수 서비스들이 결합해 있어 중국에서 스마트폰에 위챗을 설치하지 않고는 정상적인 일상생활을 하기 어려울 정도다. 위챗페이의 중국 전자결제 시장점유율은 지난해 말 기준 39%이며 사용자는 무려 8억 명이나 된다. 게다가 위챗은 중국인과 해외 곳곳에 있는 중국 동포, 유학생 등을 연결하는 핵심 수단이고, 중국과 거래하는 미국을 비롯해 많은 외국 기업들과 외국인들도 널리 사용하고 있다.

위챗을 운영하는 〈텐센트(Tencent, 腾讯)〉는 〈바이두(Baidu, 百度)〉, 〈알리바바(Alibaba, 阿里巴巴)〉 등과 함께 중국의 대표적인 3대 IT 기업이다. 이들 3대 기업은 BAT라고 불린다. 세 기업의 영어 이름 알파벳 첫 글자를 따 만든 용어다. BAT는 중국의 광활한 내수시장을 발판으로 검색, 전자상거래, 소셜 네트워크 서비스(SNS), 인터넷 결제를 비롯해 각종 금융 거래, 모바일 게임 등은 물론 자율주행 자동차를 비롯해 각종 신산업 분야에 뛰어들고 있다. 〈바이두〉는 중국의 구글이라 불리는 중국어권 최대의 검색엔진이고, 〈알리바바〉는 〈아마존〉을 넘어 세계 최대의 전자상거래 사이트가 됐다. 〈텐센트〉는 중국 최대의 SNS 회사이자 세계 1위 온라인 게임사다. 〈텐센트〉는 2020년 7월 말 기준 시가총액이 6700억 달러(약 796조 원)를 기록하면서 미국의 〈페이스북〉(6578억 달러)을 제치고 세계 1위 소셜 미디어 기업에 등극한 것이다. 〈텐센트〉는 단일 앱으로는 세계 최대 규모인 위챗을 비롯해 '리그 오브 레전드' 등 모바일 게임, 전자상거래, 인터넷 결제, 인공지능 등을 포괄하는 글로벌 기술 기업이다. 특히 〈텐센트〉는 세계 1위 게임 퍼블리셔다. 〈텐센트〉의 전체 매출에서 게임이 차지하는 비중은 35%에 달한다. BAT는 해외 시장까지 적극 진출하면서 미국의 4대 IT 기업인 GAFA(구글, 애플, 페이스북, 아마존)의 아성을 위협해 왔다. 중국 정부는 BAT가 추진하는 사업들을 적극적으로 지원하고 있다.

미국 정부의 틱톡과 위챗에 대한 조치는 중국 정부가 그동안 미국 IT 기업들을 자국에서 쫓아내던 방법을 벤치마킹했다고 볼 수 있다. 중국은 2003년부터 홍콩을 제외한 본토에서 만리방화벽(防火长城: 중국의 인터넷 검열 차단 시스템)을 앞세워 구글, 유튜브. 페이스북, 트위터 등의 접속을 완전히 차단했다. 세계 최대 인터넷·모바일 시장을 겨냥했던 미국 기업들은 이 때문에 2010년부터 대부분 중국에서 사업을 접어야만 했다. 당시 중국 정부는 미국 IT 기업들이 자국의 법률과 제도에 적응하지 못했기 때문이라고 주장했었다. 미국 등 외국의 IT 기업들이 중국에서 사업하려면 중국 정부가 국가안보를 이유로 제시한 검열 지침을 준수해야 하고, 개인정보 등 데이터를 중국에 보관하고, 중국 정부가 그 데이터에 접속할 수 있도록 해야 한다. 이 때문에 외국 IT 기업들은 중국에 데이터센터 개설과 함께 데이터를 제공해야만 했고, 심지어 중국 정부가 지정한 인물을 감독관으로 특별 채용해야만 했다. 미국 등 외국 IT 기업들이 대거 중국을 떠나자 대신 BAT가 경쟁자가 없는 내수시장에서 빠르게 덩치를 키운 뒤 해외 시장을 공략해 왔다. 미국 정부가 텐센트를 시작으로 앞으로 중국 IT 기업 고사작전에 적극 나설 계획을 추진하는 것도 중국과의 기술패권 경쟁에서 뒤질 수 없다는 판단에 따른 것이다. 이런 맥락에서 볼 때 미국과 중국이 '넷월드(Net World: 인터넷으로 연결된 네트워크 세계)'에서 치열하게 기술패권을 다투고 있는 셈이다.

미국의 경제번영 네트워크와 글로벌 공급망 재구축

미국은 코로나19 확산을 제대로 막지 못하고 엄청난 인명피해를 입는 등 세계 유일 초강대국으로서 수모를 겪어야만 했다. 실제로 미국에선 코로나19 사태 초기 국민들이 착용할 수 있는 마스크조차 생산하지 못했을 뿐만 아니라 위중한 환자들이 사용할 인공호흡기도 부족했다. 그 이유는 미국이 그동안 제조시설을 모두 중국으로 옮겼기 때문이다. 중국은 전 세계에 유통되는 마스크와 장갑, 고글 등 의료용품의 40% 이상을 생산함으로써 사실상 의료용품 생산을 독점하고 있다. 이 때문에 코로나19가 급속도로 확산했을 때 미국은 중국으로부터 의료용품을 대량 수입해야만 했다. 게다가 중국산 의료용품의 상당수가 불량으로 드러나자 〈미국 식품의약국(FDA)〉은 중국산 N95 마스크 86종 가운데 72종의 승인을 취소하기도 했다. 그럼에도 불구하고 미국은 중국 이외의 국가로부터 의료용품 구입이 여의치 않자 '울며 겨자 먹기' 식으로 중국산 의료용품을 수입해야만 했다. 이처럼 중국은 그동안 의료용품을 비롯해 각종 제품을 독점적으로 생산해 '세계의 공장'이라는 말을 들어 왔다.

특히 미국 등 각국 기업들은 코로나19 사태로 중국 정부가 공장 가동을 중단하는 등 전국을 봉쇄하자 글로벌 가치사슬(global value chain) 붕괴라는 악몽을 겪어야 했다. 가치사슬이란 〈맥킨지 컨설팅〉에서 최초로 제시하고, 마이클 포터(Michael E. Porter) 미국 하버드대 경영대학원 교수가 발전시켜 정립한 개념으로 기업이 제품 또는 서비스를 생산하기 위해 기획, 연구개발, 디자인, 부품·소재 조달, 제조, 판매, 사후관리 등에 이르는 가치 창출 활동 전 과정을 말한다. 가치사슬을 구성하는 다양한 활동은 각국에서 이뤄지는데 이를 글로벌 가치사슬이라 부른다. 글로벌 공급망(global supply chain)은 이런 글로벌 가치사슬의 일종이라고 볼 수 있다. 미국 시장조사 전문업체 〈코어사이트 리서치〉에 따르면 신발 제조업체 〈스티브 매든〉은 제품의 73%를, 전자제품 기업 〈베스트 바이〉는 60%를 중국에서 생산한다. 미국은 이처럼 저가 제품부터 자동차 부품과 반도체 칩 등 각종 첨단제품까지 중국에서 생산하고 있다. 미국은 코로나19 사태로 제조업 분야에서 중국에 대한 의존도가 높을수록 큰 위기에 빠질 수밖에 없다는 사실을 뼈저리게 깨닫게 됐다.

이에 따라 미국 정부는 중국의 글로벌 공급망에 대한 재평가와 함께 향후 산업적 측면과 '안보'를 연계해 자국 기업은 물론 동맹국 기업들이 중국으로부터 벗어나도록 유도하는 전략에 박차를 가하고 있다. 미국 정부가 우선 추진하는 전략은 중국에 진출한 자국 기업들을 미국 본토로 끌어오는 리쇼어링(reshoring) 정책이다. 미국 정부는 자국으로 돌아오는 기업들에 대해 법인세 최고 세율을 35%에서 21%로 낮추는 등 각종 인센티브를 주고 있다. "미국 제조업을 재건하겠다"며 중국 등 해외로 나간 기업들의 복귀를 촉구하고 있는 것이다. 나다 샌더스(Nada R. Sanders) 미국 노스이스트대 다모어-맥킴 경영대학원 교수는 "코로나19 팬데믹을 계기로 미국 정부는 저금리 대출과 세제 혜택

등을 통해 중국에 나가 있는 기업들을 본토로 데려오는 정책을 적극적으로 추진하고 있다"면서 "앞으로 미국 기업들 중 상당수가 돌아올 가능성이 높다"고 지적했다.

미국은 또 '경제번영 네트워크(EPN: Economic Prosperity Network)'라는 글로벌 공급망을 새로 구축하는 전략을 추진하고 있다. EPN 전략은 중국에 의존하지 않는 자유 진영의 새로운 공급망을 구축하겠다는 구상이다. 미국 정부는 EPN이 법치주의, 재산권, 주권, 인권의 존중 같은 가치를 공유하는 신뢰할 수 있는 국가 간의 연대라고 밝혔다. 이런 기준에 따라 미국 정부는 EPN의 대상국으로 한국, 호주, 뉴질랜드, 인도, 일본 등을 꼽고 있다. 〈랜드 연구소〉의 브루스 베넷(Bruce W. Bennett) 선임연구원은 "코로나19 사태는 앞으로 미국 정부가 자국과 동맹국 기업들에 중국에서 공장을 이전하도록 촉구할 수 있는 계기가 될 것"이라고 지적했다. 〈랜드 연구소〉의 스콧 해럴드(Scott W. Harold) 선임연구원도 "코로나19 사태가 트럼프 정부가 향후 동맹국들에 중국 견제를 강화하도록 요구하는 정책으로 이어질 수 있다"고 전망했다. 폼페이오 전 국무장관은 "미국 정부는 호주, 인도, 일본, 뉴질랜드, 한국, 베트남 등과 협력해 세계경제를 전진시키기 위해 노력하고 있다"고 밝히기도 했다. 키스 크라크 전 국무부 경제담당 차관은 "미국은 중국에 대한 의존도를 낮추기 위해 '신뢰할 수 있는' 파트너 국가들과 함께 새로운 글로벌 공급망을 구성하는 방안을 추진할 필요가 있다"면서 "이 문제는 미국 국가 안보의 핵심 전략이 될 수 있다"고 밝혔다. 스인훙(时殷弘) 중국 인민대 교수는 "코로나19 사태는 미·중 간 물리적·심리적 디커플링을 촉진하고 있다"면서 "트럼프 정부는 주요 분야의 글로벌 공급망에서 중국과의 단절을 모색하고 있다"고 지적했다.

이런 가운데 인도가 중국을 대신할 새로운 생산기지로 부상하고 있다. 인도 정부도 글로벌 공급망 변화를 활용해 제조업을 육성하겠다는 계획을 적극적으로 추진하고 있다. 실제로 인도 정부는 중국에서 생산기지를 이전하려는 미국 기업을 자국으로 유치하기 위해 발 빠르게 움직이고 있다. 인도 정부는 미국 기업들에게 공장을 인도로 이전하면 각종 혜택을 주겠다고 제의하고 있다. 애플의 경우 인도 정부의 인센티브 제공에 따라 기존 중국 생산물량의 20%를 인도로 이전하는 방안을 추진하고 있다. 〈애플〉의 새 위탁산업체인 대만 〈페가트론〉은 인도에 공장 설립을 진행하고 있으며, 대만 〈폭스콘(Foxconn, 富士康)〉도 인도의 생산시설 확장을 위해 최대 10억 달러를 투자할 계획이다. 라비 샨카르 프라사드(Ravi Shankar Prasad) 인도 통신전자정보기술부 장관은 "〈애플〉이 8개 OEM 공장을 중국에서 인도로 옮겨 왔다"면서 "인도가 대규모 제조업 허브로 부상하고 있다"고 강조했다. 〈애플〉은 협력업체들을 통해 오는 2025년까지 인도에서 400억 달러에 달하는 스마트폰을 생산할 계획이다. 미국 정부는 인도 외에도 글로벌 공급망 재편 계획에 따른 새로운 생산기지로 떠오르고 있는 베트남과 멕시코 등에 자국 기업들이 적극 진출할 수 있도록 지원할 방침이다.

하지만 미국을 비롯해 다국적 기업들은 중국을 배제한 글로벌 공급망 구축에 내심 난색을 표하고 있다. 중국 정부의 보복이 두렵고, 탈중국 비용도 엄청난 데다 14억이라는 거대한 시장을 포기하기 어렵기 때문이다. 그럼에도 불구하고 미국은 EPN이라는 경제동맹을 통해 글로벌 공급망을 새롭게 구축하는 데 박차를 가할 것이 분명하다. 이런 맥락에서 볼 때 각국은 물론 다국적 기업들도 머지않은 장래에 미국이냐 중국이냐를 선택할 수밖에 없는 상황에 직면할 것으로 보인다.

중국, 범중화경제권 구축과 일대일로 프로젝트 추진

"일대일로(一帶一路: 육상·해상 실크로드)는 인류 운명공동체를 구축하는 데 크게 공헌할 것이다."

시진핑 주석이 2018년 8월 27일 베이징 인민대회당에서 열린 '일대일로 프로젝트 추진 5주년 기념 좌담회'에서 연설한 내용의 일부이다. 시 주석은 2013년 9월 7일 카자흐스탄을 방문했을 당시 나자르바예프 대학에서 연설을 통해 일대일로 프로젝트를 처음 주창했었다. 이후 같은 해 10월 인도네시아 국회에서 연설을 통해 일대일로 프로젝트를 재정적으로 뒷받침할 〈아시아 인프라 투자은행(AIIB)〉 창설을 제의했다. 이에 따라 중국 정부는 2015년 3월 일대일로 프로젝트의 구체적인 청사진을 발표했고, 같은 해 12월 AIIB를 출범시켰다. 일대일

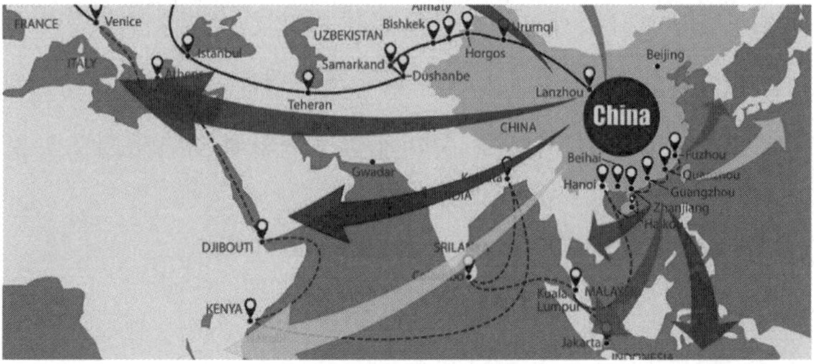

중국의 일대일로 프로젝트

로 프로젝트는 육상과 해상의 교통과 물류 네트워크를 구축해 '범중화경제권'을 구축하겠다는 것이다. 일대일로 프로젝트는 크게 두 가지로 구분된다. 일대(一帶, One Belt)는 '육상 실크로드 경제지대(Silk Road Economic Belt)'를 말한다. 중국 서북지역에서 중앙아시아, 유라시아 대륙과 유럽을 관통하는 육상 무역 통로를 구축하는 것이다. 한(漢) 무제가 개척한 동서 교역로인 실크로드를 부활시키는 것이라고 볼 수 있다. 일로(一路, One Road)는 '21세기 해상 실크로드(21st Century Maritime Silk Road)'라고 할 수 있는데, 중국의 동·남 연해 지역에서 동남아, 인도양, 중동과 아프리카를 연결하는 바닷길을 의미한다. 명(明)나라 영락제 당시 환관인 정화(鄭和)의 원정대가 바닷길을 뚫었던 해상 실크로드를 복원하는 것이다.

시 주석은 일대일로 프로젝트에 참여하는 국가들과의 경제협력 관계를 강화할 경우 거대한 중화경제권을 구축할 수 있을 것으로 보고 있다. 특히 시 주석은 일대일로를 통해 지역적 영향력을 확장함으로써 세계 유일 초강국인 미국에 도전할 만한 힘을 키우려는 의도를 보여 왔다. 실제로 중앙아시아와 동남아시아 일부 국가 및 중동 일부 국가들은 중국과의 반미 연대에 적극 나서고 있다. 중국 정부는 지난해까지 126개 국가와 29개 국제기구가 일대일로 프로젝트 협력 문서에 서명했다고 밝혔다. 시 주석은 중국과 이들 국가를 '운명공동체'라는 틀로 묶어 놓으려 하고 있다. 운명공동체라는 것은 일종의 '동맹'을 말한다. 다시 말해 시 주석이 주창하는 운명공동체는 중국의 패권을 인정하고 중국식 모델을 따르라는 말이라고 해석할 수 있다.

물론 미국을 비롯한 서방국가들은 중국이 일대일로 프로젝트 참여국들의 경제발전을 이끌기보다는, 막대한 빚을 지게 만들고 자국의 이득만을 챙기고 있다면서 중국을 '채무 제국주의(debt imperialism)'라고 비판하고 있다. 실제로 중국의 일대일로 프로젝트는 미국이 2차 세계대전 이후 유럽 복구를 위해 추진했던 '마셜 플랜(Marshall plan)'과는 성격이 다르다. 당시 미국은 가난한 유럽 국가들에게 조건 없이 자금을 지원했다. 하지만 중국은 일대일로 프로젝트를 추진하면서 저개발 국가들에 자국 국유(국영)은행을 통해 자본을 해당국에 빌려주고, 인프라를 구축하는 방식으로 진행해 왔다. 특히 중국은 개발도상국, 저개발 국가들과 차관 계약을 맺으면서 철저하게 '차이나 스탠더드(China standard)' 적용을 요구해 왔다. 차이나 스탠더드란 기자재도 중국산을 쓰고, 건설 공사도 중국 업체가 맡고, 심지어 운영도 상당기간 중국 기업이 하는 것을 말한다. 투명성 확보와 부패방지 방안 마련 등 까다로운 조건을 내세우는 선진국들이나 국제금융기구 등으로부터 차관을 빌리기 어려웠던 개발도상국과 저개발 국가들은 중국의 달콤한 유혹에 넘어갈 수밖에 없었다. 개발도상국과 저개발 국가들은 중국이 제공한 자금으로 야심 차게 인프라 사업을 시작했지만, 무리한 사업 추진으로 빚이 늘어난다는 것을 뒤늦게 깨닫게 됐다. 결국 중국의 차관이 일종의 '독이 든 사과'이 된 셈이라고 말할 수 있다. 대표적인 피해 사례로는 스리랑카를 들 수 있다. 스리랑카는 2010년 중국 차관으로 전략요충지인 함반토타 항구를 건설했지만, 적자가 쌓이자 결국 부채 11억 달러를 탕감하는 조건으로 2017년 11월 중국 국유기업에 이 항구의 운영권을 99년간 넘겨주었다. '빚의 덫'에 빠진 국가들을 보면 동아프리카의 지부티, 중앙아시아의 키르기스스탄과 타지키스탄, 동남아시아의 라오스, 인도양의 섬나라 몰디브, 몽골, 발칸반도의 몬테네그로, 서남아시아의 파키스탄 등이다.

그런데 코로나19 사태가 발생하자 중국의 일대일로 프로젝트는 바이러스 전파의 원인이 됐다. 마치 '흑사병(黑死病, Black Death)'이라고도 불리는 페스트가 14세기 실크로드와 몽골제국 때문에 유럽으로 퍼진 것과 비슷하다. 몽골제국은 실크로드를 따라 중앙아시아를 점령하고 흑해까지 진출했다. 1347년 흑해 연안의 카파(Caffa: 현재는 우크라이나의 페오도시야)를 포위한 몽골군은 카파가 항복하지 않고 끝까지 저항하자 흑사병에 걸려 죽은 병사들의 시체를 투석기에 담아 성벽 너머로 던졌다. 카파는 이탈리아 제노아 상인들의 동방 무역 거점이었고, 흑사병이 퍼지자 이탈리아 상인들은 선박들을 타고 카파를 빠져나왔다. 이 상선들 중 하나가 시칠리아의 메시나항에 도착했지만, 선원들은 얼마 지나지 않아 전부 사망하였다. 이것이 유럽에 흑사병이 전파된 첫 계기였다. 이후 제노아와 베네치아에도 흑사병이 만연하게 됐고 이탈리아 전역으로 확산됐다. 이후 흑사병은 유럽 전역으로 퍼져 나갔다. 흑사병은 이에 앞서 1334년 중국 허베이에서 발생했는데, 이 때문에 성내 인구의 90%가 사망했다. 당시는 몽골제국이 세운 원나라 때였다.

이탈리아에 코로나19가 창궐한 경로는 과거 페스트가 전파된 경로와 비슷하다. 이탈리아 정부는 2020년 1월 31일 60대 중국인 관광객 2명이 첫 코로나19 확진 판정을 받자마자 국가비상사태를 선포하고, 유럽 국가들 가운데 처음으로 같은 해 4월까지 중국 본토와 홍콩, 마카오, 대만 등을 오가는 직항노선 운항을 전면 중단한다고 발표했다. 하지만 이탈리아 정부는 다른 유럽 국가들을 경유해 항공이나 육로 및 선박으로 입국하는 중국인 관광객들을 막지 않았다. 결국 최대 경제 도시인 밀라노가 속한 롬바르디아주와 관광도시인 베네치아가 있는 베네토주를 중심으로 코로나19가 확산되면서 이탈리아 전체가 몸살을 앓아야만 했다. 이탈리아 정부가 전면적인 중국인 입국 금지 조치를 내리지 않은 이유는 중국과의 밀접한 경제협력을 고려했기 때문이다. 이탈리아 정부는 2019년 3월 중국의 일대일로 프로젝트에 G7 중에서 처음이자 유럽연합 창립 회원국 가운데 최초로 참여를 결정했다. 당시 이탈리아 정부는 경제난을 극복하기 위해 중국과 협력할 수밖에 없었다. 이탈리아 경제는 2008년 글로벌 금융 위기 이후 유럽연합 회원국 중에서 꼴찌 수준의 경제성장률을 기록하며 장기 침체에 빠져 있었다. 중국 정부는 일대일로 프로젝트에 참여한 '보답'으로 이탈리아에 대해 '유커(游客: 중국 관광객)'라는 선물을 보냈다. 이탈리아의 관광산업은 2019년 기준 GDP의 13%를 차지할 정도로 국가의 주요 수입원이다. 실제로 2019년 3월 이후 이탈리아를 방문한 유커가 300만 명을 넘었다. 하지만 이탈리아 정부의 일대일로 참여는 이번 코로나 19 사태로 볼 때 '소탐대실(小貪大失)'이 된 셈이다. 코로나19 사태로 이탈리아 경제는 최악의 상황에 빠졌기 때문이다.

이처럼 이탈리아의 사례로 볼 때 중국의 일대일로 프로젝트는 코로나19 확산의 '주범'이라고 볼 수 있다. 미국 외교 전문지 『포린 폴리시』는 코로나 19 확산의 배경으로 중국 정부의 일대일로 프로젝트를 꼽았다. 『포린 폴리시』는 중국 정부가 그동안 각국 공항과 항만, 철도 및 도로 등을 건설해 각국을 연결하는 교통망을 확대해 왔는데 이를 통해 코로나 19가 확산됐다고 지적했다. 이 잡지는 중국 정부가 코로나19의 진원지인 우한을 폐쇄하기 전까지 2주간 전체 인구 1100만여 명인 우한에서 500만여 명이 중국의 다른 지역은 물론 전 세계로 퍼져 나갔다면서 중국 이외의 다른 국가들에서 발생한 환자들은 대부분 우한을 방문했거나 우한 출신 중국인과 접촉이 있었던 사람들로 나타났다고 지적했다. 코로나 19는 중국 정부가 2019년 12월 31일 우한에서 27명이 발생했다고 WHO에 보고한 이후 두 달 만인 2020년 2월 28일 기준으로 극지방을 제외한 지구촌 6개 대륙의 50개국으로 확산됐으며, 당시 환자는 8만 3157명(중국 7만 8824명), 사망자 2,853명(중국 2,788명)으로 집계된 바 있다. 로리 개럿(Laurie Garrett) 전 미국외교협회 연구원은 "시진핑 주석이 코로나 19의 직접적인 책임이 있는 것은 아니지만, 수조 달러 규모의 일대일로 프로젝트가 지역적 질병을 세계적인 위협으로 만들었다"고 비판했다. 다시 말해 '코로나 일대일로'라는 지적이다.

중국 정부는 국제사회에서 코로나19에 대한 책임론이 강력하게 제기되고 일대일로 프로젝트에 참여한 국가들의 피해가 커지자 이번에는 '건강 실크로드(Health Silk Road)' 전략을 통해 '보건건강 공동체' 추진에 적극 나서고 있다. 중국 정부는 일대일로 참여국들과 국제기구에 의료용품을 지원하는 등 코로나19 확산 저지를 돕고 있다. 특히 중국 정부는 16개국에 의료팀을 직접 파견했고, WHO에 상당한 자금을 기부했다. 중국 정부의 의도는 무엇보다 대규모 의료용품 지원을 통해 코로나19 사태 은폐와 초동대응 실패, 확산 등에 따른 국제사회 내 중국 책임론을 무마하려는 것이라고 볼 수 있다. 중국 정부의 속셈은 자국이 코로나19 발원국이라는 부정적인 이미지를 세탁하려는 것이다. 중국 정부의 또 다른 의도는 각국과의 보건·의료 연대를 통해 미국을 견제하려는 것이다. 중국 정부가 의료팀을 보낸 국가를 보면 캄보디아, 라오스, 이란, 이라크, 파키스탄, 베네수엘라, 이탈리아, 세르비아 등 일대일로 프로젝트에 적극 참여한 국가들이다. 중국 정부는 코로나19 사태에서 자국이 '최대 원조국'이라고 대대적으로 선전까지 하고 있다.

시진핑 주석은 2020년 5월 18일 WHO 총회에서 화상 연설을 통해 "코로나19 사태는 2차 세계대전 종식 이후 가장 심각한 글로벌 공중보건 비상사태"라면서 "각국이 인민의 생명과 건강을 지키고 함께 인류 공동의 지구를 지키며 함께 '인류 보건건강 공동체'를 구축해야 한다"고 강조했다. 중국 정부는 이미 자국이 주도해 만든 〈상하이협력기구(SCO)〉를 중심으로 보건건강 공동체를 구축할 계획이다. 미국을 겨냥해 만든 SCO 회원국은 중국과 러시아, 카자흐스탄, 키르기스스탄, 타지키스탄, 우즈베키스탄, 인도, 파키스탄 등이다. SCO는 전 세계 인구의 44%에 달하는 인구 31억 명의 지역협의체로, 세계경제에서 비중도 30%에 달하며 핵보유국도 4개국이나 된다. 이들 국가는 인도를 제외하고 대부분 중국이 추진해 온 일대일로 프로젝트에 참여하고 있다. 중국이 SCO를 중심으로 보건건강 공동체를 구축할 경우 코로나19 사태 이후 정체된 일대일로 프로젝트를 재개하고 국제사회에 영향력을 확대할 발판을 마련할 수 있다. 브래들리 세이어(Bradley Thayer) 미국 텍사스주립대 교수는 "중국이 코로나19 사태를 '건강 실크로드'를 구축하는 데 이용하고 있다"면서 "중국이 세계 패권이라는 전략 목표를 위해 코로나19 사태를 기회로 활용하고 있다"고 지적했다.

중국이 항상 만지작거리는 보복 카드는 희토류

"중동에 석유가 있다면 중국에는 희토류가 있다."

중국 개혁·개방의 총설계사 덩샤오핑이 1992년 1월 남순강화(南巡講話) 때 언급한 말이다. 희토류(稀土類)는 말 그대로 '희귀한 흙'으로,

정확한 명칭은 '희토류 원소 또는 금속(rare earth elements or metals)'이다. 원자번호 57번부터 71번까지 란타넘족(lanthanoids) 15개 원소와 21번 스칸듐(scandium) 및 39번 이트륨(yttrium)을 합친 17개 원소를 통틀어 일컫는 희토류는 열과 전기가 잘 통하기 때문에 전기, 전자, 광학 등 4차 산업 분야에서 사용된다. 화학적 성질이 비슷해 분리하기 어렵고, 천연적으로 서로 섞여 산출되는 양이 아주 적다. 희토류가 주목받는 것은 고온 초전도체, 하이브리드 자동차, 풍력발전 터빈, 휴대전화, PDP, 항공기부품, 광학렌즈, 컴퓨터 디스크, 특수자석, 석유화학 촉매제 등 21세기 첨단산업에 두루 쓰이는 핵심 원료이기 때문이다.

실제로 사용되는 분야를 보면 유로퓸은 액정표시장치(LCD)에 들어가며, 에르븀은 광섬유 케이블에서 광신호를 증폭시키는 작용을 돕는다. 이트륨은 발광다이오드(LED) 제작에 사용되며, 란타넘은 전기자동차에 들어가는 배터리의 핵심 소재이다. 네오디뮴과 디스프로슘은

57	58	59	60	61	62	63	64
La	Ce	Pr	Nd	Pm	Sm	Eu	Gd
란타넘	세륨	프라세오디뮴	네오디뮴	프로메튬	사마륨	유로퓸	가돌리늄
lanthanum	cerium	praseodymium	neodymium	promethium	samarium	europium	gadolinium
65	66	67	68	69	70	71	
Tb	Dy	Ho	Er	Tm	Yb	Lu	
터븀	디스프로슘	홀뮴	어븀	툴륨	이터븀	루테튬	
terbium	dysprosium	holmium	erbium	thulium	ytterbium	luthetium	

원소주기율표 란타넘족(© 대한화학회, 2016)

전기자동차에 장착되는 모터 생산에 필수적인 물질이다. 터븀은 저에너지 전구에, 세륨은 디젤 엔진 촉매변환 장치를 만드는 데 각각 들어간다. 또 스텔스 전투기, 미사일, 레이더, 야간투시경, 레이저 등 각종 군사용 장비와 무기를 제조하는 데도 사용된다. 희토류는 이런 용도 때문에 '첨단산업의 비타민'이라고 불린다. 이런 점에서 볼 때 희토류는 21세기 첨단산업의 성패를 좌우할 전략자원이라고 해도 과언은 아니다. 희토류는 또 세계에서 가장 값비싼 광물에 속한다.

그런데 희토류는 채굴이 어렵고 채굴 과정에서 발생하는 환경오염 때문에 생산하는 국가들이 많지 않다. 세계 희토류 생산량은 2018년 기준 17만t으로, 이 가운데 중국이 71%인 12만t을 생산했다. 호주(2만t)는 물론 미국(1.5t)도 희토류를 생산하지만 중국에는 크게 미치지 못한다. 중국은 현재 희토류 비축량, 생산규모, 수출량에서 압도적으로 세계 1위를 기록하고 있다. 특히 세계에서 유통되는 희토류의 절반이 중국 네이멍구(內蒙古: 내몽골) 자치구 바오터우에 있는 바얀오보 광산에서 나온다. 중국 남부의 소규모 광산들이 나머지를 생산한다. 희토류 중 디스프로슘과 터븀은 99%가 중국에서 생산된다. 때문에 석유 부국인 중동국가들이 전 세계에 영향력을 행사해 왔듯이, 중국도 21세기 첨단산업 분야에서 강력한 힘을 발휘할 수 있는 수단을 갖고 있는 셈이다. 덩샤오핑의 예언이 그대로 적중했다고 볼 수 있다.

미국은 연간 기준 1만 1000t 규모의 희토류를 수입하는데, 중국이 여기에 80%를 공급하고 있다. 미국엔 희토류 정련공장이 한 곳도 없고, 캘리포니아주 마운틴패스 광산에서만 희토류 채굴이 이뤄지고 있다. 중국 정부는 2010년 동중국해 센카쿠 열도(중국명: 댜오위다오)를 놓고 일본과 영유권 분쟁이 고조됐을 때도 희토류 수출 중단 카드로 일본을 압박한 적이 있다. 당시 일본 해상자위대 순시선과 중국 어선이 충돌해 중국 어선이 일본 해상보안청에 나포됐었다. 중국 정부는 자국 어선의 선장과 선언들의 석방을 요구했지만, 일본 정부는 법대로 처벌했다면서 이를 거부했다. 이에 맞서 중국 정부가 희토류 수출을 전격 중단하자, 일본 정부는 사태 발생 18일 만에 선장과 선언들을 석방하면서 손을 들었다. 중국 정부가 희토류 카드를 만지작거리고 있는 것도 이 때문이다. 중국 관영 언론 매체들은 "반도체 산업처럼 희토류 산업도 단기간에 일으킬 수 없다"며 "미국이 희토류 산업 체인을 건설하려면 15년이 걸릴 것"이라고 지적했다.

하지만 중국 정부의 희토류 수출 통제가 '전가의 보도(傳家之寶)'가 되지는 않을 것으로 보인다. 글로벌 통상 전문가들은 중국의 희토류 수출제한이 단기적인 충격을 줄 수 있지만, 미국은 대안을 찾을 것이라고 전망했다. 중국 전문가인 메리 티가든(Mary B. Teagarden) 선더버드 글로벌 경영대 교수 겸 부학장은 "하늘이 무너지지 않는다"며 "대안이 있다"고 밝혔다. 미국 워싱턴 소재 싱크탱크인 〈케이토 연구소〉의 사이먼 레스터(Simon Lester) 부소장도 "단기적으로 혼란이 유발될 것"이라면서도 "미국 기업들은 방법을 찾을 것"이라고 전망했다. 중국 정부의 희토류 카드에 대비해 왔던 미국 기업들은 이미 발 빠르게 움직이고 있다. 미국 화학기업인 〈블루라인〉은 호주 희토류 생산업체 〈라이너스〉와 합작기업을 세워 미국에 희토류 정련공장을 건설할 계획이다. 〈라이너스〉는 호주 마운트 웰드 광산에서 희토류를 채굴해 말레이시아 공장에서 정제한다. 존 블루멘털(Jon Blumenthal) 〈블루라인〉

CEO는 "합작기업은 미국과 전 세계에 안정적으로 희토류를 공급하게 될 것"이라고 했다. 이 합작기업은 중국을 제외하면 세계에서 생산 규모가 가장 큰 희토류 업체가 될 전망이다.

미국 정부도 희토류의 자국 내 생산량을 늘리고 세계 각국과의 협력을 강화한다는 대책을 마련했다. 실제로 미국 상무부는 희토류 등 중대 광물의 안정적 공급 확보를 위한 61개 정책을 추진하고 있다. 윌버 로스(Wilbur L. Ross) 전 상무장관은 "미국이 희토류의 해외 공급망에 지나치게 의존하면서 군사 및 경제 분야 양쪽에 잠재적인 전략적 취약 지점이 됐다"면서 "비축량 확대 등 단기적인 대책과 광물 탐사 및 채굴과 관련해 새로운 기술을 개발하고, 미국 내 제조업 공급망을 재조정할 필요가 있다"고 밝혔다. 미국 국방부도 「방산물자 생산법에 따른 희토류 보고서」를 백악관과 의회에 제출하고 미국 내 희토류 생산을 확대하는 방안을 제시했으며, 아프리카 등에서 희토류 공급망을 물색하고 있다. 미국 국방부는 말라위의 〈음캉고 자원〉, 부룬디의 〈레인보우 희토류 유한회사〉 등 전 세계 희토류 업체들과 전략 광물 공급을 논의했다. 트럼프 전 대통령은 2020년 9월 30일 희토류 관련 국가비상사태를 선포하고, 광산 개발에 긴급히 나서는 국방물자생산법(DPA)을 발동하는 행정명령에 서명했다. 미국 정부는 중국에 대한 희토류 의존도를 평가하고, 희토류 생산·가공에 보조금을 지급하며 대출 지원에 나서고 있다. 영국 런던 소재 시장조사업체인 〈로스킬〉의 희토류 전문가 데이비드 메리맨(David Merriman)은 "중국의 희토류 수출 통제로 어려움을 겪었던 일본은 당시 호주 등 다른 나라들에서 찾았다"고 지적했다. 실제로 중국이 2010년 희토류 수출 쿼터를 40%

로 제한한 뒤 가격이 급등하자 다른 국가들도 다시 희토류를 생산하기 시작했다. 희토류 생산업체가 늘어나면서 전 세계 희토류 생산량에서 중국이 차지하는 비중은 2009년 97%에서 2018년 70.6%까지 낮아졌다. 대신 호주(11.8%), 미얀마(2.9%), 러시아(1.5%), 인도(1.1%) 등이 희토류 생산 비중을 높였다.

이런 맥락에서 볼 때 중국 정부의 희토류 카드가 자칫하면 '자충수'가 될 수도 있다. 중국 정부의 희토류 전략 무기화가 탈(脫)중국화를 부추겨 다른 희토류 생산 국가들의 반사이익으로 이어질 수 있기 때문이다. 영국 『파이낸셜타임스』는 중국이 희토류 생산과 수출을 축소하면 단가 인상으로 다른 국가들의 생산을 촉발할 수 있다고 전망했다. 실제로 호주, 말레이시아, 말라위 등에서도 희토류 채굴이 최근 들어 활발해지고 있다. 또 베트남, 브라질, 러시아 등에서 희토류 채굴이 본격적으로 진행될 조짐도 나타나고 있다. 〈SMBC 닛코증권〉의 애널리스트 히라야마 코타(平山 広太)는 "중국 정부의 대미 희토류 수출 통제는 일시적으로 미국에 피해를 줄 순 있겠지만 대체품 개발이 더욱 가속화하며 장기적으로는 중국 자신이 타격을 입을 것"이라고 내다봤다. 미국 〈웰스파고 투자연구소〉는 중국이 희토류 수출을 제한하는 것은 자기 발에 스스로 총을 쏘는 행위라고 지적했다. 아무튼 중국의 희토류 보복 카드가 오히려 부메랑이 되어 돌아올지는 좀 더 두고 봐야 하지만, 희토류가 전략자원인 만큼 앞으로 미국은 이를 확보하기 위해 총력을 기울일 것이 분명하다.

중국, 디지털 위안화로
미국의 달러화 패권에 도전

"21세기를 지배할 결정권은 핵무기가 아닌 화폐다. 화폐를 통제하는 자가 세계를 지배한다."

쑹훙빙(宋鴻兵) 중국 글로벌 재경연구원장이 저서 『화폐전쟁』에서 주장한 내용이다. 현재 국제사회에서 화폐를 통제하는 국가는 미국이다. 그 이유는 미국의 달러화가 기축통화(key currency)이기 때문이다. 기축통화란 무역과 금융을 비롯한 국가 간의 거래에서 공통으로 사용하는 특정 국가의 통화를 말한다. 미국의 달러화 패권에 강력하게 도전해 온 국가는 중국이다. 중국은 그동안 자국 통화인 위안화를 기축통화로 만들기 위해 총력을 기울여왔다. 중국은 글로벌 금융위기 직후인 2009년 이후 달러화 의존도를 줄이며 IMF의 특별인출권(SDR) 편입, 〈아시아 인프라 투자은행(AIIB)〉 설립 등 '위안화 국제화'에 적극 나서 왔다. '위안화 국제화'란 중국의 공식 화폐 위안화가 세계경제에서 교환의 매개, 가치 저장의 수단, 회계단위의 기능을 수행하도록 만드는 것을 의미한다. 다시 말해 위안화를 주요한 기축통화로 만들겠다는 것이다.

중국 정부의 이런 의도에 따라 위안화는 국제결제시장에서 달러화, 유로화, 엔화, 파운드화에 이어 5위를 차지하고 있다. 그럼에도 불구하고 위안화의 위상은 달러화에 비하면 아직까지 한참 낮은 수준이다. 〈국제은행간통신협회(SWIFT)〉에 따르면 2020년 1월 기준 위안화의 국제결제 비중은 1.65%에 불과하다. 위안화가 달러화(40%)를 뛰어넘으려면 앞으로 갈 길이 멀다고 해도 과언은 아니다. 특히 전 세계를 공포로 몰아넣은 코로나19 팬데믹은 기축통화로서 달러화의 국제적 위상을 재확인하는 계기가 됐다. 미국의 무제한 양적 완화 조치에 경제 대국인 중국은 달러화의 위력을 다시 한번 절감하게 됐다. 이 때문에 중국은 달러화에 맞서 위안화를 강력한 기축통화로 만들겠다는 야심을 더욱 노골적으로 드러내고 있다.

중국이 달러화 패권에 대응하기 위해 내놓은 카드가 디지털 화폐(CBDC: Central Bank Digital Currency)이다. 중국의 중앙은행인 〈인민은행〉은 전 세계 중앙은행들 가운데 디지털 화폐 분야에서 가장 앞서고 있다. 중국 〈인민은행〉은 각국 중앙은행들 중 처음으로 2014년부터 디지털 화폐 연구를 시작했고, 2017년 5월 〈디지털 화폐연구소〉를 세웠다. 중국 정부는 지난 1월부터 CBDC 발행의 법적 기반이 되는 암호법(密碼法)을 전면적으로 실행하고 있다. 암호법은 블록체인 기술 및 산업의 발전을 규율하는 기본적이고 중요한 법률이다. 암호법에서 규정하고 있는 '암호'는 은행계좌나 인터넷의 개인계정에 진입하기 위해 입력하는 암호(password)와는 다르다. 암호법상의 암호(encryption)는 정보를 특정한 변환 방법을 이용하여 암호화하고, 보안인증을 하는 기술, 제품, 서비스로 일종의 암호화 기술이다.

〈인민은행〉은 또 2020년 4월부터 선전, 쑤저우, 슝안신구, 청두 등에서 디지털 화폐 전자결제(DCEP: Digital Currency Electronic Payment)를 비

공개 테스트하고 있다. 〈인민은행〉은 오는 2022년 베이징 동계올림픽 이전까지 테스트를 완료할 계획이다. 〈인민은행〉은 현재 4개 도시의 특정 구(區)를 지정해 주민들에게 '디지털 위안화'를 지급하고 이를 해당 지역에서 유통하고 있다. 실제로 최근 웨이보 등 SNS에서는 디지털 위안화의 사진이 올라오고 있다. 디지털 위안화는 현재 통용되는 위안화처럼 중국 건국의 아버지인 마오쩌둥 전 국가주석의 얼굴과 발행연도 등이 포함된 일련번호가 들어가 있다. 인민은행은 중국의 4대 국유은행 중 하나인 농업은행에서 스마트폰 애플리케이션에 적용되는 디지털 위안화의 보안성과 안정성 등을 시험하고 있다. 〈인민은행〉은 앞으로 〈중국공상은행〉, 〈중국건설은행〉 등 나머지 국유은행과 〈차이나모바일〉 등 3대 통신사 및 세계적 전자상거래 업체인 〈알리바바〉, 최대 인터넷 기업인 〈텐센트〉 등을 디지털 위안화 보급의 파트너로 동원할 계획이다. 디지털 위안화의 성공 여부는 얼마나 많이 쓰이고 거래되느냐에 달려 있기 때문이다. 디지털 위안화의 가치는 현재 통용되는 위안화와 똑같다. 디지털 위안화는 민간 발행 디지털 화폐와 달리 〈인민은행〉이 가치를 보장하는 법정화폐로서 변동성이 큰 암호화폐와 차별성을 갖는다. 〈인민은행〉은 은행에 예치한 위안화만큼의 디지털 위안화를 4개 도시 특정 구 주민들의 전자수첩에 넣어 줘 사용하도록 하고 있다. 디지털 위안화는 빨리 정착될 가능성이 높다. 중국 정부의 강력한 통제력에 따라 국민들이 앞으로 일상에서 마음 놓고 디지털 위안화를 사용할 것으로 보인다. 또 세계 1위 수출 대국인 중국은 교역 등 대외거래에서도 디지털 위안화로 결제하는 비중을 높일 것이 분명하다. 이에 따라 중국 정부는 2022년 베이징

중국 선전시 시민들이 디지털 위안화로 상품을 구매하고 있다.

동계올림픽부터 디지털 위안화를 사용할 것으로 전망된다.

알리페이와 위챗페이 사용이 보편화된 중국은 지금도 사실상 '현금 없는 사회'이다. 거지가 구걸할 때도 QR코드를 사용해 모바일 결제를 활용할 정도다. 그런데도 중국 정부가 디지털 위안화를 적극 추진하는 이유는 무엇 때문일까. 무엇보다 국내외 자금 흐름과 자본 유출·이동 실태 등을 정부와 중앙은행이 한눈에 파악할 수 있기 때문이다. 전 세계에서 가장 방대한 모바일 결제 빅데이터와 세계 최고의 안면인식 기술을 보유한 중국에서 디지털 위안화까지 통용될 경우 중국 정부는 국민들을 완벽하게 통제할 수 있다. 말 그대로 중국은 세계 최초의 '디지털 사회주의' 국가가 될 수 있다. 게다가 중국 정부는 위조지폐 제작·유통, 부동산 투기, 돈세탁, 세금 탈루 등 각종 범죄를 척결할 수 있다. 또 화폐 제작과 유통에 따른 사회적 비용도 크게 절감

할 수 있다. 더구나 지폐·동전과 같은 실물화폐를 통해 코로나19 등 전염병 바이러스의 확산도 막을 수 있다.

특히 중국 정부는 디지털 위안화를 통해 미국 주도의 세계 금융망에서 벗어나 금융 주권을 행사하려는 의도도 있다. 미국이 1973년 만든 SWIFT는 그동안 중국의 금융 주권을 제약해 왔다. SWIFT에서 완전히 퇴출당하면, 중국 대형 은행이라도 생존할 수 없다. 하지만 디지털 위안화를 사용하는 국가들이 많아지면 이들을 중심으로 SWIFT를 우회하는 새로운 국제 금융망을 구축할 수 있다. 중국 정부는 일대일로 프로젝트에 참여할 국가들을 대상으로 국제 송금과 무역 결제에서 디지털 위안화를 확산시키려는 계획을 추진하고 있다. 슈쿠와 준이치(宿輪 純一) 일본 테이쿄대 교수는 "디지털 위안화는 대외적으로는 일대일로 참여국에서 〈화웨이〉의 5G 기술을 사용해 진행될 것"이라고 내다봤다. 이 경우 위안화의 위상은 5G 기술과 맞물려 올라가지만 달러화의 위상은 추락할 수밖에 없다. 『블룸버그 통신』은 "중국 정부는 디지털 위안화를 베이징 동계올림픽을 기해 공식화하고 일대일로 참여국을 중심으로 유통을 확대한다는 방침"이라고 지적했다. 중국 정부의 최종 목표는 달러화를 제치고 위안화를 가장 중요한 기축통화로 만드는 것이다.

주요 국가들의 중앙은행도 CBDC 연구에 속도를 내고 있다. 〈국제결제은행(BIS)〉은 지난 1월 〈유럽중앙은행(ECB)〉을 비롯해 영국, 일본, 캐나다, 스웨덴, 스위스 등 6개 중앙은행들과 함께 CBDC 연구 그룹을 조직해 공동 연구를 시작했다. 스웨덴의 경우 지난 2월부터 'e-크로나'를 도입했다. 지난 2개월간 시범 운용한 결과가 기대보다 훨씬 좋아 전국으로 확대할 방침을 확정했다. 캐나다와 싱가포르 등도 CBDC 시범사업을 벌이고 있다. 프랑스도 중국보다 먼저 CBDC를 발행하려고 준비하고 있다. 프랑수아 빌루아 드 갈로(François Villeroy de Galhau) 〈프랑스중앙은행〉 총재는 "우리는 세계 최초로 CBDC를 발행함으로써 CBDC를 보유하는 이점을 누릴 수 있을 것"이라고 밝히기도 했다. 일본 집권 여당인 자민당도 디지털 엔화를 발행할 준비를 해야 한다고 정부와 중앙은행인 〈일본은행〉에 촉구했다. 각국의 발걸음이 빨라진 것은 중국의 디지털 위안화 발행 가능성과 코로나19 사태 때문이다. 특히 프랑스와 일본은 중국이 디지털 위안화를 앞세워 유로화와 엔화의 위상을 추월할 것을 우려하고 있다.

이런 가운데 글로벌 IT 업체인 미국의 〈페이스북〉이 자체 암호화폐인 리브라(Libra) 발행을 추진하고 있다. 〈페이스북〉은 리브라를 발행하기 위해 스위스 제네바에 민간 기업들이 독립 회원으로 참여한 비영리 단체인 '리브라 협회'를 설립했다. 리브라 협회는 미국 재무부 차관 출신의 결제 규제 전문가 스튜어트 레비(Stuart A. Levey) 〈HSBC〉 최고법률책임자(CLO)를 신임 CEO로 선임했다. 레비 CEO는 "CBDC 통용을 위해 표준을 설정하고, 규칙을 정하고, 사람들이 준수하고 따를 수 있는 일정 수준의 행동 지침이 마련돼야 한다"면서 "리브라 플랫폼을 기존 지급결제 시스템보다 더 안전하고 더 간편하고 더 저렴하게 만들 것"이라고 밝혔다. 레비 CEO는 "개인과 기업이 돈을 보다 쉽게 주고받을 수 있도록 하고, 금융 시스템 사각지대에 놓여 있는 10억 명 이상의 사람들에게 힘을 실어 줄 수 있는 기회를 제공할 것"이라고 강조했다.

CBDC에 신중한 입장을 보였던 미국 중앙은행인 〈연방준비제도(Fed)〉(이하 연준)도 본격적인 연구에 들어갔다. 레이얼 브레이너드(Lael Brainard) 연준 이사는 "달러화의 중요성을 고려할 때 우리가 CBDC의 정책개발과 연구에서 앞서 있어야 한다"고 강조했다. 브레이너드 이사는 연준이 CBDC 발행과 비용 및 운용상 취약성, CBDC 발행 및 감독 주체, 금융 안정성 문제 등을 연구하고 있다고 밝혔다. 브레이너드 이사의 이런 발언은 디지털 위안화를 통해 달러화의 패권에 도전하려는 중국의 의도를 의식한 것이라고 볼 수 있다. 미국 경제 전문 방송인 CNBC는 "디지털 위안화는 중국의 일대일로 정책에 따른 무역이나 인프라 거래들에 활용될 수 있다"면서 "이를 통해 위안화가 국제화되면 달러화 패권이 도전을 받을 수 있다"고 지적했다. 로런스 서머스 전 미국 재무장관은 "중국의 디지털 위안화가 미국 달러화의 위상을 위협할 경우 미·중 간 디지털 화폐 전쟁이 벌어질 수 있다"고 내다봤다. 페이스북이 리브라 발행을 적극 추진하는 점도 연준이 입장을 바꾼 요인으로 꼽힌다. IT 기업이 민간 차원의 암호화폐를 발행할 경우 국제결제 시스템이 크게 흔들릴 수 있기 때문이다.

중국이 디지털 위안화를 실제로 통용시킬 경우 반미 국가들을 중심으로 탈(脫)달러화 움직임이 빨라질 가능성이 높다. 이에 따라 미국도 디지털 달러화를 발행할 가능성이 높다. 미국의 입장에서 절대로 달러화 패권을 중국 위안화에 넘겨줄 수 없기 때문이다. 이런 맥락에서 볼 때 앞으로 현재 통용되는 달러화와 디지털 위안화, 앞으로 도입될 디지털 달러화와 디지털 위안화 간의 통화전쟁이 벌어질 수 있다. 아무튼 디지털 화폐가 미·중 패권전쟁의 또 다른 전장이 될 것이 분명하다.

· 3장 ·

미국과 중국의 군사력 대결과 제2의 태평양 전쟁

★★★

중국의 홍콩국가보안법 vs 미국의 홍콩자치법

홍콩섬 북서쪽 빅토리아항 입구에 위치한 중심가인 센트럴은 '아시아의 월스트리트'라고 불리는 곳이다. 센트럴 지하철역에서 좌우로 뻗은 퀸즈 거리에는 〈홍콩증권거래소(HKEX)〉, 〈국제금융센터(IFC)〉, 홍콩 주요 은행들, 글로벌 투자은행(IB)들과 자산운용사 등 각종 금융사들이 즐비하게 들어서 있다. 이곳에는 세계 100대 은행 중 79개를 비롯해 증권업을 하고 있는 법인만 900여 개나 된다. 이곳에서 일하는 인원만 해도 17만여 명이다. 홍콩이 아시아는 물론 글로벌 금융 중심지라고 불리는 것도 이 때문이다. 홍콩 증시엔 지난 2020년 5월 기준으로 2,477개의 기업이 상장돼 있으며, 시가총액은 3조 5024억 달러(약 4341조 원)에 달했다. 홍콩 증시는 세계 1위인 뉴욕증시(NYSE)와 2위인 나스닥(NASDAQ)에 이어 도쿄(JPX), 런던(LSE), 상하이(SSE)의 순으로 규모가 크다. 중국 기업들은 홍콩의 외환, 주식, 채권시장을 통해 외자를 유치한다. 외국 기업들에게 홍콩은 중국 본토 진출의 교두보이다. 홍콩에는 현재 9,000여 개의 외국 기업들이 진출해 있다. 홍콩에 진출한 기업은 위안화 표시채권인 '딤섬본드(Dimsum bond)'를 발행할 수 있고, 투자자들은 〈홍콩증권거래소〉를 통해 중국 A주(내국인 전용)와 채권시장에 투자를 할 수 있다. 홍콩은 세계에서 최대 규모로 위안화가 거래되는 곳이다. 2019년 4월 기준 위안화가 가장 많이 거래되는 곳을 보면 홍콩(30%)이고 중국(28%), 미국(16%), 싱가포르(12%) 등의 순이었다.

홍콩은 총수입 중 89%를 재수출하는 중계무역 거점이자 수출입 규제와 무역장벽이 없는 자유무역항이다. 중국과 홍콩 간 교역 규모도 엄청나다. 중국의 대외교역액 중 홍콩의 비중은 14%로 미국(19%)에 이어 2위다. 한국과 일본, 독일, 러시아 등을 상회하는 수치다. 중국은 WTO에 가입했지만 여전히 관세율이 높은 편이다. 반면 홍콩은 관세가 없고 통관 속도가 빠르다. 홍콩은 중국 남부 내륙으로 들어가는 관문인 동시에 물동량을 처리하는 공항과 항만 등 우수한 물류 인프라를 보유하고 있는 곳이다. 홍콩 국제공항은 세계 1위 항공화물 중심지로 연간 500만t의 화물과 7000만여 명의 사람들이 드나든다. 매일 100개 이상의 항공사 소속 1,100여 개 항공편이 운항한다. 세계 5위의 컨테이너선 항구인 홍콩에서는 중국 수출품의 상당 부분이 선적된다.

홍콩은 관광과 쇼핑의 천국이다. 도시 전체를 하나의 커다란 면세점으로 꾸민 홍콩은 전 세계에서 몰려온 관광객들로 북적이는 곳이다. 중국 본토에서 홍콩을 방문하는 중국인 관광객은 연평균 4400만여 명으로 전체 관광객들의 76%를 차지하고 있다. 중국 임산부들이 홍콩 영주권을 얻기 위해 원정 출산을 하기 위해 대거 몰려오기도 했다. 관광객들은 대부분 홍콩에서 각종 세계 요리를 즐기고 명품들을 쇼핑한다. 글로벌 명품 기업들은 홍콩에서만 판매되는 홍콩 리미티드 제품을 내놓는다. 홍콩섬과 카오룽 반도는 수많은 브랜드를 거느린 거대한 쇼핑몰들로 1년 내내 성황이다. 홍콩 최고의 번화가 중 하나인 코즈웨이 베이의 패션 거리에는 최신 유행하는 옷들이 전시돼 있다.

홍콩의 주권이 1997년 7월 1일 영국으로부터 중국에 반환될 당시 홍콩의 GDP는 중국 전체 GDP의 18%를 차지했으나, 지금은 3.7%로 떨어졌다. 그럼에도 불구하고 홍콩은 금융, 무역, 관광 등의 측면에서 아직까지 중국에게는 '황금알을 낳은 거위'라고 말할 수 있다. 그 이유는 중국이 홍콩에 약속한 일국양제(一國兩制) 때문이다. 일국양제는 하나의 국가에 2개의 체제, 다시 말해 국가는 사회주의체제의 중국이지만 홍콩의 자본주의 경제체제와 민주주의 정치체제에 따른 각종 제도를 그대로 유지하는 것을 말한다. 당시 중국의 최고지도자였던 덩샤오핑은 홍콩에 구축해 놓은 자본주의와 민주주의체제가 붕괴될 것을 우려해 홍콩의 주권을 중국에 반환하기를 꺼렸던 마거릿 대처(Margaret H. Thatcher) 당시 영국 총리를 설득하기 위해 홍콩에 일국양제라는 세계 역사상 초유의 제도를 오는 2047년까지 50년간 보장하겠다고 밝혔다. 이에 따라 홍콩은 헌법격인 기본법에 의거해 표현의 자유와 사법권의 독립 등 중국 본토가 누리지 못하는 민주주의와 자본주의체제를 유지해 왔다.

그런데 시진핑 주석 등 중국 공산당 지도부가 '홍콩 죽이기' 카드를 꺼내 들었다. 중국 의회격인 전국인민대표대회(이하 전인대)가 2020년 5월 28일 베이징 인민대회당에서 전체회의를 열고 홍콩국가보안법안을 표결에 부쳐 찬성 2,878표, 반대 1표, 기권 6표로 통과시켰다. 전인대 상무위원회는 같은 해 6월 28일부터 홍콩국가보안법 초안 심의를 개시해 회의 마지막 날인 6월 30일 만장일치로 통과시켰다. 중국 전인대가 홍콩에 대한 법을 직접 제정하는 것은 1997년 홍콩의 주권이 중국에 반환된 이후 처음이다. 홍콩의 법률은 기본적으로 입법회를 통해 제정된다. 하지만 중국 전인대는 국방과 외교 분야의 법률을 만들어 이를 홍콩의 기본법에 부칙으로 삽입할 수 있는 권한을 갖고 있다. 홍콩의 기본법 18조에는 중국의 주권 영역인 외교와 국방 등에 관련된 중국 본토 법규를 기본법 부칙 3조에 삽입할 수 있다고 규정하고 있다. 전인대 상무위원회는 홍콩국가보안법을 직접 제정한 배경에 대해 국가안보를 지키기 위해서라고 밝혔다. 중국 정부는 송환법을 저지한 홍콩시민들의 대대적인 시위 배후에 미국 등 외세의 개입이 있었으며, 홍콩의 위기를 더 이상 방치할 경우 중국까지 악영향을 받을 것이라고 판단했다. 이에 따라 홍콩국가보안법은 2020년 7월 1일부터 시행됐다.

하지만 홍콩국가보안법은 홍콩의 외교·국방과는 아무런 관계가 없다. 중국 공산당이 이 법을 제정한 이유는 2019년 '범죄인 인도 법안'(이하 송환법) 반대 시위와 같은 반중 시위를 더 이상 묵과할 수 없기 때문이라고 볼 수 있다. 홍콩 시민들은 2019년 6월 9일부터 6개월간 수만 명에서 2백만여 명이 참여한 가운데 송환법 반대 시위를 벌였

홍콩 시민들이 중국의 국가보안법 제정 반대 시위를 벌이고 있다(© Apple Daily, 2020).

다. 당시 홍콩 시민들은 중국 정부가 반체제 인사나 인권운동가를 중국 본토로 송환하는 데 이 법을 악용할 수 있다면서 개정에 반대했다. 결국 홍콩 정부의 최고 책임자인 캐리 람(Carrie Lam) 행정장관은 같은 해 9월 4일 송환법을 철회했다. 당시 시위는 '홍콩의 중국화'를 가속화하려는 중국 공산당 지도부의 야심을 저지한 '일대사건'이라고 말할 수 있다. 이 때문에 중국 공산당 지도부는 홍콩에 대한 전면적인 감독과 통제를 위해 홍콩국가보안법을 제정한 것이다.

총 7개조로 구성된 이 법은 일국양제 원칙을 철저하게 무시하고 있다. 제1조에서는 국가 분열과 국가 정권 전복, 테러 조직의 결성 및 활동 등 국가안보를 해치는 행위와 활동을 예방, 제지, 처벌한다는 내용이 들어 있다. 당초 국가안보를 해치는 '행위'였다가 전인대 심의 과정에서 '활동'을 추가해 처벌 범위를 넓혔다. 반중 행위자뿐 아니라 단순

시위 가담자도 처벌이 가능해 대규모 시위 자체가 사실상 불가능할 것이 분명하다. 제2조는 모든 외국과 역외 세력이 어떤 방식으로든 홍콩에 개입하는 것을 결연히 반대하고 필요한 조치를 취한다고 규정하고 있다. 제3조는 홍콩의 행정·입법·사법부가 보안법에 따라 안보를 위협하는 행위를 처리하도록 명시했는데, 이는 홍콩 사법부의 독립성을 훼손하는 것이다.

특히 제4조에는 중국 정부가 국가안보를 수호하는 기관을 필요에 따라 홍콩에 설립하고, 법 집행을 이행해야 한다는 내용이 들어 있다. 이에 따라 중국 공안기관이 홍콩에 상주하면서 반중 활동 및 외세의 개입·결탁을 감시하고 관련 인사를 수사할 수 있게 됐다. 제5조는 홍콩 행정장관이 중국 정부에 이 법의 이행 여부를 정기적으로 보고하고, 국가안보교육을 실시해야 한다고 규정하고 있다. 이 법은 홍콩기본법 제23조에 근거하고 있다. 기본법 23조는 국가전복과 반란선동 및 국가안전을 저해하는 위험인물 등에 대해 최장 30년의 징역형에 처할 수 있다고 규정하고 있다.

홍콩 야당과 시민 단체들은 물론 국제사회는 중국의 홍콩국가보안법 제정을 강력하게 비판했다. 홍콩 최대 야당인 민주당의 우치와이(胡志伟) 주석은 "중국 공산당의 홍콩국가보안법 제정은 일국양제에 사망을 선고한 것"이라면서 "중국 공산당의 이런 방식의 홍콩 통치는 홍콩인들의 거센 저항에 부닥치게 될 것"이라고 비난했다. 홍콩 민주화 시위 '우산 혁명'의 주역인 조슈아 웡(Joshua Wong) 데모시스토당 비서장은 "중국은 홍콩 자치권의 관에 마지막 대못을 박았다"면서 "홍콩 시민들은 국가보안법을 위반하게 되더라도 계속해서 싸울 것이며, 국제사회가 이를 지지해 달라"고 호소했다. 미국을 비롯해 영국, 캐나다, 호주 정부 등도 반대한다는 입장을 분명하게 밝혔다. 특히 23개국의 정치 지도자 186명도 "중국의 국가보안법 제정은 홍콩의 자율성과 법치, 기본적 자유에 대한 포괄적 공격"이라는 내용의 공동성명을 발표했다. 홍콩 주재 영국의 마지막 총독이었던 크리스 패튼(Chris Patten) 옥스퍼드대 총장은 "홍콩의 자율성은 일국양제에 따라 보장돼 왔지만 중국은 홍콩국가보안법을 통해 이를 파괴하려고 한다"고 지적했다. 에번 메데이로스(Evan S. Medeiros) 미국 조지타운대 교수는 "중국 공산당의 홍콩국가보안법 제정은 남아 있던 일국양제의 겉치레마저 벗긴 것"이라며 "시간이 갈수록 옛 소련의 베를린 봉쇄로 동서 냉전이 본격화됐던 1948년처럼 되어 가고 있다"고 분석했다.

그렇다면 중국 공산당 정권이 일국양제를 사실상 포기하면서 홍콩국가보안법을 제정한 이유는 무엇 때문일까. 무엇보다 홍콩 시민들이 중국화를 거부하고 있기 때문이다. 특히 젊은 층은 자신의 정체성에 대해 '홍콩인'이라고 인식하고 있다. 홍콩대 여론조사에 따르면 18~29세는 무려 75%가 '중국인', '홍콩의 중국인'이란 표현보다 '홍콩인'을 선택했다. 30세 이상에서도 49%가 스스로를 '홍콩인'이라고 불렀다. 전체적으로는 1997년 35.9%에 그쳤던 '홍콩인'이란 인식이 20여 년이 지난 현재 오히려 52.9%로 올랐다. 샘슨 위엔(Samson Yuen) 링난대 정치학 교수는 "홍콩은 청나라 말기부터 본토와 분리돼 150여 년간 영국 지배 속에서 독자적인 경제·민주성장을 이뤄 중국과 다르다는 의식이 강하다"고 지적했다.

게다가 홍콩 시민들은 대부분 기존의 민주주의체제를 유지해야 한다는 입장을 보여 왔다. 홍콩 시민들은 중국이 일국양제에 따라 민주주의체제를 보장한 만큼 자신들의 대표인 행정장관과 입법회 의원을 보통선거를 통해 직접 선출해야 하며, 사법권도 독립적으로 행사해야 한다는 입장이다. 홍콩 시민들이 2014년 행정장관의 직선제 도입 약속을 지키라며 '우산혁명'이라 부르는 민주화 시위를 3개월간 벌인 것도 이 때문이다. 홍콩 시민들이 송환법 반대 시위를 벌인 것도 같은 이유 때문이다. 하지만 중국 공산당 정권은 "일국양제는 사회주의와 자본주의를 병행할 수 있다는 경제체제 원칙을 가리키는 것일 뿐, 정치체제는 사회주의를 기본으로 해야 한다"는 입장이다. 때문에 중국 공산당 정권은 홍콩의 정치체제로 민주주의를 결코 용납할 수 없다. 그 이유는 홍콩의 민주주의 체제를 2047년까지 그대로 유지시킬 경우 대만과의 통일을 어렵게 할 뿐만 아니라 티베트와 위구르 등 소수민족들의 독립과 자치권 요구를 초래할 수 있기 때문이다. 실제로 티베트의 정신적인 지도자 달라이 라마 14세는 그동안 홍콩처럼 티베트에 고도의 자치권을 부여해 줄 것을 촉구해 왔다. 또 신장 웨이우얼 지역에선 〈동투르크이슬람운동(ETIM)〉 등 과격세력들이 무장투쟁을 통한 분리 독립운동을 벌여 왔다.

특히 중국 공산당 지도부는 홍콩의 민주주의체제에 영향을 받은 중국의 민주화 세력이 서구식 민주주의 개혁을 요구할 경우 자칫하면 공산당의 일당 독재체제가 흔들릴 수도 있다는 점을 우려해 왔다. 결국 중국 공산당의 입장에선 홍콩이 아직까지 '황금알을 낳는 거위'이기는 하지만 일당 독재체제를 유지하고 '하나의 중국'이란 원칙을 고수하려면 '거위의 배'를 가를 수밖에 없다는 결론을 내리고 초강경 카드인 홍콩국가보안법을 제정한 것이라고 볼 수 있다.

미국 정부는 중국 공산당 정권의 홍콩국가보안법 제정에 강력하게 대응하고 있다. 트럼프 전 대통령은 2020년 7월 14일 홍콩의 특별지위를 박탈하는 행정명령과 초당적으로 의회를 통과한 홍콩자치법에 각각 서명했다. 미국 정부는 그동안 1992년 제정된 홍콩정책법에 따라 관세, 투자, 무역, 비자 발급 등에서 중국과는 달리 홍콩의 특별지위를 보장해 왔다. 트럼프 전 대통령이 홍콩의 특별지위를 박탈한 것은 의회가 2019년 11월 통과시킨 '홍콩 인권·민주주의 법안(홍콩인권법)'에 국무부가 매년 홍콩의 자치 수준을 평가해 기준에 미달할 경우 홍콩정책법에 따라 부여한 특별지위를 박탈할 수 있다는 내용이 포함됐기 때문이다. 행정명령 발효로 홍콩은 이제 '글로벌 금융허브'로서의 위상을 완전히 상실하게 됐다. 홍콩자치법에는 미국 정부가 홍콩의 자치권 침해에 연루된 중국과 홍콩 관리 등을 제재하고, 이들과 거래한 은행 등에 세컨더리 보이콧(제3자 제재)을 가할 수 있다는 내용이 들어 있다. 이 법은 미국 상·하원에서 만장일치로 통과됐다. 미국 재무부는 홍콩자치법에 따라 같은 해 8월 캐리 람 행정장관과 경찰 총수인 크리스 탕(Chris Tang) 경무처장, 전임자인 스티븐 로(Stephen Lo), 테레사 청(Teresa Cheng) 법무장관 등 전·현직 고위 관리 등 10명을 제재 대상에 올렸다. 당시 재무부는 람 행정장관을 홍콩의 자유와 민주적 절차를 억압하는 중국 정책 이행의 직접적인 책임자라고 규정했다. 미국 국무부는 같은 해 10월 의회에 제출한 보고서에서 이들과 거래한 금융기관을 6개월 내 색출해 제재를 가하겠다고 밝혔다. 국무부는 보고서에서 "중국 공산당이 홍콩 시민과 세계에 약속한 자치권을 조직적으로 해체했으며, 홍콩국가보안법을 통해 민주 제도와 인권, 사법적 독립, 개인 자유를 무력화시켰다"고 비판했다.

국제사회는 중장기적으로 볼 때 외국 자본들의 '홍콩 탈출'이 벌어질 것으로 보고 있다. 특히 1,300여 개의 미국 기업들은 홍콩에서 떠나 다른 지역으로 이동할 것으로 보인다. 미국의 홍콩 직접투자 금액은 825억 달러(약 102조 1300억 원)나 된다. 미국과 홍콩의 교역 규모는 연간 670억 달러(약 82조 9700억 원)에 달하지만 앞으로 크게 줄어들 것이 분명하다. 게다가 다국적 기업들이 홍콩에 대한 관세 혜택이 사라질 경우, 굳이 홍콩에 법인을 만들어 미국 등에 중계무역을 할 필요가 없게 된다. 물론 미국도 경제적으로 상당한 피해를 입을 수밖에 없다. 실제로 미국은 무관세나 비자 등에서 누린 혜택을 잃게 되면 최대 무역흑자 지역인 홍콩 시장의 접근이 어려워질 수 있다. 하지만 홍콩 시민단체들의 반중 활동가들은 미국 정부가 홍콩에 대한 제재 조치를 강화해야 한다는 입장을 보이고 있다. 이들은 그동안 중국 경제에 타격을 주기 위해 '람차오(攬炒) 전술'을 구사해 왔다. 광둥어로 람차오는 '옥이나 돌이나 다 함께 탄다'는 의미의 '옥석구분(玉石俱焚)'을 의미한다. 람차오 전술의 핵심은 홍콩 경제를 위기에 빠뜨려 중국 경제에 피해를 입히는 것이다. 중국 경제는 미국과의 무역전쟁 및 코로나19 등으로 상당한 어려움에 직면해 있다. 이들은 홍콩의 몰락이 중국 경제의 붕괴를 초래할 수 있고, 이에 따라 중국 공산당이 권력을 잃을 수도 있다고 보고 있다. 홍콩 시위대가 '천멸중공(天滅中共: 하늘이 중국 공산당을 멸한다)'이라는 플래카드를 들고 시위를 벌이는 것도 이 때문이다. 에스와르 프라사드 미국 코넬대 무역학 교수는 "중국에게 있어 홍콩은 미국의 〈화웨이〉 제재만큼 정치·경제적으로 매우 중요한 문제"라며 "중국이 상당한 피해를 입을 수밖에 없다"고 지적했다.

홍콩 시민들은 대거 영국 등 외국으로 탈출하려는 움직임을 보이고 있다. 특히 영국 정부는 2021년 1월 31일부터 영국해외시민(BNO: British National Overseas) 여권을 가진 홍콩인의 이민 신청을 받는다. BNO 여권은 1997년 7월 영국이 홍콩을 중국에 반환하기 전에 홍콩인에게 발급된 여권으로 소지자는 6개월간 영국에 체류할 수 있다. 홍콩 시민(750만 명) 중 290만 명이 대상이며, 현재 35만 명이 유효한 BNO 여권을 보유 중이다. 현재 여권을 보유하지 않은 사람도 대상자의 경우 발급·갱신 절차를 통해 BNO 여권을 받을 수 있다. 영국 정부는 일단 BNO 여권 소지자가 비자를 신청하면 5년간 거주·노동이 가능하도록 하게 할 방침이다. 5년 후엔 정착 지위(settled status)를 부여하고 다시 12개월 후에 시민권 신청까지 허용하기로 했다.

그런가 하면 홍콩은 영국 작가 조지 오웰(George Orwell)의 소설 『1984』처럼 '감시사회'로 급속하게 전락하고 있다. 중국 공산당이 홍콩 국가보안법을 엄격하게 집행하기 위해 신설한 홍콩 국가안전처는 홍콩 경찰을 지휘해 반중 활동을 발본색원하는 임무를 강력하게 수행하고 있다. 이에 따라 민주화 운동 단체를 비롯해 시민단체들과 야당들이 주도하는 반중 집회와 시위가 갈수록 사라지고 있다. 홍콩 경찰이 반중 활동을 벌였다는 이유로 집회와 시위 참여자들을 무더기로 검거하고 홍콩국가보안법 위반죄를 적용해 처벌하고 있기 때문이다. 홍콩 경찰은 수업 시간에 홍콩 독립과 표현의 자유에 대해 가르치던 초등학교 교사를 적발해 이 교사가 해직되기도 했다. 홍콩 경찰은 포털이나 소셜 미디어 등 인터넷 기업은 물론 개인에게까지 콘텐츠 삭제 명령까지 내리고 있다. 이런 지시를 따르지 않을 경우, 10만 홍콩달러(약 1500만 원)의 벌금형과 6개월~2년의 징역형에 처할 수 있다. 특히 홍콩 경찰은 홍콩국가보안법 위반 용의자를 색출하겠다면서 '익명 신고제'까지 도입했다. 홍콩 경찰은 2020년 11월 5일부터 국가안보와 관련된 정보와 사진, 음성과 영상 파일 등을 신고할 수 있는 문자메시지, 위챗, 이메일 채널 등을 동시에 개설하고 제보를 받고 있다. 홍콩 경찰은 익명 신고제는 사방에 눈과 귀가 있다는 것을 알리면서 홍콩국가보안법 용의자들을 억제하는 효과를 내게 될 것이라고 강조했다. 심지어 홍콩 경찰은 외국인 관광객들의 '불법' 행위를 신고하는 제보까지 들어오고 있다면서 외국인 관광객들도 홍콩 보안법을 위반하면 처벌될 수 있다고 경고했다. 중국 공산당이 홍콩 경찰을 통해 익명 신고제까지 도입한 것은 반중 세력의 활동을 전방위적으로 감시하겠다는 것이다. 서방 언론들은 중국 본토와는 달리 자유롭게 정치적 의견을 밝힐 수 있었던 홍콩이 감시사회로 전락하면서 시민들은 사람이 많이 모이는 식당과 카페 등에서 입조심을 하는가 하면 소셜 미디어 등에서 중국을 비판하는 글을 스스로 검열하여 올리지 않고 있다고 지적했다.

이런 가운데 중국 공산당은 홍콩의 의회인 입법회에서 야당 의원들을 축출하기 위한 조치까지 내렸다. 중국 전인대 상무위원회는 2020년 11월 11일 홍콩 정부에 사법 절차 없이 의원직을 박탈할 수 있는 권한을 부여한다고 결정했다. 이번 조치에는 홍콩 독립 조장, 중국의 홍콩에 대한 통치권 거부, 홍콩 내정에 외세의 개입 요청, 국가안보를 위협하는 행위 등을 할 경우, 홍콩 정부가 입법회 의원 자격을 박탈할 수 있다는 내용이 들어 있다. 행정부인 홍콩 정부가 입법회 의원 자격을 박탈하는 것은 말 그대로 '독재국가'에서나 볼 수 있는 조치이다. 홍콩 정부는 관보를 통해 양웨차오(杨岳桥) 등 의원 4명의 자격을 박탈한다고 밝혔다. 홍콩 정부는 이들이 홍콩의 독립을 주장하고 외국 세력과 결탁해 국가안보를 해쳤기 때문에 의원직을 박탈했다고 주장했다. 마오멍징(毛孟静) 전 의원은 "야당 의원들에 대한 의원직 박탈은 홍콩 민주주의의 끝을 알리는 죽음의 종소리"라며 "중국 공산당은 이제 그들이 충성심이 부족하다고 생각하면 누구든지 그 자리에서 끌어내릴 수 있다고 생각할 것"이라고 비난했다. 이번 조치에 반발한 홍콩 야당 의원 15명은 홍콩 정부에 대한 항의 표시로 전원 사퇴 의사를 밝혔다. 이에 따라 야권 의원 19명 전원이 한꺼번에 물러나게 되면서 입법회 전체 70명 의원들 중 친중파 의원들만 남게 됐다. 홍콩의 입법회가 '친중 거수기'가 된 셈이다.

중국 공산당이 홍콩 입법회를 꼭두각시로 만든 이유는 앞으로 반중세력을 처벌하고 통제할 수 있는 각종 법안들을 마음대로 제정하려는 의도 때문이라고 볼 수 있다. 레이 옙(Ray Yep) 홍콩도시대학 교수는 "중국은 모든 반대의 목소리를 제거할 필요가 있기 때문에 이들의 의원직을 박탈한 것"이라고 지적했다. 미국, 영국, 캐나다, 호주, 뉴질랜드 등 서방 정보협력체인 '파이브 아이즈(Five Eyes)' 5개국 외교장관들은 "중국의 조치는 홍콩에 약속된 고도의 자치와 권리, 그리고 자유를 훼손시킨 것"이라고 강력하게 비판했다. 이에 대해 자오리젠(赵立坚) 중국 외교부 대변인은 "파이브 아이즈가 눈이 5개든 10개든 중국의 주권과 안보, 이익을 해친다면 눈이 찔려 멀 수 있기 때문에 조심해야 할 것"이라고 반박했다. 자오 대변인은 "홍콩을 사랑하는 사람이 홍콩을 다스리고, 중국에 반대하며 홍콩을 어지럽히는 사람이 퇴출당하는 것은 당연한 일"이라며 "미국 등 관련국들은 홍콩이 이미 중국에 돌아온 현실을 직시하고 중국의 주권을 존중하며 이 문제에 간섭하는 것을 중단해야 한다"고 강조했다. 중국이 이처럼 홍콩에 대한 통제를 대폭 강화하면서 앞으로 홍콩의 민주주의 제도는 완전히 없어질 것이 분명하다. 오웰의 소설 『1984』의 무대는 바로 홍콩이라고 볼 수 있다. 게다가 한 가지 분명한 점은 미·중 양국이 홍콩을 놓고 정면대결을 벌일수록 홍콩은 더 이상 황금알을 낳는 거위가 될 수 없다는 것이다.

미국과 중국의 인권전쟁, 위구르족 놓고 정면대결

"그들은 내가 잠을 자는 것을 허락하지 않았고, 나를 매달고 때리곤 했다. 두꺼운 나무와 고무 방망이, 뒤틀린 철사로 만든 채찍, 피부를 관통하는 바늘, 손톱을 당기는 펜치 등이 있었다. 이런 도구는 언제나 사용할 준비가 되어 있다는 듯 탁자 위에 놓여 있었다. 다른 수감자들의 비명소리도 들렸다. 저녁 식사 때였다. 최소 1,200명의 수감자들이 빈 플

라스틱 그릇을 손에 들고 있었다. 음식을 먹으려면 중국 노래를 불러야 했다. 수감자들은 모두 로봇 같았고 영혼을 잃은 듯 했다.”

영국 BBC 방송이 중국 신장 웨이우얼(新疆维吾尔: 신장 위구르) 자치구에 설치된 강제수용소에 수감됐다가 풀려난 위구르족 주민을 인터뷰한 내용 중 일부이다. 중국 정부는 BBC 방송의 보도처럼 그동안 신장 웨이우얼 자치구에 거주하는 소수민족인 위구르족 주민들의 인권을 무자비하게 탄압해 왔다. 중국 정부는 2017년부터 신장 웨이우얼 자치구에 거주하는 전체 주민 중에서 80만~200만여 명을 재판 절차 없이 강제수용소에 비밀리에 구금해 왔다. 중국 정부는 그동안 강제수용소에 감금된 위구르족을 대상으로 이슬람 신앙을 부인하고 공산당에 대한 충성을 맹세하도록 강요해 왔으며, 이를 거부하면 독방에 가둔 채 하루 종일 물과 음식을 주지 않고 심한 경우 물고문까지 가해 왔다. 중국 정부의 위구르족 인권탄압 실태는 〈국제탐사보도 언론인 협회(ICIJ)〉가 2019년 11월 25일 폭로한 공산당의 강제수용소 운영 지침을 담은 비밀문서를 통해 적나라하게 드러났다. ICIJ는 ‘차이나 케이블스(China cables)’라는 이름으로 신장 웨이우얼 자치구 공안 정책을 총괄하는 당 위원회가 공안 당국 등에 배포한 전보(cables)와 공고문(bulletins), 신장 웨이우얼 자치구 법원의 사상범죄 판결문 등 6개 문서를 공개했다. 2017년 작성돼 공산당의 2급 기밀로 분류된 이들 문서에는 위구르족 주민들의 통제와 사상교육 등에 대한 구체적인 지침이 담겨 있다.

이들 문서에 따르면 강제수용소는 ‘교화(세뇌교육)’와 ‘직업훈련(강제노역)'으로 분류되어 운영된다. 1단계 수용소에서 중국 표준어(만다린)와 유교 문화를 배우는 세뇌 교육이 이뤄지고, 이를 잘 수행한 수감자는 3~6개월간 직업훈련이라는 이름으로 강제노역을 하는 2단계 수용소로 이감된다. 수감자들은 최소 1년간 수용시설에 갇혀 있어야 한다. 수감자는 늘 같은 자리에서 먹고 자고 배우고 일하는 로봇 같은 일상을 반복해야만 한다. 수감자들은 아침 기상에서부터, 점호, 세면, 정리정돈, 식사, 교화 수업, 취침, 문 닫는 것까지 모든 행동을 규정에 따라 해야 한다. 수감자들의 침상, 줄 서는 위치, 강의실 좌석, 작업 위치 등은 각자 지정돼 있으며 바꿀 수 없다. 심지어 화장실 사용 시간도 규정해 두고 있다.

특히 이들 문서에 따르면 중국 공안 당국은 수감자들의 탈출을 막기 위해 철저하게 감시체제를 구축했다. 강제수용소 내에 어떤 사각지대도 없도록 감시카메라를 설치하고 CCTV를 통해 24시간 수감자들의 동태를 감시했다. 숙소와 복도, 건물 내에 이중의 잠금 시설을 설치했다. 두 명의 보안요원이 열쇠를 각각 하나씩 관리하도록 해, 이들이 함께 있어야만 출입문을 여닫을 수 있다. 수용소 안팎에는 보안요원과 공안들을 배치했다. 수감자들은 수용소에 입소한 이후 최소 1년이 지나 교화(세뇌)를 통해 높은 점수를 받으면 퇴소할 수 있도록 했다. 생활 점수에 따라 퇴소 시점은 물론, 면회 기회마저 차등으로 주어지고 규율을 어길 경우 구타와 고문을 당하기도 한다.

ICIJ의 중국 공산당 비밀문서 공개에는 미국 『뉴욕타임스』, 영국 『가디언(The Guardian)』과 BBC, 프랑스 『르몽드(Le Monde)』, 독일 『쥐트도이체 차이퉁(Süddeutsche Zeitung)』, 한국의 『뉴스타파』 등 14개국 17개

언론사 언론인 75명이 참여했다. ICIJ의 이런 문서가 공개되자 국제사회에서 중국 정부가 신장 웨이우얼 자치구에서 운영하는 강제수용소가 '21세기판 아우슈비츠'라는 말이 나왔다. 아우슈비츠는 나치 독일이 2차 세계대전 중 유대인을 학살하기 위해 폴란드에 설치했던 강제수용소를 말한다. 중국 정부는 그동안 국제인권단체들이 위구르족 주민들을 감금해 온 강제수용소 철폐 등을 주장할 때마다 이를 부정하면서 직업훈련소가 있을 뿐이라고 반박해 왔다. 하지만 ICIJ가 중국 공산당의 비밀문서를 공개하고 세계 주요 언론사들과 공동 취재한 내용을 낱낱이 밝히자, 중국 정부는 "가짜 뉴스"라면서 반발하는 것 외에 별다른 설명을 내놓지 못했다.

중국의 북서부 국경에 있는 신장 웨이우얼 자치구는 과거부터 동투르키스탄이라고 불리는 지역이다. 동투르키스탄은 위구르족이 1910년 중국의 청나라가 멸망한 후 한때 세웠던 나라의 이름이다. 동서 길이 2,000km, 남북 폭 1,600km, 총면적 160만km^2인 신장 웨이우얼 자치구는 중국 전체 영토의 6분의 1로 한반도의 7.3배나 된다. 중국 31개 성, 시, 자치구 가운데 가장 큰 이 지역에 살고 있는 민족이 투르크계인 위구르족이다. 유럽인들과 같은 코카서스 인종인 위구르족은 알타이어 계통의 독자적인 언어를 사용하고 있고, 이슬람교 수니파 무슬림이다. 생김새와 풍습 및 종교가 한(漢)족과 완전히 달라 중국의 55개 소수민족 중 가장 이질적이다. 현재 인구 2095만 명 중 965만 명(46%)이 위구르족이고, 한족은 823만 명(41%)이다. 이 지역은 중앙아시아를 연결하는 고대 실크로드의 길목에 있는 교통 요충지이다. 위구르족은 독립 국가를 유지해 왔지만 1884년 청나라의 침공으로 합병

됐다. 이후 위구르족은 무력투쟁을 벌여 두 차례 독립을 쟁취하기도 했다. 중국은 1949년 이 지역을 다시 합병하고 1955년 신장 웨이우얼 자치구로 만들었다. 위구르족은 그동안 계속 독립운동을 벌여 왔으며, 이 때문에 여러 차례 유혈 사태가 발생했다.

특히 위구르족 독립운동세력들은 중국 정부에 맞서기 위해 1990년대 〈동투르키스탄 이슬람 운동(ETIM)〉이라는 무장단체를 만들었다. ETIM의 목표는 위구르족의 독립국가를 세우는 것이었다. 이들은 중국 관공서나 경찰서를 공격하는 등 저항운동을 활발하게 벌여 왔다. ETIM은 2000년대를 거치면서 〈알카에다〉와 〈탈레반〉, 〈우즈베키스탄 이슬람 운동(IMU)〉 등과 같은 이슬람 극단주의 세력과 국제적으로 연대하면서 이슬람 극단주의 테러단체로 변신했다. 중국 정부는 ETIM을 없애기 위해 무자비한 소탕작전을 벌여 왔다. 이 때문에 ETIM 조직원들은 물론 위구르 독립운동세력들이 아프가니스탄, 파키스탄, 태국, 터키 등으로 피신하거나 망명했다. ETIM은 파키스탄에서 〈알카에다〉와 IMU 다음으로 세 번째로 가장 강력한 외국계 테러세력이 되기도 했다. ETIM은 〈알카에다〉의 세력이 약화되자, 〈이슬람국가(IS)〉와 연계해 투쟁을 벌이기도 했다.

중국 정부는 신장 웨이우얼 지역이 전략적으로나 경제적으로 가치가 크기 때문에 절대 독립을 용인할 수 없다는 입장이다. 이 지역은 중국 정부가 추진하는 일대일로 프로젝트의 핵심 육상 거점이다. 또 최근 매장량 1900만t에 달하는 아연광이 발견되는 등 천연자원의 보고이기도 하다. 게다가 위구르족이 독립하게 되면 다른 소수민족의 독립에 도미노 현상이 일어날 수 있다. 이 경우 중국이 여러 민족으로 분리되면서 국가가 와해될 수 있다. 중국 정부의 입장에선 '화약고'인 신장 웨이우얼에서 벌어지는 독립운동과 테러 활동을 모든 수단과 방법을 동원해 막아야 한다. 이 때문에 중국 정부는 강제수용소를 만들어 위구르족 주민들을 세뇌시키기 위한 작업을 대대적으로 벌여 온 것이다.

미국은 그동안 중국 정부에 강제수용소 해체 등 위구르족 인권탄압을 중지할 것을 강력하게 요구해 왔다. 특히 미국 의회는 2020년 5월 '위구르 인권정책 법안'을 통과시켰다. 이 법안은 상원에선 만장일치로 통과하고 하원에서도 413대 1의 압도적 찬성으로 가결됐다. 트럼프 전 대통령이 서명해 발효된 이 법에는 정부에 대해 신장 웨이우얼 자치구에서의 고문, 불법 구금, 공권력에 의한 실종 사건 등 인권탄압에 책임이 있는 사람들의 신원을 확인해 의회에 관련 보고서를 제출하도록 의무화하는 내용을 담고 있다. 또 정부에 신장 웨이우얼 자치구의 '재교육 수용소'에 구금된 사람들의 수에 대한 공식적인 추정치를 포함한 인권상태에 대한 공식적인 보고서를 작성하도록 주문하는 내용도 포함됐다. 이 법은 위구르족에 대한 인권탄압에 책임이 있는 사람들에 대해 미국 내 자산 동결과 미국 입국 금지 등의 제재 조치를 내리도록 했다. 미국 국무부는 2020년 7월 신장 웨이우얼 자치구를 총괄하고 있는 천취안궈(陈全国) 당서기와 주하이룬(朱海仑) 신장 정치법률위원회 서기, 왕민산(王明山) 공안국 서기와 직계 가족 등에 대한 비자 재한과 미국 내 자산을 동결하는 조치를 내렸다. 천 서기는 이 지역에서 위구르족을 강제수용소에 감금하는 등 각종 인권탄압을 자행해 왔다. 천 서기는 중국 공산당 지도부인 정치국원 25명 중 한 명이고 시진핑 주석의 절대적 신임을 받는 측근이다. 미국 정부가 공산당 당서기 등 최고위급을 겨냥한 제재 조치를 단행한 것은 당시 처음이었다.

미국 재무부도 같은 해 8월 중국 〈신장생산건설병단(XPCC, 新疆生产建设兵团)〉과 쑨진룽(孙金龙) 전 XPCC 당서기와 펑자루이(彭家瑞) XPCC 부당서기를 위구르족에 대한 심각한 인권 침해를 이유로 블랙리스트에 올렸다. 이에 따라 XPCC 및 해당 인사들의 미국 내 자산이 동결되고 미국 입국이 금지됐다. XPCC는 중국 공산당의 직접적 통제를 받는 비밀 준(準)군사 기구이다. 이 기구는 신장 웨이우얼의 경제발전과 국경안보, 지역 내 치안 유지이지만, 실제로는 중국 공산당의 지시에 따라 신장 웨이우얼 지역에서 위구르족에 대한 감시와 구금, 세뇌 등을 실행해 온 조직이다. 이 기구는 신장 웨이우얼 전체 인구의 12%를 고용하고 있으며, 고용된 이들의 대부분은 한족인데, 특히 이 기구는 중국 내 면화 전체 생산량의 3분의 1을 생산하고 있다. 미국 〈세관국경보호청(CBP)〉은 같은 해 9월 신장 웨이우얼 지역에서 생산하는 면화, 의류, 헤어제품(가발 등), 컴퓨터 부품 등 5개 제품의 수입을 금지하는 인도보류명령(WRO)을 발령했다. CBP는 중국 정부가 위구르족을 비롯한 현지 소수민족에게 조직적인 학대를 자행하고 있다면서 강제노동은 끔찍한 인권침해라고 밝혔다. WRO는 강제노동을 통해 생산된 것으로 의심되는 제품의 수입을 막는 조치다. 강제노동이나 죄수 동원 노동을 통해 일부 혹은 전체를 생산한 제품이 선적됐을 경우 압류할 수도 있다. 신장 웨이우얼 지역은 세계 목화의 20%를 생산하는 곳이다. 때문에 중국은 미국의 제재로 상당한 타격을 입을 수밖에 없다. 미국은 지난해 중국에서 500억 달러어치의 직물을 수입했다. 또 유엔이 위구르족의 강제수용소의 일부로 확인한 시설인 신장 뤄푸현의 〈제4 직업능력 교육훈련센터〉에서 만든 모든 제품도 미국에 들어갈 수 없게 됐다. 케네스 쿠치넬리(Kenneth T. Cuccinelli) 미국 국토안보부 차관대행은 "뤄푸현 〈제4 직업능력 교육훈련센터〉는 직업훈련소가 아니라 강제수용소"라며 "종교적·민족적 소수자들이 학대받고, 의지할 곳과 자유가 없는 극악무도한 환경에서 강제로 일해야 하는 곳"이라고 지적했다.

중국 정부는 미국 정부의 제재 조치와 의회의 인권법 제정에 그 어느 때보다 강경하게 반발하고 있다. 화춘잉(华春莹) 외교부 대변인은 성명에서 "미국 정부와 의회는 신장 웨이우얼 자치구의 인권 상황을 의도적으로 비난하고 이 지역의 극단주의와 테러리즘에 맞서 싸우려는 중국 정부의 노력을 훼손한 것"이라며 "신장 웨이우얼 자치구 문제의 핵심은 인권이나 소수민족, 종교가 아니라 반테러와 반분열의 문제"라고 강변했다. 화 대변인은 "신장 웨이우얼 문제는 중국의 내정이며 외국이 간섭할 문제가 아니라는 점을 미국을 향해 경고한다"며 "중국은 강렬한 분개와 반대를 표시하고 상황 전개에 따라 한발 더 나아간 반격을 할 것"이라고 주장했다. 실제로 중국 정부는 공화당 소속 마르코 루비오(Marco A. Rubio) 상원의원과 테드 크루즈(R. E. "Ted" Cruz) 상원의원, 크리스 스미스(Christopher H. Smith) 하원의원, 샘 브라운백(S. D. "Sam" Brownback) 미국 국무부 국제 종교자유 담당 대사 등 4명에 대해 제재 조치를 내렸다.

미국이 인권문제를 놓고 중국과 정면충돌 하고 있는 것은 홍콩인권법에 이어 두 번째다. 양국이 인권문제로 갈등을 빚고 있는 이유는 인권에 대한 개념이 근본적으로 다르기 때문이다. 미국에선 인권은 인간의 천부적 권리로서 개인 또는 국가의 구성원으로서 어떠한 경우에도 양도되거나, 박탈될 수 없는 절대적인 권리를 말한다. 때문에 국가는 개인의 인권을 헌법과 법률로 규정한 특정한 상황에 한해 제한할 수 있을 뿐 이를 뺏을 수는 없다. 반면 중국은 헌법에 인권을 보장한다고 규정돼 있지만 인권에는 개인뿐만 아니라 집체(집단) 인권도 존중해야 한다고 강조한다. 특히 중국 공산당은 인권의 개념이 각 나라마다 다를 수 있으며, 주권이 인권보다 우선한다고 보고 있다. 아무튼 인권문제는 중국의 아킬레스건이라고 해도 과언이 아닌 만큼 미국은 이를 지렛대로 중국을 계속 압박할 것이 분명하다. 반면 중국은 미국에 강력하게 반발할 것이 분명하다. 때문에 인권문제는 양국 간 충돌의 불쏘시개가 될 수 있다.

대만,
미국과 중국의 열전 무대

'쌍십절(雙十節)'은 대만(臺灣, Taiwan)이라고도 불리는 중화민국(中華民國, Republic of China)의 건국기념일인 10월 10일을 말한다. 10자가 두

번 나오기 때문에 이런 이름이 붙었다. 10월 10일은 또 신해혁명(辛亥革命) 기념일이기도 하다. 쑨원(孫文)을 비롯한 혁명파는 1911년 10월 10일 청조(淸朝)를 타도하기 위해 봉기했고, 이후 1912년 1월 1일 난징에서 민주공화정을 지향하는 중화민국을 건국했다. 중화민국은 군벌의 난립과 쑨원의 후계자인 장제스의 국민당과 마오쩌둥의 공산당의 정권 다툼으로 혼란을 겪었다. 국민당은 일본의 침략에 맞서 공산당과 힘을 합쳐 대항했다. 이후 항일전쟁에서 승리한 국민당과 공산당은 정권을 차지하기 위해 내전을 벌였고, 패배한 국민당은 대만으로 피신했다. 중국 대륙을 차지한 마오쩌둥과 공산당은 1949년 10월 1일 중화인민공화국(중국)을 건국했다. 반면 장제스와 국민당은 중국 대륙의 법통을 잇는다는 의미로 대만에서 중화민국을 세웠다.

하지만 대만이 사용하는 중화민국이라는 국호는 1971년 유엔에서 중국이 '정통 정부'로 승인된 이후, 국제사회에서 사라져 버렸다. 중국 정부가 그동안 '하나의 중국(One China)' 원칙을 강력하게 밀어붙이면서 각국이 중화민국이란 국호를 사용하지 못하도록 요구해 왔기 때문이다. 그런데 대만 정부가 2021년 1월 1일부터 'CHINA'라는 단어를 안 보일 정도로 줄이고 'TAIWAN'이라는 단어를 크게 확대한 새 여권을 사용

새로 바뀐 대만의 여권 디자인

하고 있다.

대만 여권 디자인이 크게 바뀐 것은 2003년 이후 처음이다. 대만 정부가 여권을 바꾼 것은 'China'라는 단어 때문에 외국에서 중국인으로 오해받는 사례가 많다는 국민들의 불만을 수용한 조치다. 대만에선 이처럼 '하나의 중국'을 강조하는 중국의 주장에 동조하는 국민이 거의 없다고 해도 과언은 아니다. 민간 정책 기관인 〈대만싱크탱크〉의 여론조사 결과에 따르면 대만 국민들 중 자신을 '중국인'으로 생각하는 비율이 단 2%에 불과했다. 또 대만인과 중국인 가운데 하나만 선택하라는 질문에 응답자의 86%는 대만인을 선택했다. 중국인이라는 응답자의 비율은 6.3%밖에 되지 않았다. 대만이 국제기구 참여 등 대외활동을 위해 사용해야 할 명칭으로 '대만'을 지지하느냐는 질문에는 찬성이 80.5%, 반대가 12%였다. 대만 국민들이 자신들의 정체성에 대해 분명하게 대만인이라고 밝히는 이유는 무엇보다 양안(兩岸: 중국과 대만)의 긴장이 고조되고 있기 때문이다. 특히 중국 인민해방군 전투기와 폭격들이 대만 해협의 중간선을 수시로 침범하는 등 무력도발을 감행해 오자 대만 국민들의 중국에 대한 감정은 갈수록 나빠지고 있다.

대만 해협은 중국과 대만 사이의 동중국해와 남중국해를 연결하는 바다다. 길이 400km, 폭 130~200km, 수심 50m인 대만 해협은 대만의 입장에서 중국의 위협을 막아 주는 '천혜의 방파제'라고 말할 수 있다. 중국의 입장에선 '하나의 중국' 원칙을 방해하는 지리적 애물단지라고 볼 수 있다. 양안이란 표현도 대만 해협을 두고 서안(중국)과 동안(대만)이 마주 보는 관계라는 데서 유래됐다. 대만 해협의 가운데에는 중간선이라고 불리는 중국과 대만의 군사분계선이 있다. 애초 이 중간선을 그은 국가는 미국이다. 미국은 1954년 대만과 상호방위조약을 체결하면서 자국 함정과 항공기가 중국 쪽으로 넘어가지 않도록 대만 해협의 가운데를 중간선으로 설정했다. 이후 대만 국방부가 북위 26도 30분-동경 121도 23분, 북위 24도 50분-동경 119도 59분, 북위 23도 17분-동경 117도 51분 등 세 지점을 직선으로 연결해 중간선을 획정했다. 중국은 그동안 대만이 정한 중간선을 인정한 적은 없지만, 군사분계선으로 간주해 가능한 한 함정과 항공기가 넘지 않도록 해왔다.

그런데 중국군 전투기들이 2019년 11월부터 대만 해협 중간선을 넘어서면서 대만군 전투기들이 이를 막는 사태가 벌어지는 등 일촉즉발의 위기 상황이 계속 벌어지고 있다. 대만 정부는 중국 인민해방군의 빈번한 중간선 진입으로 대만군과 의도치 않은 충돌을 초래할 수 있다면서 현재 상황이 1996년의 미사일 위기에 버금갈 정도로 위험한 상태라고 보고 있다. 중국은 대만의 첫 민선 총통 선거를 목전에 둔 1996년 3월 대만 남북부의 양대 항구인 가오슝과 지룽 앞바다를 겨냥해 미사일을 시험 발사했다. 당시 인민해방군은 육해공 3군 합동 훈련을 벌이면서 15만 병력을 동원해 대대적인 무력시위에 나섰다. 미국도 항공모함(항모) 두 척을 대만 인근 해역에 배치하면서 전쟁 위기감이 고조됐었다. 왕쿵이(王昆義) 대만 〈국제전략연구회〉 회장은 "중국군 전투기가 대만 해협 중간선을 넘으면 불과 200초 만에 대만 신주에 닿을 수 있다"면서 "중국군 전투기가 중간선을 넘는 행위는 대만 공군에 대응 시간을 거의 주지 않게 된다는 점에서 대만에 심각한 위협"이라고 지적했다. 미국이 중국에 대한 압박 카드로 대만과 외교·국방 등 다양한 분야에서 교류를 대폭 확대하자, '하나의 중국' 원칙을 고수하고 있는 중국이 중간선을 사실상 무력화하면서 대만에 대한 고강도 무력시위를 벌이고 있다고 볼 수 있다. 일각에서는 양안 위기가 국지적·우발적 충돌을 넘어 중국군이 대만을 무력 침공할 수 있다는 전망도 나오고 있다. 래리 다이아몬드(Larry Diamond) 미국 스탠퍼드대 교수는 "중국 공산당은 대만에 무력을 사용해도 징벌이라는 결과를 피할 수 있다고 간주한다"면서 "중국 공산당이 대만을 무력으로 통일하겠다는 말을 허풍이라고 여기는 것은 매우 위험하고 잘못된 생각"이라고 경고했다.

실제로 중국 정부의 비공식 대변인이라는 말을 듣고 있는 후시진 『환구시보』 총편집장은 "대만이 법적으로 독립을 선언하거나 미국이 대만과 국가 간에만 가능한 실질적 관계를 맺으면, 중국군이 반드시 군사적 행동으로 대만을 해방시킬 거라 믿는다"고 경고했다. 진찬룽(金灿荣) 인민대 국제관계학원 부원장은 "대만의 기본 판세에 변화가 생겨 정권을 놓고 경쟁하는 국민당과 민진당 분할 구도가 독립을 지향하는 민진당 편향 구도로 바뀌었다"며 "우리는 이미 대만 문제를 물리적으로 해결할 준비가 되어 있다"고 밝혔다. 중국 정부가 이처럼 미국과의 전쟁도 불사하겠다는 강경한 입장을 보이고 있는 이유는 미국 정부가 중국이 인내할 수 있는 '레드 라인'을 단계적으로 넘고 있기 때문이다. 미국 정부는 중국의 '급소'가 대만이라고 보고, '하나의 중국' 원칙을 무시하는 조치와 행동들을 본격적으로 보여 주고 있다. 미국은 1979년 중국과 수교하면서 대만과 단교했고, '하나의 중국' 원칙을 존중하기로 약속했었다. 미국이 '하나의 중국' 원칙을 무시하고 대만을 '국가'로 인정하려는 것은 중국의 분열을 노리려는 의도다. 중국은 한족과 55개 소수민족으로 이루어져 있다. 한족을 제외한 소수민족들의 인구는 전체의 8.5%에 불과하지만, 이들이 사는 면적은 중국 전체 영토의 60%를 차지하고 있다. 소수민족들의 거주 지역은 천연자원이 풍부한 건 물론 이웃 국가들과 국경을 맞댄 곳이 많아 중국에 있어선 전략적으로 매우 중요한 곳들이다. 이 때문에 중국은 대만, 홍콩, 신장 웨이우얼 자치구, 시짱(西藏: 티베트) 자치구 등을 모두 '핵심 이익'이라고 부르고 있다. 핵심 이익은 중국이 절대 타협하지 않고 물리력 사용을 불사해서라도 지켜야 할 곳들을 말한다. 중국 정부가 가장 우려하는 것이 바로 거대한 영토가 분할되는 것이다. 중국 정부가 '하나의 중국' 원칙을 내세우며 대만과의 통일을 최대의 과제로 상정하고 있는 것도 이 때문이다.

미국 정부는 중국을 견제하기 위해 대만과의 군사·경제협력을 강화하는 전략을 추진하고 있다. 대표적인 사례로는 앨릭스 에이자(Alex M. Azar) 전 미국 보건부 장관이 2020년 8월 9일부터 13일까지 대만을 방문해 차이잉원(蔡英文) 총통을 직접 만나는 등 사실상 정부 대표로 활동을 벌인 것을 들 수 있다. 에이자 전 장관은 1979년 미국 정부가 대만과 단교한 이후 파견한 최고위급 인사이다. 미국 정부는 중국과 수교 이후 지난 41년간 대만과는 공식적으로 교류하는 것을 기피해 왔다. 에이자 전 장관의 대만 방문은 코로나19 방역 협력을 위한 명목이었지만 중국 정부에 '하나의 중국' 원칙을 파기할 수도 있다고 경고한 것이다. 장야중(張亞中) 대만대 교수는 "미국 입장에선 무역전쟁, 남중국해, 홍콩, 대만, 위구르, 티베트, 코로나19 등의 이슈 가운데 '대만 카드'가 중국을 견제하는 데 가장 효과적"이라며 "에이자 장관의 대만 방문은 미국 정부가 대만 문제와 코로나19 책임론 등 2가지 카드를 동시에 펼치는 것"이라고 분석했다.

그런가 하면 윌리엄 크리스텐슨(William B. Christensen) 〈미국재대만협회(AIT)〉 대표는 2020년 8월 23일 진먼다오 타이우산 충렬사에서 열린 중국군 포격의 희생자들을 기리는 추모행사에 사상 처음으로 참석했다. 진먼다오는 중국을 마주하고 있는 대만의 최전방 지역이다. 인구 5만 명에 면적 134km²인 이 섬은 중국 푸젠성 샤먼에서 1.8km 거리지만, 대만 본섬과는 200km나 떨어져 있다. 중국은 1958년 8월 23일부터 44일간 47만 발의 포탄을 이 섬에 퍼부었다. 당시 대만군 병사와 민간인 등 618명이 사망하고 2,600여 명이 부상했다. AIT는 민간기구이지만 사실상 양국 단교 이후 대만 주재 미국대사관 역할을 하고 있다. 대만 집권 여당인 민진당의 뤄즈정(羅致政) 입법위원(국회의원)은 크리스텐슨 대표의 추모행사 참석은 "역사적 · 외교적 의미가 있다"며 "현재 대만과 미국의 공동방위조약은 없지만 양국 관계는 동맹국과 같은 관계라는 점을 반영한 것"이라고 밝혔다.

게다가 미국 정부는 2020년 8월 28일 대만 타이중에 F-16 전투기 정비센터를 설립해 중국 정부를 깜짝 놀라게 했다. 아시아 · 태평양 지역에 유일한 F-16 전투기 정비센터를 대만에 설립한 것은 미국과 대만의 '군사 밀월'을 상징한다. 양국의 군사장비 기술이전 등 폭넓은 안보 협력의 핵심이 될 수 있기 때문이다. 이 정비센터는 지난해 12월 F-16 개발사인 미국 방산업체 〈록히드마틴〉과 대만 국영 방산업체

〈한샹(漢翔, AIDC)〉이 맺은 협약에 따른 것이다. 이곳에서는 F-16 계열의 모든 전투기를 정비·수리하고 업그레이드 등도 할 수 있다. 특히 이 정비센터에선 대만 공군이 보유한 기존 F-16A/B를 모두 F-16V로 업그레이드하는 성능 개량 사업인 '펑잔(鳳展) 프로젝트'가 동시에 진행된다. 대만 공군은 1990년대 초반 도입한 F-16A/B 142대를 운용 중이다. 대만은 2022년까지 F-16A/B의 성능 개선 작업을 완료할 계획이다. 미국 정부는 지난 8월 15일 대만에 최신형 F-16V 66대를 판매하는 계약을 최종 승인했다. F-16V는 2026년까지 순차적으로 대만에 인도될 예정이다. 이에 따라 향후 대만이 운용할 F-16V는 총 208대가 될 것으로 보인다.

더욱 주목할 점은 앞으로 대만 주력 전투기가 될 F-16V의 성능이다. F-16V는 눈(레이더)과 머리(컴퓨터)가 좋아진 최신예 모델이라는 것이다. 대만 군사전문가들은 "F-16V가 중국 차세대 스텔스 전투기 젠(歼, J)-20에 대적할 수 있을 것"이라면서 "젠-20을 제외한 중국의 모든 전투기보다 성능이 우수하다"고 평가했다. 대만군은 그동안 중국 인민해방군의 침공 계획에 대적할 무기가 없어 전전긍긍해 왔지만, F-16V를 보유함으로써 한시름 놓게 됐다. 대만군은 초도 분량으로 도입한 F-16V 6대를 중국 본토와 가까운 지역에 전진 배치할 계획이다. 미국 정부는 2020년 8월 27일 대만 공군 조종사들이 애리조나주 루크 공군기지 상공에서 F-16V 전투기로 공중 급유 훈련을 받는 사진을 공개하기도 했다. 대만 공군 조종사들이 미국에서 훈련받는 모습을 미군 측이 공개한 것은 처음이다. 미국은 그동안 정기적으로 영관급 장교나 퇴역 장성을 대만에 파견, 대만군의 연대 단위급 훈련에

서부터 컴퓨터 시뮬레이션을 통한 워 게임, 피아식별 시스템 및 연락 체계 구축, 미사일 발사 훈련에 이르기까지 자문단 역할을 수행하도록 해 왔다. 게다가 미국은 대만군의 지휘, 관리, 통신, 정보 등의 시스템을 미군 모델과 호환되도록 변경해 전시 상황에서 미군과 대만군이 지휘·작전체계를 일원화할 수 있게 지원하고 있다.

미국 정부는 또 2020년 8월 31일, 로널드 레이건(Ronald W. Reagan) 대통령 시절인 1982년 대만의 안전보장을 위해 작성한 '6개 보장' 문서에 대한 비밀해제 조치를 내렸다. 이 문서에는 대만에 대한 무기 판매에 미국이 종료 시점을 정하지 않았다는 것, 무기 판매에 앞서 중국과 이를 협의하기로 하지 않았다는 것, 대만관계법을 개정하지 않는다는 것 등의 내용이 담겼다. 미국 정부의 의도는 대만과 군사 협력을 더욱 강화하겠다는 뜻을 중국은 물론 국제사회에 공개적으로 천명한 것이라고 볼 수 있다. 미국 정부는 대만에 고속기동 포병로켓시스템(HIMARS), 대전차미사일, 드론, 지뢰, 수중기뢰 등으로 구성된 최대 7종의 무기체계를 한꺼번에 판매할 계획이다. 이 중에서 눈에 띄는 무기체계는 AGM-84H/K SLAM-ER 공대지 미사일이다. 최대 사거리는 278km인 이 미사일은 F-16V 전투기에 장착할 수 있다. 이 경우 F-16V 전투기들은 대만 상공에서 중국 본토의 중요 목표물이나 대만 해협을 항해하는 중국 군함을 타격할 수 있다. 미국은 그동안 중국과의 관계를 고려해 방어용이 아닌 공격용 무기는 수출하지는 않았었다.

특히 미국 정부는 대만과의 경제협력에 적극적으로 나서고 있다. 키스 크라크 국무부 경제차관이 2020년 9월 17일~19일 대만을 방문해 차이 총통과 주요 인사들을 만나고 같은 해 7월 말 별세한 리덩후이(李登辉) 전 총통 추모 예배에 미국 정부 대표로 참석했다. 미국과 대만은 이번 크라크 경제차관의 방문을 계기로 '경제·상업 대화(Economic and Commercial Dialogue)'를 정식 출범시켰다. 양국은 인도·태평양 전략, 공급망의 재구성 및 반도체와 5G 이동통신, 의료, 에너지 등의 분야에서 협력을 강화할 계획이다. 게다가 대만 정부는 미국 정부가 추진하고 있는 '클린 네트워크 프로그램'에 참여한다고 밝혔다. 우자오셰(吳釗燮) 대만 외교부 장관은 크리스텐슨 AIT 대표와 함께 양국이 5G 안보를 위해 협력한다는 내용의 공동선언도 했다. 미국과 대만의 경제·상업 대화 채널이 본격 가동되기 시작하면 자유무역협정(FTA) 체결 여부에도 관심이 집중될 전망이다. 차이 총통은 "대만의 주요 교역국이면서 무기 공급국인 미국과의 관계를 강화하는 것이 최우선 과제이며, 이를 위해 FTA 협상을 시작해야 한다"고 밝혔다. 미국이 국교관계가 없는 대만과 FTA를 체결할 경우 사실상 경제를 매개로 한 동맹을 의미한다는 점에서 중국 정부가 주장해 온 '하나의 중국' 원칙에 상당한 위협이 될 수밖에 없다.

중국 정부는 미국 정부의 이런 전략에 노골적으로 불만을 표출하고 있다. 대만을 관할하는 인민해방군 동부전구 로켓군은 둥펑(东风, DF)-11A 단거리 탄도 미사일 10발을 동시에 발사해 모의 대만 공군기지 활주로와 격납고 등을 파괴하는 훈련을 실시하기도 했다. 사거리가 300km인 둥펑-11을 개량한 둥펑-11A 미사일은 최대 사거리 700km로 대만 전체를 타격할 수 있다. 중국 인민해방군은 또 대만 상륙작전에 동원할 수 있는 최소 6개의 해군육전대(해병대) 상륙여단을 동부전구에 배치했다. 게다가 최신예 스텔스 전투기인 젠-20을 대만에서 500km 떨어진 동부 저장성 취저우시 인근 공군기지에 실전 배치했다. 중국은 미국의 F-22와 F-35 등 차세대 스텔스 전투기에 맞서 젠-20을 개발해 왔다. 젠-20은 공중 급유를 통해 장거리 비행이 가능하며, 장거리 크루즈미사일 발사에 스텔스 기능까지 갖춰 중국에서 5세대 전투기로 불린다. 젠-20은 취저우의 공군기지에서 이륙하면 대만의 작전 지역까지 불과 7~8분 만에 접근할 수 있다.

중국의 대만에 대한 무력통일 가능성이 제기되자 미국 일각에선 대만에 지상 병력을 주둔시켜야 한다는 주장도 나오고 있다. 미군의 지상 병력의 대만 주둔 전략은 중국의 반접근·지역거부(A2/AD) 전략 때문에 유사시 인민해방군의 기습공격에 맞서 미군이 대만에 신속하게 도달할 수 없다는 판단에서 나온 것이다. 일본 오키나와의 가데나 미군 공군기지는 대만과 760km 거리여서 중국이 보유한 각종 미사일의 사정권 안에 있다. 중국 로켓군의 공격으로 대만과 가장 가까운 미군의 거점인 가데나 기지가 무력화될 수도 있다. 미국은 1951년부터 대만에 연합방위사령부와 군사고문단을 두고 육·해·공군 병력을 주둔시켜 왔다. 하지만 미국은 1979년 중국과의 수교로 대만과 단교하면서 모든 병력을 철수시켰다. 만약 미군이 다시 대만에 주둔한다면 미·중 관계는 1979년 이전의 군사적 대치 상태로 회귀하는 셈이라고 볼 수 있다.

중국 정부는 미군이 대만에 다시 주둔한다면 무력통일도 불사하겠다는 강경한 입장을 보이고 있다. 중국 국방부는 "대만에 간섭하는 외부세력에 대해선 어떤 대가를 치르더라도 단호하게 응징할 것"이라고 경고했다. 중국 관영매체 『환구시보』의 영자지인 『글로벌 타임스(Global Times)』는 "미군의 대만 주둔 주장은 대만 주민에 도움이 되지 않는 미친 제안으로 만약 실현된다면 인민해방군은 단호한 군사행동으로 무력통일을 실현할 것"이라고 밝혔다. 이 신문은 중국의 반분열국가법 조항에 따라 중국군의 무력통일 작전을 발동시킬 것이라고 강조했다. 반분열국가법 제8조는 '대만을 중국에서 분열시키는 중대 사변이 발생하거나 평화통일 가능성이 전혀 없을 때 국가는 비평화적 방식과 다른 필요 조치로 국가주권과 영토보전을 수호한다'고 규정하고 있다. 쑹중핑(宋忠平) 중국 군사 전문가는 "미국은 중국의 핵심 이익에 도전하지 말아야 한다"면서 "미국은 자신들의 이익이 되지 않는다고 판단되면 대만을 버릴 것"이라고 주장했다. 중국의 이런 강경한 반응에 대해 미국 〈전략국제문제연구소〉의 보니 글레이저(Bonnie S. Glaser) 아시아 담당 선임연구원은 "중국이 단지 엄포를 놓거나 분노를 터뜨리는 것이라고 생각하지 않는다"고 지적했다.

미국과 중국이 대만 해협에서 군사적으로 대치할 경우 자칫하면 우발적으로도 무력충돌할 가능성이 있다. 선딩리(沈丁立) 중국 상하이 푸단대 교수는 "섬(대만)을 둘러싼 양국 간 무력충돌의 위험이 갈수록 커지고 있다"고 지적했다. 그럼에도 불구하고 미국 정부는 중국을 견제하기 위해 더욱 노골적으로 대만을 지원할 것으로 보인다. 미국과 대만이 앞으로 군사·경제 동맹관계를 맺을 경우, 대만은 양국의 '열전(熱戰) 무대'가 될 것이 분명하다.

남중국해,
미국과 중국 간 충돌의 화약고

스카버러 암초(Scarborough Shoal)는 중국과 필리핀이 남중국해에서 서로 영유권을 주장하는 일종의 모래톱이다. 이 암초의 이름은 1784년 이곳 부근에서 난파된 영국 동인도 회사의 차 무역선인 스카버러호에서 따왔다. 필리핀에서는 파나타그 암초(Kulumpol ng Panatag), 중국에서는 황옌다오(黃岩島)라 부른다. 필리핀 루손섬으로부터 서쪽으로 230km, 중국 본토로부터 동쪽으로 1,200km 떨어져 있는 이곳은 깊이 15m, 너비 130km²의 석호와 석호 주위를 둘러싸고 있는 산호초와 암초들로 구성돼 있다. 전체 둘레는 55km나 되고 남쪽 끝에 있는 암초(높이 3m)가 가장 높다. 중국은 원나라 때 작성된 지도에 이 암초가 자국의 영토에 속해 있었다고 주장해 왔다. 필리핀은 이 암초가 배타적 경제수역(EEZ)에 있으며, 자국 어선들이 예전부터 이 섬 인근에서 조업해 왔다는 입장이다. 필리핀은 2013년 1월 네덜란드 헤이그에 있는 국제상설중재재판소(PCA)에 제소했다. PCA는 2016년 7월 "이곳은 중국, 필리핀, 베트남 어민의 전통적인 어장"이라며 "어느 국가도 이곳에 대해 독점권을 주장할 수 없다"고 판결했다. 하지만 중국은 이를 인정하지 않고 이곳을 사실상 점거하고 필리핀 어선들의 접근을 막는가 하면, 어로 장비를 무단으로 몰수해 왔다.

남중국해는 전 세계에서 가장 위험한 바다라는 말을 듣고 있다. 남중국해는 북쪽으론 중국과 대만, 동쪽으론 필리핀, 남쪽으론 브루나이, 인도네시아, 말레이시아, 서쪽으론 베트남 등 7개국에 둘러싸인 바다이다. 7개국들은 저마다 남중국해가 자국의 바다라면서 영유권을 주장하고 있다. 이 때문에 남중국해를 부르는 이름도 제각각이다. 예를 들어 중국은 난하이(南海), 베트남은 비엔 동(Biển Đông), 필리핀은 서필리핀해라고 부른다. 넓이가 350만km²로 오대양을 빼고는 가장 넓은 바다인 남중국해는 250여 개의 작은 섬, 산호초, 암초, 모래톱 등이 크게 4개의 제도로 나뉘어 산재해 있다. 4개의 제도 가운데 영유권 분쟁이 치열하게 벌어지고 있는 곳은 스프래틀리 제도(중국명: 난사 군도, 베트남명: 쯔엉사 군도, 필리핀명: 칼라얀 군도)와 파라셀 제도(중국명: 시사 군도, 베트남명: 호앙사 군도)이다. 스프래틀리 제도에는 175개의 작은 섬, 암초, 산호초, 모래톱이 있다. 스프래틀리 제도의 섬들 중, 베트남이 24개,

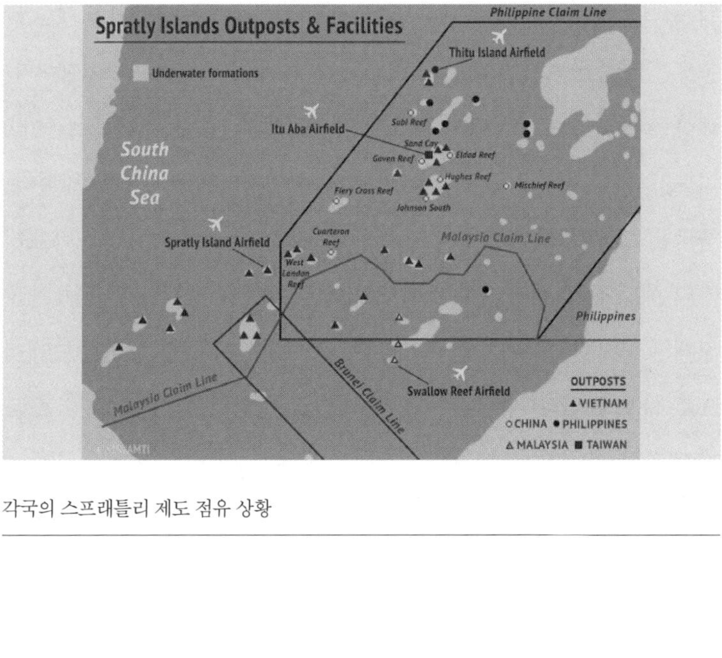

각국의 스프래틀리 제도 점유 상황

중국이 10개, 필리핀이 7개, 말레이시아가 6개, 대만이 1개를 실효지배 하고 있다. 파라셀 제도에도 130여 개의 작은 섬, 산호초, 암초, 모래톱이 있다. 중국은 파라셀 제도의 모든 섬들을 실효지배 하고 있다.

중국은 그동안 남중국해를 자국의 바다로 만들기 위한 전략을 추진해 왔다. 실제로 중국은 남중국해에 아홉 곳을 정해 가상의 선인 이른바 '남해구단선(南海九段线, Nine Dash Line)'을 일방적으로 그어 놓고 그 안쪽의 바다를 자국의 영해라는 입장을 보여 왔다. 'U'자 모양의 남해구단선의 안쪽 바다는 남중국해 전체 면적의 90%를 차지한다. 이 기준을 적용하면 현재 남중국해에서 영유권 분쟁이 벌어지는 모든 해역이 중국의 영역이 된다. 유엔해양법협약에 따르면 영해는 자국 연안으로부터 12해리(22.2km) 범위의 바다로, 이 안의 섬과 암초에 대한 영유권을 모두 인정하고 있다. 중국이 남중국해를 자국의 바다로 만들려는 이유는 시진핑 주석이 적극 추진해 온 일대일로 프로젝트의 핵심이 남중국해이기 때문이다. 중국은 해상 실크로드의 가장 중요한 통로인 남중국해의 지배권을 미국에 맡겨 놓을 수 없다는 입장이다. 해상 실크로드는 중국에서 출발해 남중국해와 말라카 해협~벵골만·인도양~아라비아해~중동·아프리카까지 연결하는 바닷길을 말한다. 중국은 그동안 해상 실크로드를 구축하고자 동남아, 인도양, 아프리카의 에너지 및 화물 수송로에 위치한 국가들과 정치와 외교는 물론 경제와 군사협력까지 맺는 등 관계를 강화하면서 주요 항구를 단계적으로 확보해 왔다. 중국은 이를 일대일로 프로젝트라는 이름으로 포장해 왔다.

또 다른 이유는 남중국해가 전략 요충지이기 때문이다. 중국은

19세기 서구 열강의 침략으로 아편전쟁(1842)에서 패배하는 등 패권을 상실하고 국토가 유린되는 치욕을 겪어야만 했다. 당시 서구 열강은 막강한 해군력으로 남중국해를 장악하고 이를 통해 청나라를 침략했다. 이런 역사의 교훈을 잘 알고 있는 중국 공산당 지도부는 남중국해를 자국의 바다로 만들기 위한 전략을 추진해 왔고 해군력을 집중적으로 증강해 왔다. 중국은 그동안 제1 다오롄(岛链, island chain)과 제2 다오롄을 설정하고 이를 통제하려는 전략에 박차를 가해 왔다. 제1 다오롄은 일본 열도~난사이 제도~대만~필리핀~인도네시아~베트남으로 이어지는 중국 연안에서 1,000km 떨어진 지역이다. 제2 다오롄은 오가사와라 제도~이오지마 제도~마리아나 제도~야프 군도~팔라우 군도~할마헤라섬으로 이어지는 중국 연안에서 2,000km 거리의 지역이다. 중국의 전략은 남중국해가 핵심 이익의 요충지인 만큼 미국 등의 접근과 개입을 막겠다는 것이다. 중국의 목표는 제1 다오롄을 내해화(內海化)하고, 제2 다오롄의 제해권(制海權)을 확보하는 것이다.

게다가 남중국해는 중국은 물론 한국, 일본 등의 에너지와 각종 원자재의 수입과 상품 수출입의 통로다. 매년 3조 달러(약 3599조 원)규모의 무역량이 통과한다. 한국의 경우 수출의 30%, 수입 에너지의 90%가 남중국해를 지난다. 특히 중국의 경우 남중국해의 해양교통로는 생명선이다. 세계 2위 경제 대국인 중국은 국가의 사활이 달려 있는 에너지와 원자재 및 상품 수출입 통로를 확보해야만 한다. 만약 남중국해가 봉쇄된다면 중국은 제대로 싸워 보지도 못하고 굴복할 수밖에 없다. 남중국해는 또 자원의 보고다. 남중국해 해저에는 상당한 천연자원이 매장돼 있다. 석유 2130억 배럴, 천연가스 3조 8000억m^3가 매장된 것으로 추정된다. 또 '불타는 얼음'이라 부르는 가스하이드레이트(NGH)도 대량 매장돼 있다. NGH는 화석연료를 대체할 미래 에너지원으로 각광 받고 있다.

중국은 이처럼 중요한 남중국해를 장악하기 위해 암초와 산호초들을 인공섬으로 조성하고 군사기지화했다. 말 그대로 '가라앉지 않는 항공모함[不沈航母]' 전술이다. 인공섬들은 사실상 항공모함 기능을 할 수 있기 때문에 남중국해를 무력으로 실효지배 할 수 있는 수단이 될 수 있다. 또 무력충돌이 벌어질 때도 신속하게 대응할 수 있을 뿐 아니라, 방공식별구역을 선포할 경우에도 전투기 등을 출격시킬 수 있다. 중국이 인공섬을 건설한 곳은 스프래틀리 제도이다. 중국은 이곳에 있는 암초와 산호초를 콘크리트 등으로 메워 인공섬 7개를 만들었다. 가장 눈에 띄게 변한 곳은 휴즈 암초(중국명: 둥먼자오, 베트남명: 다뚜 옹이어)이다. 이 암초는 현재 면적 7만 5000m^2의 인공섬으로 변신했다. 섬의 크기가 축구 경기장의 14배에 해당하는 규모로, 두 개의 항구와 헬리콥터 이착륙장 등이 건설됐다. 대형 레이더가 설치된 9층 건물도 세워졌다. 건물 주변에는 미사일과 대공포가 배치됐고, 격납고도 있다. 피어리 크로스 암초(중국명: 융수자오, 베트남명: 다쯔텁)도 거대한 섬이 됐다. 휴즈 암초에서 30km 떨어진 피어리 크로스 암초는 높이가 수면 위로 60cm 정도만 드러나는 작은 바위섬이었다. 이 암초에는 길이 3,000m의 활주로와 4개의 대형 격납고가 만들어져 있다. 격납고들은 모두 24대의 전투기를 계류시킬 수 있다. 또 5,000t급 함정과 유조선이 정박할 수 있는 규모의 항구도 조성됐다. 중국은 이 암초에 인민해방군을 주둔시키고 있으며 미사일과 대공포 및 레이더, 통신시설도 배치했다.

스프래틀리 제도 북부에 위치한 사우스 존슨 암초(중국명: 츠과자오, 필리핀명: 마비니)도 마찬가지다. 부두와 비행장 등 군사시설이 건설됐다. 이 섬의 인근 해역은 1988년 중국과 베트남이 해전을 벌였던 곳이다. 당시 전투로 베트남 선박 2척이 침몰하고 베트남 병사 70여 명이 사망했으며, 이후 중국은 이 암초를 실질적으로 통제해 왔다. 중국 정부는 이와 함께 수비 환초(중국명: 주비자오, 베트남명: 다수비), 미스치프 환초(중국명: 메이지자오, 베트남명: 다빈깐), 쿠아테론 환초(중국명: 화양자오, 필리핀명: 칼데론), 게이븐 암초(중국명: 난쉰자오, 베트남명: 다가벤, 필리핀명: 부르고스) 등의 주변 바다를 매립해 인공섬을 조성했다.

중국의 전략은 미국과 일본을 벤치마킹한 것이다. 특히 중국은 일본이 오키노토리시마(沖ノ鳥島)를 인공섬으로 만든 것을 그대로 본뜬 것이다. 오키노토리시마는 도쿄에서 남쪽으로 1,740km 떨어진 태평양에 있는 산호초이다. 이 산호초는 평소에는 대부분 물에 잠겨 있었으며 간조 때 수면 위로 70cm 정도 드러나는 면적 10m²의 바위 2개로 이루어져 있었다. 일본은 1988년부터 3년간 2억 5000만 달러라는 막대한 비용을 들여 방파제를 쌓고 콘크리트를 타설해 산호초를 지름 50m, 높이 3m의 인공섬으로 만들었다. 일본은 2007년 여기에 등대까지 설치하고 이곳이 자국의 최남단 영토라고 주장하고 있다. 또 이 인공섬을 기점으로 40만km²의 해역을 배타적 경제수역(EEZ)으로 설정하기도 했다. 일본의 의도는 해양 영토를 크게 늘리고, 이 섬 인근 해저의 자원을 확보하며, 중국의 군사력 확대를 막으려는 것이라고 볼 수 있다.

중국 인민해방군의 전략폭격기 훙-6K

중국이 미국의 전략도 모방했다. 미국은 1966년 영국 정부와 협정을 맺고 인도양 한가운데 있는 영국령 디에고 가르시아섬을 임대해 왔다. 이후 미국 정부는 이 섬에 군사기지를 건설, 해·공군의 병참기지로 활용해 왔다. 이 섬은 이라크 전쟁과 아프가니스탄 전쟁 당시 B-52 폭격기 발진기지로 사용됐다. 미국은 현재 이 섬에 폭격기, 전투기, 공중 급유기, 각종 함정, 잠수함 등을 배치하고 있다.

중국 인민해방군은 전략폭격기인 훙(轰, H)-6K를 동원해 인공섬들에서 이착륙 훈련을 실시하고 있다. 훙-6K는 중국판 B-52라고 불리는 전략폭격기이다. 항속거리 6,000km인 훙-6K는 사거리 2,000km인 창젠(长剣, CJ)-10 크루즈미사일 6발을 장착할 수 있어 미국의 하와이까지 공격할 수 있다. 대공미사일 및 대함미사일을 포함해 핵무기까지 장착할 수 있고 무장을 최대 12t까지 실을 수 있다. 고도

1만 2800m까지 날 수 있으며 최고속도는 시속 1,050km, 순항속도는 마하 0.75(768km/h)다. 작전반경은 남중국해 전역을 담당할 수 있는 3,500km에 달한다. 훙-6K가 남중국해 인공섬들에서 출격하면 남중국해 전체는 물론, 필리핀의 수도 마닐라와 미국, 필리핀이 2014년 체결한 '방위협력강화협정'에 따라 미국이 사용할 수 있게 된 필리핀의 5개 군사기지 및 베트남의 주요 군사기지들이 사거리 내에 포함된다. 훙-6K의 출격을 위해 수비 암초에 3,000m의 활주로가 설치된 것을 비롯하여, 미스치프 암초에 2,600m, 피어리 크로스 암초에 3,000m의 활주로가 설치되어 있다. 훙-6K 전략폭격기가 인공섬들에 전진 배치되면, 싱가포르, 인도네시아, 호주 북부, 미군의 앤더슨 공군기지가 있는 괌이 작전반경 안에 들어가게 된다. 싱가포르 난양이공대의 콜린 코(Swee Lean Collin Koh) 교수는 "중국이 조성한 인공섬 활주로의 규모는 대규모 군사 작전에 쓰이는 대형 수송기는 물론 전략폭격기를 모두 수용할 수 있는 규모"라고 분석했다. 중국의 목표는 '핵심 이익'이라고 강조해 온 남중국해에 대한 제공권과 제해권을 확보하고, 나아가 남중국해를 실효지배 하려는 것이다.

중국 인민해방군은 또 피어리 크로스 암초, 수비 암초, 미스치프 암초에 지대공 미사일과 대함 크루즈미사일도 배치했다. 대함 크루즈미사일은 잉지(鹰击, YJ)-12B로 인공섬의 295해리(546km) 이내 선박을, 지대공미사일은 훙치(红旗, HQ)-9B로 160해리(296km) 이내의 항공기와 드론, 크루즈미사일을 각각 타격할 수 있다. 중국이 남중국해 인공섬들에 대함 크루즈미사일과 지대공미사일을 배치한 이유는 '항행의 자유' 작전을 벌이는 미국 해군 함정들을 견제하려는 의도 때문이다.

중국이 피어리 크로스 암초를 군사기지로 만든 모습

중국 인민해방군은 최근 남중국해에서 3대의 표적 무인기가 각기 다른 고도와 방향에서 동시에 침범해 오는 상황을 가정한 미사일 요격 훈련까지 벌였다. 남중국해 인공섬들에 미사일 공격이 가해지는 상황을 가정해 이를 요격하는 실전훈련을 벌인 것이다. 미국의 남중국해 전문가인 그레그 폴링(Gregory B. Poling) 〈전략국제문제연구소〉 연구원은 "지대공미사일이든, 대함미사일이든 스프래틀리 제도에 배치된 미사일들은 미 해군에 상당한 위협이 될 수밖에 없다"면서 "중국이 주요 국제교역로인 남중국해 지배를 강화하려는 행보"라고 분석했다. 중국은 인공섬들에 전파교란 시설을 설치해 미 해군 항공모함과 군함, 군용기 등의 통신과 레이더 시스템을 방해하기도 했다. 게다가 중국 인민해방군은 인공섬 주변에 기뢰를 설치해 미 해군 함정의 접근을 차단하려는 방안도 추진하고 있다. 중국의 군사 전문가 우거(吳戈)는 "기뢰 설치는 중국의 열도선 전략(외곽 도서를 잇는 방어 및 봉쇄 전략)의 핵심 중 하나"라고 강조했다.

미국은 중국의 남중국해 장악을 절대로 좌시할 수 없다는 입장이다. 그 이유는 중국이 남중국해를 장악할 경우 미국으로선 남중국해와 연결될 태평양의 지배권을 상실할 가능성이 높을 뿐만 아니라 동남아를 비롯해 동아시아 전체에 대한 영향력이 약화될 수 있기 때문이다. 또 국제법을 무시한 중국의 행동을 용인할 경우 미국 주도의 기존 국제질서는 무력화될 수도 있다. 미국 정부가 그동안 중국에 맞서 해군 함정 등을 동원해 '항행의 자유' 작전을 벌여 온 것도 중국의 남중국해 장악 의도를 견제하려는 것이다. 미국은 또 항행의 자유 작전만으로는 중국 정부의 야심을 저지할 수 없다고 판단해 일본, 호주, 인도 등과 함께 '인도·태평양 전략'도 적극 추진해 왔다. 미국은 이와 함께 인도·태평양 전략을 강화하기 위해 남중국해를 접하고 있는 베트남, 인도네시아, 싱가포르, 필리핀 등 아세안 회원국들과의 협력과 연대에도 적극 나서고 있다.

특히 미국은 코로나19 사태 이후 남중국해에 대한 중국의 도발적인 공세에 맞서 무력대결도 불사하겠다는 입장을 보이고 있다. 실제로 폼페이오 전 미국 국무장관은 2020년 7월 13일 '남중국해 해양권리에 대한 미국의 입장'이란 성명을 통해 "중국이 일방적으로 남중국해에 영해와 해양 자원에 대한 권리를 주장하는 것은 국제법적으로 불법"이라고 밝혔다. 그는 또 "세계는 중국이 남중국해를 자신의 해상제국처럼 다루는 것을 용납하지 않을 것"이라면서 "미국은 중국이 통제하고 있는 남중국해 도서의 12해리 외에 중국의 어떠한 해양권리도 인정하지 않기로 결정했다"고 강조했다. 미국은 이런 강경한 입장에 따라 앞으로 남중국해 영유권 분쟁에 군사적으로 개입할 가능성이 높다. 이와 관련하여 『워싱턴 이그재미너(Washington Examiner)』는 "미국 정부가 남중국해에서 중국에 맞서 군사력을 사용하기 위한 전쟁권(jus ad bellum)의 법적인 근거를 조용히 마련하고 있다는 점에서 중요하다"고 지적했다.

심지어 미국의 남중국해 무력행사 시나리오까지 나오고 있다. 미국에 서버를 둔 중화권 인터넷 매체인 『둬웨이(多维)』는, 미국의 첫 번째 기습 타격 대상은 현재 중국군이 주둔하고 있지 않은 스카버러 암초가 될 가능성이 높다고 보도했다(2020년 7월 26일 자). 『둬웨이』는 미국이 B-52H 등 전략폭격기를 동원해 스카버러 암초를 폭파해 중국이 더 이상 이 암초에 대한 영유권을 주장하지 못하도록 하는 방안을 추진할 수도 있다고 전했다. 또 다른 시나리오는 미국이 중국에 먼저 남중국해 인공섬들에 주둔한 군 병력 철수와 군사시설 철거를 요구하고, 중국이 이를 받아들이지 않을 경우 피어리 크로스 암초와 미스치프 환초 등을 점령해 미사일 발사대 등을 파괴한다는 것이다.

실제로 미국은 괌에서 중국의 인공섬 점령 훈련을 실시했다. 미 육군 제24사단 제4전투여단 소속 공수부대원 400명은 2020년 6월 30일 공군 C-17 수송기를 타고 알래스카 엘멘도르프 기지를 출발해 9시간 만에 괌 상공에 도착해 낙하훈련을 실시했다. 이들은 앤더슨 공군기지를 적의 기지로 상정하고 이를 점령하는 훈련을 실시했다. 미군이 괌에서 이 같은 대규모 강하훈련을 실시한 것은 처음이었다. 미 육군은 "괌 강하훈련을 통해 공수부대가 인도·태평양사령부 작전 지역의 어느 곳이든 즉각 투입할 수 있는 능력을 입증했다"고 밝혔다. 미국은 중국과 무력충돌할 경우를 대비해 남중국해 인공섬의 군사기지를 먼저 점령하려는 작전계획을 준비하고 있다고 분석할 수 있다. 이런 맥락에서 볼 때 미군의 인공섬 점령은 중국의 남중국해 전략을 뒷받침하는 핵심 인프라를 해체하는 것이라고 말할 수 있다.

미·중의 남중국해 대결은 인도·태평양 패권을 다투는 것이다. 어느 한쪽도 양보하거나 물러서지 않을 것이다. 이 때문에 양국의 무력충돌은 우발적이든 의도적이든 불가피해 보인다. 실제로 미군은 남중국해에 매일 3~5대의 정찰기를 보내고 있다. 또 항공모함 2척을 비롯해 각종 함정들을 실전 배치하고 있으며 수시로 항행의 작전을 실시하고 있다. 전략폭격기를 비롯해 각종 전투기들도 24시간 대기 상태에 있다. 중국도 마찬가지다. 남중국해에서 항공모함을 비롯해 각종 함정들과 전폭기 등을 동원해 실탄사격 훈련을 실시하고 있다. 심지어 비장의 무기로 '항모 킬러'라 불리는 둥펑-21, '괌 킬러'로 불리는 둥펑-26 탄도미사일, 최신형 094형 전략핵 잠수함(핵추진 잠수함)에서 잠수함 발사 탄도미사일(SLBM) 쥐랑(巨浪, JL)-2A를 동시에 발사하는 훈련까지 벌였다.

이 때문에 양국의 이런 무력시위가 우발적인 군사충돌로 비화될 가능성이 높다. 국제 군사 전문가들은, ① 미군 함정이 남중국해 스프래틀리 제도의 12해리 이내에 진입했을 때 이를 쫓아내려는 중국군 함정과의 충돌, ② 미군 정찰기가 중국 본토에 근접하거나 훈련 상황을 감시할 때 중국군 전투기와의 충돌, ③ 양국 군이 남중국해서 각종 군사훈련을 실시할 때 안전거리를 지키지 않거나 미사일 등을 오발했을 경우의 충돌 등 3가지 가능성이 있다고 지적했다. 물론 양국이 의도적으로 국지전 차원의 무력대결을 벌일 수도 있다. 이 경우 국제 군사 전문가들은 대부분 미군이 중국군을 압도할 것으로 보고 있다.

미국은 남중국해 인공섬 건설에 참여한 24곳의 중국 기업과 이에 연루된 개인들을 제재하는 조치를 내렸다. 제재 대상 기업들은 〈중국교통건설(CCCC)〉, 〈광저우 하이거 커뮤니케이션 그룹〉, 〈중국 전자기술 그룹〉, 〈중국 조선 그룹〉 등이다. 미국은 "이들 기업은 중국군이 남중국해에서 국제적으로 규탄받는 인공섬을 건설하고 군사기지로 만드는 것을 돕는 역할을 했다"고 지적했다. 데이비드 스틸웰(David R. Stilwell) 미국 국무부 동아태 담당 차관보는 "이들은 '현대판 동인도회사'와 같다"면서 앞으로 제재를 강화하겠다는 뜻을 밝혔다. 이들 중 상당수는 중국이 추진하고 있는 일대일로 프로젝트에 적극적으로 참여해 왔다. 폴링 연구원은 "중국의 남중국해 불법 영유권 주장이 제재 등을 통한 미국의 강경대응에 길을 터 줬다"면서 "남중국해에서 미군의 작전도 갈수록 많아질 것"이라고 내다봤다. 아무튼 남중국해는 앞으로 미국과 중국의 화약고가 될 것이 분명하다.

미국의 인도·태평양 전략과 쿼드 구축

"바다를 지배하는 자가 세계를 지배한다."

미국 전략가이자 역사학회 회장, 해군대학 교장 등을 역임한 알프레드 머핸 제독(Alfred Mahan, 1840~1914)의 명언이다. 머핸 제독은 1890년 출간한 『해양력이 역사에 미치는 영향(*The Influence of Sea Power upon History*)』이라는 제목의 저서에서 '해양력(sea power)'이라는 개념을 처음 제시하면서 미국이 20세기 해상패권을 장악하는 데 커다란 영향을 미쳤다. 머핸 제독은 해양력을 해상을 통해 각국과 교역할 수 있는 경제 능력과 교역로를 보호할 수 있는 해군력이라고 정의하면서 강대국이 되려면 해양력을 구축해야 한다고 강조했다. 그는 이 책에서 1660년부터 1783년까지 벌어진 일곱 번의 전쟁과 30여 차례의 해전을 비교하면서, 영국이 해양력을 통해 제국이 되는 과정을 치밀하게 분석했다. 머핸 제독은 미국도 대양해군 육성, 해외 해군기지 확보, 파나마 운하의 건설, 하와이의 식민지화 등 4개 방안을 추진해야 한다고 강조했다. 머핸 제독의 이런 제안은 당시 채택되지는 않았지만 이후 모두 실현됐다. 해군부 차관 시절 이 책을 읽고 크게 감명을 받은 시어도어 루스벨트 대통령(Theodore Roosevelt, 재임 기간 1901~1909)은 하와이, 필리핀, 괌 등을 차지했고, 대양해군을 적극 육성했다. 당시 대서양 국가이던 미국은 이로써 태평양 국가가 됐다. 이후 역대 미국 대통령들은 머핸 제독의 전략을 그대로 추진했고, 2차 세계대전에서 승리하면서 태평양과 대서양을 아우르는 세계의 패권국가가 됐다. 또 수에즈 운하, 파나마 운하, 말라카 해협 등 전 세계의 중요한 해상 길목을 지키면서 세계경제도 통제하고 있다. 미국이 이처럼 20세기에 초강대국이 된 것은 막강한 해양력 덕분인 셈이다.

그런데 아이러니하게도 중국은 미국의 머핸 제독이 19세기에 내놓은 전략을 21세기에 추진하면서 미국에 도전장을 내밀고 있다. 중국이 해양력 강화를 위해 미국을 사실상 벤치마킹하고 있다. 때문에 중국의 전략은 '중화 머해니즘(Chinese Mahanism)'이라고 불리기도 한다. 실제로 중국은 항공모함 2척을 보유하는 등 대양해군 육성에 총력을 기울이고 있다. 중국 해군은 최신예 함정과 잠수함 등을 앞세워 인도양은 물론 전 세계로 진출하고 있다. 중국은 또 해외의 해군기지들을 늘리고 있다. 진주목걸이 전략을 통해 중국은 인도양을 거쳐 아프리카와 유럽으로 진출할 수 있는 지역들에 해군기지를 구축하고 있다. 동아프리카 지부티에서 군사기지를 건설했고, 파키스탄의 과다르를 비롯해, 말레이시아 코타키나발루, 캄보디아 시아누크빌, 미얀마 시트웨, 방글라데시 치타공, 스리랑카 콜롬보와 함반토다 등에 항구를 건설해 주는 대신 군함이 사용할 수 있도록 항구 이용권을 확보했다. 중국은 이와 함께 니카라과 운하를 건설하고 있고, 말라카 해협을 우회할 수 있는 태국의 크라 운하 건설에도 관심을 보이고 있다. 그런가 하면 앞서 살펴본 것처럼 중국은 남중국해에 인공섬을 무려 7개나 건설해 사실상 자국 영토로 만들었다. 21세기판 식민지라고 볼 수 있다.

미국은 중국의 이런 도전에 절대 물러서지 않겠다는 입장이다. 미국은 인도·태평양 지역에 해군력을 대폭 투입하는 등 해상패권을 그대로 유지하겠다는 의지를 보여 왔다. 특히 미국 정부는 '태평양 사령부'의 이름을 '인도·태평양 사령부'로 변경했다. 1947년 창설된 태평양 사령부는 미국의 서부 해안으로부터 인도 서해안까지 광대한 지역과 해양을 관할하고 있다. 책임지역은 한국, 일본, 중국, 인도, 호주 등 아시아·태평양 지역 36개국과 지구 전체 면적의 52%를 차지하고 있고, 여기 포함된 인구는 전 세계의 61%나 된다. 미국 정부가 태평양 사령부의 이름을 인도·태평양 사령부로 바꾼 건 남중국해를 중심으로 노골적으로 해양패권을 추구하는 중국의 행보를 더 이상 좌시하지 않겠다는 뜻으로 해석할 수 있다. 미국의 의도는 일본과 호주는 물론 중국과는 사이가 나쁜 인도까지 끌어들여 중국을 견제하겠다는 것이다.

미국은 중국에 맞서 머핸 제독의 전략을 추진하고 있다. 머핸 제독은 1900년에 발간한 저서 『아시아의 문제(*The Problem of Asia*)』에서 대륙세력인 제정 러시아가 군사력을 팽창시켜 해양으로 적극 진출할 경우, 미국은 영국 독일 일본 등과 힘을 합쳐 동맹관계를 맺고 이를 저지해야 한다고 강조했다. 머핸 제독은 또 앞으로 대륙세력인 중국도 강대국이 될 수 있는 충분한 잠재력이 있는 만큼 경계할 필요가 있다고 지적했다. 머핸 제독은 미국의 경쟁국이 될 중국을 견제하려면 러시아처럼 동맹국들의 협력이 중요하다고 내다봤다. 그는 이미 1세기 전에 중국의 부상을 간파한 것이다.

트럼프 정부의 전략은 '자유롭고 개방된 인도·태평양(Indo-Pacific)'

을 구축하는 것이었다. 트럼프 전 대통령은 지난 2017년 11월 6일 아시아 순방 첫 방문국인 일본에서 아베 신조(安倍 晋三) 전 일본 총리와의 정상회담을 갖고 '자유롭고 개방된 인도·태평양 전략'을 발표했다. 이 전략의 핵심은 미국, 일본, 인도, 호주와의 동맹과 연대를 통해 중국의 해양 진출을 견제·봉쇄하겠다는 것이다. 머핸 제독의 전략에서 독일을 인도로 대체한 것이다. 호주는 영연방 국가이기 때문에 영국이나 마찬가지로 볼 수 있다. 트럼프 정부는 동북아에서 동남아, 호주 및 인도에 이르는 지역을 기존의 '아시아·태평양(Asia–Pacific)'에서 '인도·태평양'이라는 명칭으로 불렀다. 트럼프 정부가 '인도·태평양'이라는 명칭을 사용한 의도는 이 지역이 중국의 뒷마당과 '동아시아 호랑이 경제권(한국, 홍콩, 대만, 싱가포르)'을 훨씬 넘어서는 지역이라는 강조하려는 것이었다. 트럼프 정부의 목표는 미국의 영향력이 뻗치는 범위를 동북아를 비롯한 중국의 주변국들에 제한하지 않고, 중국의 급부상에 대한 우려를 공유하는 인도와 호주까지 협력의 범위를 넓히려는 것이었다고 볼 수 있다. 데니스 와일더(Dennis Wilder) 전 백악관 아시아 담당 선임보좌관이자 조지타운대 아시아학 교수는 "미국이 동아시아 및 태평양 지역에서 중국과의 세력 균형을 위해 인도를 무장시켜 이 지역에 끌어들이는 전략을 추진하고 있다"면서 "자유롭고 개방된 인도·태평양이라는 개념은 중국이 추진하는 일대일로 프로젝트에 대응하는 측면도 있다"고 분석했다.

인도·태평양이라는 구상은 애초 아베 전 총리가 집권 1기 때인 2007년 8월 인도를 방문해 의회 연설을 통해 미국, 일본, 인도, 호주 등 '4개국 안보 대화'를 제안한 데서 비롯됐다. 4개국 안보 대화는 중국이 파키스탄, 미얀마 등 인도양 주변 국가에 대규모 항만을 건설하면서 인도양 진출의 전략적 거점을 마련하려는 '진주목걸이 전략'의 대항 차원이었다. 일본은 과거부터 머핸 제독의 전략을 깊이 연구해 왔다. 1905년 5월 러일전쟁 당시 쓰시마 해전에서 러시아 함대를 격파했던 도고 헤이하치로(東鄕 平八郎) 제독은 참모인 아키야마 사네유키(秋山 真之) 중령에게 미국으로 건너가 머핸 제독의 해군전략을 세세하게 배워 오도록 했다. 머핸 제독의 책은 일본어로 번역돼 당시 일본 군사·해군 교육기관의 교과서로 채택됐다. 현재 일본 해상자위대 간부학교에서도 머핸 제독의 전략에 관한 강의가 있다고 한다. 일본 정부의 외교 안보 담당 관리들은 해양 진출을 강화하고 있는 중국을 견제하는 방안으로 머핸 제독의 전략을 활용하는 방안을 모색해 왔다. 하지만 당시 아베 전 총리가 1년 만에 전격 사퇴하는 바람에 4개국 안보 대화 제의는 흐지부지됐다. 이후 아베 전 총리는 집권 2기 내각 출범 다음 날인 2012년 12월 27일 "태평양에서의 평화, 안정, 항행의 자유는 인도양과는 밀접한 관련이 있다"면서 일본, 인도, 호주, 미국(하와이)을 연결하는 안보협력체를 구축하자고 다시 한번 제의했다. 이들 4개국을 선으로 이으면 마름모꼴이 되기 때문에 '다이아몬드 동맹'이란 말이 붙었다. 이후 인도와 호주에서 집권 세력이 교체되는 바람에 아베 전 총리의 구상은 진전을 보지 못했다. 아베 전 총리도 더 이상 다이아몬드 동맹이라는 말을 꺼내지 않았다.

미국 정부는 그동안 인공섬들을 앞세워 남중국해의 영유권을 주장하는 중국에 맞서 해군 함정 등을 동원해 '항행의 자유' 작전을 벌여 왔다. 그 이유는 인도양과 태평양, 남중국해 및 동중국해에 이르는 해상 루트를 중국이 장악할 경우 미국으로선 해양 지배권을 상실할 수 밖에 없기 때문이다. 하지만 미국 정부로선 항해의 자유 작전만으로는 중국 정부의 야심을 견제할 수 없다고 판단해 일본 정부의 구상을 받아들여 '인도·태평양 전략'을 적극 추진해 왔다. 트럼프 전 대통령은 2017년 11월 11일 베트남 다낭에서 열린 아시아·태평양 경제협력체(APEC) 정상회의에서 "미국은 인도·태평양의 오랜 친구, 파트너이자 동맹이었고, 앞으로도 오랫동안 그럴 것"이라면서 "미국은 자유롭고 개방된 인도·태평양을 구축하겠다"고 선언했다. 인도·태평양 전략이란 인도양에서 태평양까지 걸쳐 있는 지역에서 법의 지배, 자유민주주의, 시장경제, 역내 항행의 자유 등을 공유하는 국가들과의 협력을 통해 일대일로 프로젝트를 차단하겠다는 것이다. 이 전략의 핵심은 무엇보다 미국, 일본, 인도, 호주와의 동맹과 연대를 통해 중국의 해양 진출을 견제·봉쇄하는 것이다. 미국, 일본, 호주는 그동안 인도·태평양 전략을 적극 추진하기 위해, 비동맹 노선을 견지해 온 인도를 끌어들이기 위해 노력해 왔다. 특히 미국은 군사·안보 측면에서, 일본은 경제적 측면에서 인도와의 관계 강화를 모색해 왔다. 그런데 중국과 국경 지역에서 영토 분쟁을 벌여 왔던 인도가 중국의 인도양 진출에 자극을 받으면서 인도·태평양 전략에 적극 참여하기로 결정했다. 모디(Narendra Modi) 인도 총리는 2018년 11월 30일 아르헨티나 부에노스아이레스 주요 20개국(G20) 정상회의를 계기로 트럼프 전 대통령, 아베 전 총리와 사상 첫 3국 정상회담을 가졌다. 당시 모디 총리는 일본(Japan), 미국(America), 인도(India)의 알파벳 첫 글자를 딴 'JAI'를 언급하며 "이는 힌디어로 승리(जै: jai)를 뜻한다"면서 인도·태평양 전략에 적극 협력할 것을 약속했다.

미국 국방부는 2019년 6월 1일 공개한 「인도·태평양 전략 보고서」를 통해 향후 추진할 계획을 분명하게 밝혔다. 보고서는 "인도·태평양 지역에 대한 우리와 동맹국, 파트너의 이익을 지키기 위해 행동할 것"이라고 선언했다. 보고서는 구체적 행동 방침으로 ① 억제 보장과 취약성 경감을 위한 충분한 자원 확보와 투자(전력 강화), ② 국제법, 국제규범, 항행의 자유 등 규범에 기초한 세계질서 유지, ③ 자유롭고 열린 인도·태평양을 위해 지역이 주도하는 계획의 추진과 참여 등을 제시했다. 특히 보고서는 "공산당 지도체제인 중국이 법치에 기반한 질서의 가치와 원칙을 훼손하고 있다"고 명시해 중국의 공산당체제를 정면으로 비판했다. 특히 미국 의회는 인도·태평양군 사령관에게 합참과 국방부를 거치지 않고 인도·태평양 전략을 수행하는 데 필요한 예산을 의회에 직접 보고토록 했다. 해군 대장인 필립 데이비슨(Philip S. Davidson) 인도·태평양군 사령관은 2021~2026 회계연도 6년에 걸쳐 200억 달러의 추가 예산 투입을 요청하는 내용의 전략 보고서를 의회에 제출했다. 이에 따라 인도·태평양사령부는 반중 특임부대인 〈다영역 특임단(MDTF)〉 창설을 추진하고 있다. 2022년 창설이 목표인 이 부대는 중국의 아시아·태평양 전력에 맞서 유사시 미국 항공모함 전단과 폭격기들이 작전할 수 있는 임무를 수행한다. 이 부대를 지원하는 첨단무기가 속속 개발되고 있다. B-2A 스텔스를 대체할 차세대 전략폭격기 B-21 레이더(Raider: 습격자), 무인잠수정(UUV), 유령함대(일종의 무인함대), 장거리 정밀타격체(LRPM), 신형 중거리 극초음속 순항미사일, 지상 배치형 중거리미사일 등이 대표적이다.

미국 정부는 이와 함께 일본, 호주, 인도 등과 4개국 안보협력체인 이른바 '쿼드(Quad)' 구축에 나서고 있다. 4개국은 2019년 9월엔 유엔 본부가 있는 미국 뉴욕에서 처음으로 별도의 외교장관 회의를 갖고, 자유롭고 열린 인도·태평양을 실현하기 위해 쿼드 구축에 합의했다. 특히 미국은 쿼드를 공식기구로 만들고 이를 바탕으로 '인도·태평양판 나토'로 발전시키겠다는 방안을 추진하고 있다. 이와 관련, 스티븐 비건(Stephen E. Biegun) 전 미국 국무부 부장관은 2020년 8월 31일 미국·인도 전략적 파트너십 포럼에서 "쿼드를 나토처럼 집단안보동맹으로 만들 계획"이라면서 "차기 행정부에서라도 한국, 베트남, 뉴질랜드 등 3국까지 포함한 '쿼드 플러스(Quad Plus)'도 출범시킬 계획을 추진하겠다"고 밝혔다. 마크 에스퍼(Mark T. Esper) 당시 미국 국방장관도 같은 해 9월 16일 〈랜드 연구소〉에서 연설을 통해 "인도·태평양 지역에서는 다자협력이 이뤄질수록 좋다"며 나토를 대표적인 사례로 제시했다. 에스퍼 전 장관은 "나토는 동맹과 파트너 간 집단 안보·협력의 훌륭한 기준"이라며 "그 방향으로 움직여 갈수록 우리가 강해진다고 생각한다"고 강조했다.

미국이 쿼드를 축으로 인도·태평양판 나토를 만들려는 이유는 코로나19 사태 이후 국제질서를 주도하기 위해선 현재 신냉전을 벌이고 있는 중국을 강력하게 견제할 필요가 있기 때문이다. 1949년 4월 4일 창설된 나토는 냉전시기(1946~1991) 옛 소련을 견제하기 위한 서방국가들의 군사동맹에서 핵심으로 자리 잡은 데 이어, 냉전 이후에는 미국의 글로벌 군사전략의 핵심으로 활동해 왔다. 나토는 현재 29개국이 회원국으로 참여하고 있다. 나토를 처음 출범시킨 국가들은 미국,

영국, 프랑스, 이탈리아 등 서유럽 국가들과 캐나다 등 12개국이었다. 나토는 이후 몸집을 불려 나가면서 옛 소련의 군사력 팽창을 강력하게 저지하는 다자안보협력체가 됐다. 미국은 나토처럼 쿼드도 쿼드 플러스로 단계적으로 확대시키면서 궁극적으로 인도·태평양 지역의 다자안보협력체를 만들겠다는 것이다.

이들 4개국은 2020년 10월 6일 일본 도쿄에서 두 번째 쿼드 외교장관회의를 갖고 한목소리로 중국을 견제하겠다는 입장을 천명했다. 당시 회의에서 4개국 외교장관들은 '자유롭고 열린 인도·태평양' 비전을 실현을 위해 결속을 강화하기로 합의했다. 이들은 또 '법에 의한 질서' 등 가치관을 공유하는 나라들끼리 폭넓은 연대를 해 나가기로 의견을 모았다. 폼페이오 전 국무장관은 당시 회의에서 "중국의 군사적 위협에 맞서 인도·태평양 지역 국가들이 연대해 대항해야 한다"면서 "쿼드뿐 아니라 아세안(동남아시아국가연합) 등 가치관을 공유하는 지역 전체가 중국에 대항해 나가자"고 촉구했다. 4개국 장관들은 앞으로 매년 '쿼드 회의'를 열기로 합의했다. 4개국은 2020년 11월 3일부터 6일까지 인도양 동북부 벵골만에서 대규모 합동훈련을 실시했다. 쿼드에 참가한 4개국이 합동 해상훈련을 실시한 것은 당시가 처음이었다. '말라바르(Malabar)'라는 작전명의 이 훈련은 그동안 미국, 일본, 인도 등 3개국이 참가해 왔다. 그런데 인도가 말라바르 훈련에 호주를 13년 만에 초청했다. 호주 해군은 2007년 미국, 인도 등과 함께 말라바르 연합훈련에 참가한 적이 있으나, 당시 중국 정부의 강력한 반대에 부딪혀 이후엔 불참해 왔다.

중국 정부는 그동안 쿼드를 무시하는 전략을 펴 왔다. 쿼드에 참여하는 미국, 일본, 호주, 인도의 이해관계가 서로 달라 미국의 뜻대로 반중 포위망을 구성하는 건 불가능하다고 봤기 때문이다. 하지만 쿼드가 실질적인 협력체제를 구축하면서 연합 군사훈련까지 실시하자 중국 정부의 입장이 달라지고 있다. 왕이(王毅) 중국 외교 담당 국무위원 겸 외교부장은 "쿼드는 중국에 거대한 안보 위협"이라고 규정한 바 있다. 왕 부장은 2018년 3월 "쿼드는 결국에는 사라질 수밖에 거품 같은 것"이라고 평가절하하기도 했다. 중국 정부는 앞으로 쿼드가 확대될 경우 자국을 포위하는 가장 효과적인 수단이 될 수 있다는 점을 우려하는 것이다. 미국으로선 중국과의 신냉전이 본격화되고 있는 상황에서 앞으로 쿼드의 참가국을 늘려 반중 공동 전선을 구축하려는 전략을 적극 추진할 것이 분명하다.

미국 정부는 또 인도·태평양 전략을 강화하기 위해 남중국해를 접하고 있는 아세안 회원국들과의 협력과 연대에도 적극 나서고 있다. 폼페이오 전 국무장관은 "남중국해에서 필리핀이 공격을 받으면 미국은 1951년 체결된 상호방위조약을 발동해 필리핀을 지원할 것"이라고 필리핀 정부에 약속했다. 미국 정부는 또 동티모르 학살의 배후라는 이유로 중단했던 인도네시아 특수전사령부(코파수스)와의 합동훈련을 재개했다. 인도네시아는 2016년부터 남중국해 나투나 제도 해역의 영유권을 놓고 중국과 신경전을 벌여 왔다. 이 해역은 인도네시아의 배타적 경제수역(EEZ)이지만, 중국이 주장하는 남해 9단선과 겹친다. 미국 정부는 이와 함께 싱가포르, 베트남과의 기존 협력관계도 더욱 심화시키고 있다.

또 하나 눈여겨볼 점은 미국 정부가 일본과 함께 프랑스와 영국을 인도·태평양 전략에 끌어들이고 있다는 것이다. 실제로 프랑스와 영국은 과거 인도양과 남중국해 및 동남아 지역에 진출한 적이 있었고, 양국 모두 인도·태평양 지역에서 중국이 제해권을 독점해서는 안 된다는 입장을 보여 왔다. 실제로 프랑스의 핵 항공모함 샤를 드골호는 2020년 5월 22일 인도양에서 미국, 일본, 호주의 함정 및 잠수함들과 함께 첫 4개국 연합 해상훈련을 실시했다. 〈허드슨 연구소〉의 리슬롯 오가드(Liselotte Odgaard) 연구원은 "프랑스와 영국은 물론 덴마크 등 유럽 국가들이 함정들을 보내 남중국해에서 '항행의 자유' 작전을 지지하는 훈련을 수행할 것"이라고 밝혔다.

중국의 항공모함 등 해군력 앞세운 해양 강국 전략

중국 산둥성의 북동쪽 웨이하이시의 앞바다에 있는 류궁다오(刘公岛). 과거 청나라의 북양해군 사령부가 주둔했던 이곳은 청일전쟁(1894~1895: 중국은 갑오전쟁, 일본은 일청전쟁으로 부름)의 승패가 결정된 역사적 장소다. 당시 아시아에서 가장 막강하다고 자부하던 북양함대는 1895년 2월 2월 이곳에서 일본함대와 해전을 벌였지만 참패했다. 북양함대 함정들은 모두 격침되고 수병 5,000여 명이 전사했다. 사령관 정여창(丁汝昌) 제독은 이 섬에 고립된 채 원병조차 기대할 수 없게 되자 자결했다. 이후 일본군은 파죽지세로 산둥성과 랴오둥반도 등을 장악했다. 패배한 청나라는 같은 해 4월 17일 일본과 굴욕적인 시모노세키 조약을 체결했다. 이 조약에는 랴오둥반도, 대만, 센카쿠 열도(중국명: 댜오위다오) 등을 일본에 할양한다는 내용이 들어 있었다. 류궁다오에는 현재 〈갑오전쟁 박물관〉이 세워져, 당시 북양해군 군함들의 모형과 사진, 유품 등을 전시하고 있다. 중국 정부는 '치욕의 역사를 잊지 말자'는 의도로 이 박물관을 건립했다. 시진핑 주석은 2018년 6월 12일 이곳을 방문해, 박물관을 비롯하여 포대 유적지 등을 둘러본 후 "역사의 교훈을 새겨 중국을 해양 강국으로 만들어야 한다"고 강조했다.

중국 정부는 2019년 10월 1일 건국 70주년을 기념해 자체 기술로 건조한 항공모함 산둥호의 취역식을 갖고 해양 강국의 출범을 선언했다. 이로써 중국 해군은 '항모 2척 시대'를 맞게 됐다. 중국 인민해방군은 2017년 4월 진수된 산둥호를 인수한 이후 지금까지 전력화를 위해 모두 8차례에 걸쳐 해상 시험을 실시하는 등, 실전 배치에 필요한 각종 무기와 장비들을 점검했다. 중국의 첫 번째 항모는 2012년 실전 배치된 랴오닝호다. 랴오닝호는 1998년 우크라이나로부터 2000만 달러에 고철로 사들인 옛 소련의 폐기된 항모 바랴크호를 개조해서 건조한 함정이다. 반면 산둥호는 랴오닝호를 본뜨기는 했지만, 중국의 독자적인 기술로 건조했다는 점에서 상당한 의미가 있다고 볼 수 있다. 중국은 미국, 영국, 프랑스, 러시아, 스페인, 이탈리아에 이어 자국 기술로 항모를 건조해 실전 배치한 7번째 국가가 됐다. 특히 중국 정

중국의 두 번째 항공모함 산둥호

부가 건국기념일인 국경절에 맞추어 산둥호를 실전 배치한 것은 군사력을 대내외에 과시하려는 의도라고 분석할 수 있다. 중국 정부가 첫 국산 항모의 이름을 산둥호라고 명명한 의도는 124년 전 일본에 뺏긴 동아시아의 패권을 되찾겠다는 공산당 지도부의 강력한 야심이 숨어 있다고 볼 수 있다.

산둥호는 랴오닝호보다 성능이 훨씬 뛰어날 뿐만 아니라 무장도 잘 갖추어진 항모다. 산둥호의 제원을 보면 길이 315m, 너비 75m, 배수량 6만 6000t, 최대 속도 31kn(knot: 노트)로 디젤 엔진을 장착했다. 랴오닝호처럼 선수(船首)가 선미(船尾)에 비해 높아 스키점프 방식으로 함재기를 이륙시킨다. 이륙 램프 경사도는 12도로 최고 14도인 랴오닝호보다 낮아져 함재기 이륙 거리 감축과 연료 절약, 무기 적재량 증가, 항모 구조 강화 등에 유리하다.

특히 산둥호는 랴오닝호에 비해 갑판의 가용면적을 확대해 함재기들을 더 많이 실을 수 있다. 랴오닝호는 젠-15 전투기 24대를 탑재할 수 있지만, 산둥호는 젠-15 40대를 비롯해 헬기 8대 등을 싣는다. 또 대형 안테나 4개와 주변을 360° 감지해 해상 또는 공중 목표물 수십 개를 포착할 수 있는 S밴드 레이더가 설치됐다. 24개 발사대를 가진 홍치-10 단거리 지대공미사일 4기, 홍치-16 중거리미사일, 레이저 무기 등도 탑재한다. 인민해방군 해군 출신 군사 전문가인 차오웨이둥(曹卫东) 〈해군 연구소〉 연구원은 "첫 국산 항모는 중국 자체 역량을 통해 완성했다"며 "함재기 이착륙 시설, 레이더 시설, 무선통신 시설 등 기술 수준이 모두 뛰어나다"고 강조했다. 산둥호의 전력은 랴오닝호의 6배이며 영국의 퀸 엘리자베스급 항모와 동급 또는 약간 상위급이라고 볼 수 있다.

산둥호는 남해함대에 배속돼 함대 본부가 있는 하이난다오 싼야에 모항(母港)을 두고 활동하고 있다. 싼야는 중국이 필리핀, 베트남 등 주변국들과 영유권 갈등을 빚고 있는 남중국해의 전진기지 역할을 하는 곳이다. 중국 정부는 이곳에 세계 최대 규모의 항모 전용 해군기지를 만들었다. 여기엔 항모 두 척이 동시에 계류할 수 있다. 싼야 인근에는 잠수함 전용인 위린 기지도 있다. 이곳에는 잠수함 발사 탄도미사일(SLBM)을 탑재한 094형 전략핵 잠수함 3척과 093형 공격핵 잠수함 3~4척이 상시 정박해 있다. 중국 인민해방군이 산둥호를 남중국해에 실전 배치한 의도는 '항행의 자유' 작전을 벌이는 미 해군 함정들을 견제하려는 것이라고 볼 수 있다. 이에 따라 앞으로 산둥호와 미 해군 항모들 간의 치열한 힘겨루기가 본격적으로 벌어질 것으로 보인다. 특히 산둥호는 대만 해협을 오가면서 하나의 중국 원칙을 인정하지 않고 있는 차이잉원 총통과 대만 정부를 압박하는 등 무력시위도 벌일 것이 분명하다. 중국 해군은 산둥호를 중심으로 055형 이지스 구축함 2척과 호위함, 전술 핵 잠수함, 보급함 등으로 항모 전단을 구성했다. 055형 이지스 구축함은 길이 180m, 폭 23m의 크기로 1만 2500t급의 최신예 함정이다. 미사일 수직 발사대를 112개 탑재하고 있으며, 적의 레이더 포착을 따돌릴 수 있는 스텔스 기능도 뛰어나다는 평을 듣고 있다. 중국 언론들은 산둥호 항모 전단이 앞으로 남중국해를 '중국의 바다'로 만드는 데 가장 강력한 수단이 될 것으로 보고 있다. 항모 전단의 작전반경은 500~1,000km이다.

중국 해군이 항모를 보유하게 된 것은 류화칭(刘华清, 1916~2011) 전 중앙군사위원회 부주석 겸 정치국 상무위원의 전략에 따른 것이다. 류 전 부주석은 1980년 5월 미국 항공모함 키티 호크호를 방문, 막강한 화력에 감탄을 금치 못했다. 류 전 부주석은 2004년 발간된 회고록에서 당시 승선 사실을 밝히면서 "미국 항모의 규모와 위세, 현대화 작전능력에 엄청난 인상을 받았다"고 토로했었다. 1970년대부터 중국이 항모를 보유해야 한다고 주장해 왔던 류 전 부주석은 덩샤오핑이 집권할 때 군부의 최측근 인물이었다. 그는 1982~1988년 인민해방군 해군 사령관을 지냈으며 덩의 후원으로 해군 출신으론 이례적으로 중앙군사위원회 부주석(1989~1997)과 정치국 상무위원(1992~1997)을 역임했다. 이 때문에 류 부주석은 중국에서 '해군의 아버지' 또는 '항공모함의 아버지'로 불려 왔다. 류 전 부주석은 1985년 당시 해군 사령관 시절 공산당 정치국에 「중국의 해군 전략」이라는 제목의 보고서를 제출했었다. 그는 "2010년까지 대만과 오키나와까지 방어선을 확대하고, 2020년까지 북태평양에 진출하며, 2050년까지는 전 세계로 작전 범위를 확대해야 한다"면서 중국 해군의 장기적인 전략을 제시했었다. 그는 "중국에는 수백 만km^2의 영해와 1만 8000km의 해안선, 6,500개의 섬도 있다"면서 "중화민족의 생존과 발전은 바다와 밀접한 관계에 있으며, 해양 권익을 지키기 위해서는 강력한 해군이 필요하다"고 주창했다. 그는 중국 해군의 전략을 '연안 방어'에서 '근해 방어'로 바꾸어야 한다고 강조했다. '근해'란 대만, 오키나와, 필리핀, 일본 열도까지 확장된 해역이다. 보고서를 읽은 덩은 류의 제안대로 해군력을 대폭 강화하는 정책을 적극 추진했다. 이에 따라 중국 인민해방군 해군은 이른바 '다오롄 전략'을 은밀히 마련했다. 앞서 살펴본 것처럼 제1 다오롄은 일본 열도~난사이 제도~대만~필리핀~인도네시아~베트남으로 이어지는 중국 연안에서 1,000km 떨어진 지역이다. 제2 다오롄은 중국 연안에서 2,000km 거리인 오가사와라 제도~이오지마 제도~마리아나 제도~야프 군도~팔라우 군도~할마헤라섬으로 이어지는 지역이다. 특히 류 전 부주석은 "항모가 있어야 미국 항모에 대항할 수 있다"면서 "제1 다오롄을 내해화하고 제2 다오롄의 제해권을 확보하기 위해선 항모 4척이 필요하다"고 강조했다.

특히 중국의 항모 보유는 무엇보다도 현재 영유권 분쟁이 벌어지고 있는 남중국해에서 군사적 우위를 보일 것이 분명하다. 중국이 항모의 모항을 남중국해 인근의 하이난다오 싼야에 둔 것도 이 때문이다. 하이난다오는 남중국해에서의 영유권 분쟁에 신속하게 대처할 수 있는 최적지이다. 또 하이난다오는 대만을 견제하면서 태평양으로 진출하기에 용이할 뿐 아니라 중국의 원유수송로 안전 확보에도 유리한 전략요충지이다. 중국이 내해화 전략을 구체적으로 추진하게 된 계기는 2009년 3월 하이난다오에서 남쪽으로 120km 떨어진 지점에서 미국의 정보수집함 임페커블호와 자국 선박 5척이 대치했던 사건 때문이었다.

당시 임페커블호는 중국 해군 잠수함들의 동향을 탐지하고 있었다. 중국은 미군 함정들이 남중국해에서 자유롭게 활동하는 것을 매우 못마땅하게 생각했다. 중국은 당시 임페커블호가 자국의 배타적 경제수역(EEZ)을 침범했다고 주장했었지만, 미국은 이 함정이 국제해역에서 합법적으로 운행하고 있었다고 반박했었다. 중국은 앞으로도 유사사태가 발생할 경우, 자국의 주장을 관철시키려면 남중국해를 내해로 만드는 것이 가장 중요한 과제라고 인식하게 됐다. 중국이 남중국해를 내해화하려는 또 다른 이유는 대만 때문이다. 중국은 만약 대만이 독립한다면 무력 사용도 불사하겠다는 입장이다. 중국이 대만에 무력을 사용하려면 바다를 건너야 하는데, 이 경우 강력한 미국의 해군력이 걸림돌이 될 것이 분명하기 때문에 남중국해를 자국의 바다로 만드는 것이 중요하다. 경제적인 목적도 있다. 중국이 에너지를 비롯해 각종 자원을 수입하는 주요 통로는 바닷길이다. 만약 미국이 유사시 바닷길을 차단할 경우, 중국은 경제적으로 생존할 수 없다. 때문에 바닷길을 확보하기 위해서라도 남중국해를 자국의 바다로 만들어야 한다.

중국은 이제 항모를 2척이나 운용함으로써 세계 2위의 경제 대국의 위상에 걸맞게 군사 대국으로서의 체면과 자존심을 세울 수 있게 됐다. 게다가 중국은 베트남이나 필리핀 등 동남아 국가들이나 대만 등 군사력이 약한 국가들을 상대로 항모를 동원해 위협 수단으로 활용할 수도 있다. 중국은 또 2021년 진수(進水)할 예정인 3번째 항공모함(가칭 광둥호)을 오는 2025년까지 실전 배치할 계획이다. 이 항모에는 최신 전자식 캐터펄트(사출기)를 장착한다. 중국 해군이 항모 3척 체제를 구축하면 미국의 항모 전단에 맞서 정상적인 항모 전력을 투사 운영할 수 있게 된다. 중국의 새 항모는 전장이 320m로 산둥함의 305m보다 길고 폭도 미국 신형 제럴드 포드급 핵 항모와 비교해도 넓다. 이 항모가 전자식 사출기를 탑재하면 최신예 조기경보기 쿵징(空警, KJ)-600까지 실어 작전에 투입하는 것이 가능해진다. 이 항모는 배수량이 8만 5000t에 달하며 48대의 젠-15 함재기 등을 실을 수 있다.

중국의 궁극적인 목표는 미국처럼 항모를 이용해 전 세계에 영향력을 과시하려는 것이다. 중국 정부가 핵추진 항모를 건조할 계획을 추진하는 것도 이 때문이다. 중국 정부는 2030년까지 스텔스 전투기를 탑재한 핵추진 항모 3척을 추가로 건조해 실전 배치한다는 계획이다. 물론 중국이 항모 3척을 보유해도 미국의 항모 전력에는 훨씬 뒤처진다. 미국은 핵추진 항모 11척을 운용하고 있다. 그럼에도 불구하고 미국은 중국이 머지않아 자국에 도전할 만큼 해군력을 강화할 것으로 보고 있다. 닉 차일즈(Nick Childs) 영국 〈국제전략문제연구소(IISS)〉 연구원은 "중국 해군은 미국보다 아직 고급기술력은 부족하지만, 지역에서의 힘의 균형을 변화시키고 있다"고 지적했다.

미국의 해군력 강화 전략

중국은 아편전쟁(1840~1842)에서의 패배를 역사상 가장 치욕적인 사건으로 생각하고 있다. 아편전쟁은 청나라가 대영제국의 아편 밀수출로 인한 피해와 은의 유출을 막기 위하여 아편을 몰수하면서 발발했다. 당시 대영제국은 무역의 보호를 구실로 대규모 해군 함정을 파견해 청나라와 전쟁을 벌였다. 대영제국은 세계 최초로 선체 전부를 철판으로 만든 전함인 네메시스호를 비롯해 함정 44척을 투입했다. 네메시스호는 120문의 함포를 탑재하고 증기기관으로 움직이는, 당시로는 최신예 함정이었다. 때문에 청나라의 목제 범선들은 네메시스호에 상대가 되지 못했다. 네메시스호가 나타나기만 해도 청나라 범선

에드워드 던컨, 〈1841년 전투에서 청나라 함선이 격침되다〉, 1843

들은 도주하기에 급급했다.

전쟁에서 패배한 청나라는 1842년 굴욕적인 난징조약을 통해 대영제국의 일방적인 요구사항을 전면 수용했다. 청나라는 몰수한 아편과 전비(戰費)를 전액 배상했을 뿐만 아니라 홍콩섬을 할양하고, 4개 항구를 개항했으며, 개항지 조계의 치외법권까지 인정하기로 약속했다. 이를 지켜본 서구 열강들은 네메시스호 같은 거대한 전함을 앞세우면서 식민지를 확대하는 등 자국의 국익을 챙겼다. 이 때문에 대형 함포로 무장한 전함은 2차 세계대전 때까지만 해도 국력의 상징이었으며 적국에는 공포의 대상이었다. 전함의 시대는 1944년 레이테만 해전에서 만재배수량(滿載排水量: 배에 화물이나 인원을 예정된 대로 가득 채웠을 때의 배수량) 7만 1695t으로 세계 최대 크기였던 일본의 무사시호가 미군 전투기들의 공격으로 침몰하면서 막을 내렸다.

전함의 압도적인 위력은 냉전시대를 거쳐 지금까지도 그대로 이어지고 있다. 항공모함이 바로 전함을 대신하고 있기 때문이다. 항공모함은 적의 함대와 지상 목표를 공격할 수 있는 항공기들을 탑재해 이동할 수 있는 군함을 말한다. 특히 핵추진 항공모함은 연료의 재공급 없이 장기간 작전할 수 있는 데다 연료 보관 시설의 최소화로 더 많은 항공기와 폭탄을 탑재할 수 있다. 핵 항모(핵추진 항공모함)를 처음 실전 배치한 국가는 미국이다. 미국은 1961년부터 엔터프라이즈호를 시작으로, 디젤 항모(디젤추진 항공모함)와 핵 항모를 함께 운영해 왔으며, 2013년부터 11척의 핵 항모만을 보유하고 있다. 미국이 세계 최강의 군사력을 보유한 국가라는 평가를 받는 것도 이 때문이다. 미국의 항모는 한 척만 움직이는 것은 아니다. 항모를 중심으로 1개 강습타격

전단이 이동한다. 1개 항모 강습타격은 통상적으로 기함인 항모 외에도 이지스 순양함(9,600t급) 2~3척, 이지스 구축함(9,200t급) 2~3척, 핵 잠수함 2~3척 등으로 구성되는데, 1개 전력은 웬만한 중소 국가의 해·공군력 전체와 맞먹는다. 미국의 항모 강습타격 전단은 전쟁 때 선봉 역할뿐만 아니라 포함외교(砲艦外交: gunboat diplomacy)의 수단으로도 활용된다. 포함외교란 분쟁을 벌이고 있는 당사국이 자기의 요구를 관철하기 위해 상대국에 함대를 파견해 압력을 가함으로써 유리한 조건을 끌어내려는 외교 수단을 말한다.

미국은 현재 로널드 레이건호와 시어도어 루스벨트호 등 2개 항모 전단을 서태평양 지역에, 니미츠호 항모 전단을 동태평양에 각각 배치하고 있다. 미국이 3개 항모 전단을 동시에 태평양에 포진시킨 의도는 말 그대로 '근육을 과시하겠다'는 것이라고 볼 수 있다. 또 다른 이유는 중국 인민해방군이 2척의 항모인 랴오닝호와 산둥호를 남중국해 훈련에 사상 처음으로 동시에 투입할 것에 대비하려는 의도 때문이다. 미국의 3개 항모 전단은 현재로선 중국의 해군력을 압도한다고 말할 수 있다. 3개 항모들은 전장 330여m, 너비 70여m, 배수량 10만~11만t급이다. 각 항모에는 F/A-18 슈퍼호넷 전투기, E-2C 공중 조기경보기, EA-18G 그라울러 전자전기, 70~80여 대의 각종 항공기들이 탑재돼 있다. 3개 항모 전단의 항공기를 모두 합치면 240여 대다. 이지스 순양함은 총 24개 표적을 한 번에 대응할 수 있고, 최대 사거리가 2,500km인 토마호크 크루즈미사일이 탑재돼 있다. 이지스 구축함도 토마호크 크루즈미사일과 SM-3 대공 요격미사일 등으로 무장했다. 로스앤젤레스급 핵 잠수함은 12개의 토마호크 크루즈미사일

미국 항공모함 로널드 레이건호에 탑재된 각종 함재기들이 출격하는 모습

발사관을 장착하고 있다. 1개 항모 전단이 발사할 수 있는 토마호크 크루즈미사일은 300여 발이나 된다. 미국은 그동안 아프가니스탄 공격(2001), 이라크 침공(2003), 이란과 핵 갈등(2012) 등이 있을 때 3개 이상의 항모 전단을 배치한 적이 있다. 미국은 한반도의 경우 1968년 북한의 푸에블로호 납치 사건, 1976년 북한의 판문점 도끼 만행 사건 때 3개 항모 전단을 전개했었다. 인천상륙작전을 성공시킨 더글러스 맥아더(D. MacArthur) 원수가 "전쟁에는 승리를 대체할 것이 없다"고 말했듯이 미국의 3개 항모 전단의 위력은 가히 압도적이라고 해도 과언은 아니다.

특히 미국은 핵 잠수함과 중형 항공모함의 전력 증강 등 해군력 강화에 박차를 가할 계획이다. 미 해군은 이를 위해 오는 2045년까지 500척 이상의 유·무인 함정을 보유한다는 내용의 '2045년 전력 계획

(Battle Force 2045)'을 추진할 방침이다. 미국 국방부 합동연구단이 마련한 전력 계획의 핵심은 중국이 군사력 현대화를 이루는 오는 2035년까지 해군이 통상 함정 보유 척수를 355대로 유지하고 이어 오는 2045년까지 유·무인 함정을 500척 체제로 개편한다는 것이다. 해군력 증강 계획의 최우선 과제는 핵 억제력의 근간인 핵 잠수함 분야다. 이를 위해 미 해군은 컬럼비아급 전략핵 잠수함(SSBN)과 버지니아급 공격핵 잠수함 도입과 연료봉 교체 등을 확대해 오는 2045년까지 최대 80척의 핵 잠수함 전력을 운영하기로 했다. 미국은 또 11척인 항모의 과부하를 줄이기 위해 F-35B 스텔스 전투기 같은 최신형 수직이착륙기를 탑재하는 6척의 경항모를 확보할 계획이다.

미국의 유령함대 vs 중국의 대함 탄도미사일

남중국해를 접하고 있는 중국 하이난다오에는 잠수함 전용인 위린 기지가 있다. 중국은 잠수함의 입출항을 노출하지 않기 위해 이 기지를 둘러싼 산허리에 거대한 터널을 뚫었다. 터널 입구 높이는 20m에 달한다. 바다와 연결된 이 지하 기지에서 잠수함이 터널을 통해 출항하면 미군 정찰위성에 포착되지 않는다. 이 기지 부근의 바다 깊이는 수천m에 달해 핵 잠수함 기지로는 매우 적합한 곳이다. 중국은 이 기지에 최신예 진(晋, 094형)급 전략핵 잠수함(SSBN) 4척과 상(商, 093형)급 핵 잠수함 3~4척을 실전 배치하고 있다. 094형 잠수함은 미국 본토를 타격할 수 있는 사거리 8,000km의 잠수함 발사 탄도미사일(SLBM) 쥐랑-2를 16기까지 장착 가능하다. 미군은 그동안 위린 기지를 정탐하려고 각종 정찰기를 보냈지만, 중국군 잠수함들을 포착할 수 없었다. 게다가 미군의 폭격이나 미사일 공격으로도 파괴하기도 쉽지 않다. 바다 밑에 자리한 출입구가 폭격 등에 끄떡없기 때문이다. 미국이 남중국해는 물론, 인도·태평양 지역에서 중국의 도전에 맞서 제해권을 확고하게 유지하고자 2025년까지 '유령함대(Ghost Fleet)' 구축에 박차를 가하고 있다. 유령함대는 스텔스 구축함, 무인 수상함과 무인 잠수함(잠수정) 등으로 구성된 일종의 무인 함대다. 적 레이더 등 감시망을 피해 은밀히 정찰감시, 타격 등의 임무를 수행할 수 있어 붙은 별명이다.

미국이 유령함대를 만들려는 이유는 중국이 2025년 이후 제1 다오롄과 제2 다오롄을 통해 남중국해를 통제하려는 움직임을 보이고 있기 때문이다. 중국 인민해방군은 그동안 남중국해를 반드시 수호해야 할 핵심 이익으로 설정하고 '반(反)접근·지역 거부(A2/AD: Anti-Access/Area Denial) 전략'에 따라 미국의 접근과 개입을 막겠다는 의지를 보여왔다. 실제로 중국은 미국의 핵 항공모함 전단과 이지스 구축함 등을 격침할 수 있는 각종 미사일 등을 개발해 실전 배치하고 있다. 중국은 '항모 킬러' 둥펑-21D(사거리 1,800km)를 비롯해 '괌 킬러' 둥펑-26(사거리 4,000km) 탄도미사일을 속속 배치하고 있다. 이들 대함 탄도미사일은 낙하 속도가 마하 10 이상에 달하고 회피 기동도 할 수 있어 요격이 매우 어렵다. 특히 핵탄두 탑재가 가능해 미 해군 항모 전단의 수십km 상공에서 폭발시킬 경우 EMP(전자기펄스)로 함정들의 전자장비를 무력화할 수 있다. 게다가 중국은 극초음속 미사일 둥펑-17을 개발하고 있으며, 2019년 10월 건국 70주년 열병식에서 이를 공개한 바 있다. 미국 입장에서 볼 때 중국의 이런 미사일들은 매우 위협적이다. 미 해군 항모들이 중국이 설정한 제1, 2 다오롄에 진입해 작전할 경우 격침될 수도 있기 때문이다. 실제로 중국은 2020년 8월 둥펑-26 미사일을 시험 발사해 남중국해에서 이동 중인 선박을 명중시켰다. 중국군 대교(대령) 출신인 왕샹쑤이(王湘穗) 베이징 항공항천대 교수는 "미사일이 수천km를 날아가 남중국해 파라셀 군도(중국명: 시사군도) 남부 해상에서 목표물인 움직이는 선박을 맞혔다"고 주장하면서, "발사 직후 미군은 '항공모함을 맞힐 경우 심각한 결과를 초래할 것'이라고 항의했다"고 말했다.

미 해군이 중국의 A2/AD 전략에 대응하는 카드가 유령함대다. 미군의 전략은 유령함대를 전면에 내세워 중국 함정과 잠수함 및 지상에 배치된 탄도미사일을 먼저 제거한 후 항모 전단을 투입해 나머지 중국군의 전력을 초토화한다는 것이다. 무인 수상함과 잠수정은 피격돼도 인명피해가 없을 뿐 아니라, 건조 비용도 상대적으로 저렴하다. 게다가 스텔스 기능까지 갖출 경우, 중국 본토 인근 해역까지 깊숙이 침투해 미사일 기지를 직접 타격할 수 있다. 중국군의 미사일 기지는 대부분 해안지역에 포진하고 있다. 심지어 중국군의 잠수함 기지 인근까지 접근해 적 잠수함을 격침할 수도 있다. 미 해군은 중국군이 실제로 A2/AD 전략을 시행할 시점인 2025년까지 유령함대를 구축할 예정이다. 미 해군은 2020~2024년 예산으로 45억 달러(약 5조 2710억 원)를 책정하고 무인 수상함과 무인 잠수함(정)을 각각 4종류(대-중-소-초소형)씩 확보한다는 계획이다.

유령함대의 주축은 대형 무인함(LUSV)과 대형 무인 잠수정(XLUUV)이 될 것으로 보인다. LUSV는 길이 60~90m에 만재배수량 2,000t, 최대 속력 38kn(70km/h)로 척당 건조 비용은 2억 달러다. 2024년까지 총 10척을 확보할 계획이다. LUSV의 마크 41 수직 발사대에는 SM-2 대공미사일, 탄도미사일 요격용 SM-3 미사일, 지상 타격용 토마호크 크루즈미사일 등이 장착된다. LUSV가 사실상 알레이 버크급 이지스 구축함 수준의 무장을 하는 셈이다. 미 해군은 현재 국방부 〈고등기술연구원(DARPA)〉이 개발한 '시 헌터(Sea Hunter)'라는 무인 수상함으로 각종 시험을 실시하고 있다. 길이 40m, 배수량 140t인 시 헌터는 이미 9,600여km 시험항해를 성공적으로 마쳤다. 시 헌터보다 2배 정도 큰 '시 헌터 II'도 올해 안에 미 해군에 인도돼 각종 시험에 들어간다. 미 해군은 시 헌터 시험결과를 토대로 연안 대기뢰전(MCM)과 연안 대잠전 해군 작전을 수행하는 소형 무인함(SUSV)을 운용한다는 계획이다. 또 배타적 경제수역(EEZ) 인근 해역에서 지휘통제통신(C4)과 전자전 임무를 수행할 중형 무인함(MUSV), 타격 임무를 수행할 LUSV 등을 확보해 유령함대에 배치할 예정이다.

대형 무인 잠수정(XLUUV)은 중국 해군 잠수함을 격침할 목적으로 운용될 것으로 보인다. '에코 보이저(Echo Voyager)'로 불리는 이 잠수정은 길이 15.5m, 배수량 50t급으로 핵추진 공격용 잠수함보다 훨씬 작다. 하지만 핵추진 공격용 잠수함처럼 어뢰, 하푼 대함미사일, 토마호크 크루즈미사일 등을 장착할 수 있다. 무인 자동항법으로 1만 2000km를 항해할 수 있다. 특히 일반 잠수함보다 소음이 훨씬 적어 중국 해군 잠수함의 음향탐지기를 무용지물로 만들 수 있다. 미 해군은 2024년까지 8억 달러를 투입, XLUUV 9척을 건조한다는 계획이다. 정찰 등의 임무에 투입될 XLUUV보다 훨씬 작은 무인 잠수정들도 개발하고 있다. 미 해군은 본토에 설치된 중앙통제센터에서 유령함대를 전체적으로 통제, 운용할 계획이지만, 해상 작전에선 줌왈트급 스텔스 구축함을 지휘함으로 삼을 예정이다. 길이 182m, 만재배수량 1만 6000t으로 미 해군 구축함 가운데 가장 큰 줌왈트급 구축함은 피라미드를 연상케 하는 독특한 외관과 레이더에 소형 어선 정도의 크기로 나타날 정도로 강력한 스텔스 기능을 갖췄다. 미 해군은 당초 줌왈트급 구축함 32척을 건조할 계획이었으나, 척당 제작비가 최소 44억 달러(약 5조 원)나 되면서 3척으로 줄였다. '꿈의 구축함'이라는 말을 들어온 줌왈트급 구축함은 초음속 레일건을 비롯해 토마호크 크루즈미사일, 지대함미사일, 로켓형 대잠어뢰 등 막강한 화력을 갖췄다. 유령함대는 앞으로 해킹 등 사이버 공격에 대응해야 할 과제들도 남아 있다. 특히 유령함대는 원격조종 또는 자율주행으로 움직이는 만큼 해킹 등 사이버 공격이 치명적인 위협이 될 수 있기 때문이다. 마크 에스퍼 전 국방장관은 "우리의 미래 함대는 무인 시스템이 치명적인 화력을 내뿜고 기뢰를 뿌리는 것에서부터 보급 수행과 적에 대한 정찰 등에 이르기까지 다양한 전투 기능을 수행할 것"이라고 강조한 바 있다. 에스퍼 전 장관의 말대로 미 해군의 유령함대가 새로운 '게임체인저(game changer)'가 될 수 있을지 주목된다.

미국의 저위력 핵무기와 중거리미사일 vs 중국의 핵전력 증강

중국 신장 웨이우얼 자치구의 뤄부포에는 세계 최대 규모의 핵실험장이 있다. 타클라마칸 사막 동쪽 끝에 있는 이곳은 원래 호수였지만 오랜 세월 동안 물이 마르면서 2만 480km²의 소금사막으로 변했다. 중국 정부는 비밀리에 이곳에 핵실험 기지를 만들고 1964년 10월 16일 첫 번째 핵실험을 실시했다. 이후 중국 정부는 1996년까지 32년간 최소 45차례 핵실험을 해 온 것으로 추정된다. 중국 정부는 지금까지 몇 차례의 핵실험을 실시했는지, 이로 인한 환경오염은 얼마나 심각한지 등을 전혀 공개한 적이 없다. 중국 정부는 그동안 이곳의 핵실험 기지를 외부에 노출시키지 않기 위해 철저하게 보안 조치를 해 왔다. 미국 국무부는 최근 발표한 군비통제 보고서에서 중국 정부가 핵실험 금지를 엄격하게 지키고 있다고 공언하고 있지만, 실제로는 뤄부포에서 '무수율(zero-yield)' 핵실험과 같은 소규모의 핵실험을 실시하고 있다고 지적했다. 무수율 핵실험을 실시하면 핵탄두를 폭발시켰을 때 나타나는 연쇄반응은 없고, 미량의 핵에너지만이 방출된다. 보고서는 이곳에서 1년 내내 굴착 작업을 포함해 실험장 가동 준비 작업으로 보이는 움직임이 인공위성을 통해 포착됐다고 밝혔다. 미국 정부는 중국 정부가 기존에 보유하고 있는 핵탄두의 성능 향상을 위해 무수율 핵실험을 실시하고 있는 것으로 판단하고 있다.

중국 정부가 무수율 핵실험 등에 나서고 있는 이유는 미국에 대항하기 위해 핵전력을 증강하고 현대화하려는 의도 때문이라고 볼 수 있다. 마셜 빌링슬리(Marshall S. Billingslea) 미국 군축 담당 특사는 "뤄부포를 감시하는 인공위성을 통해 중국군이 중·단거리 탄도미사일과 대륙간 탄도미사일(ICBM), 차량·열차 이동형 미사일 등 다양한 미사일들을 개발하는 속도가 두드러지게 빨라진 모습이 포착됐다"면서 "뤄부포에서 신속하고 집약적인 핵 프로그램이 진행되고 있다"고 밝혔다. 빌링슬리 특사는 "중국 정부가 그동안 핵무기와 관련해 최소한의 억지력만 보유하자는 전략을 폐기했다"며 "중국 정부는 질적이든 양적인 면에서든 미국 및 러시아와 동등한 수준의 핵을 가질 목표를 추진하고 있음이 분명하다"고 지적했다. 〈스톡홀름 국제평화연구소(SIPRI)〉의 보고서에 따르면 중국이 보유한 핵탄두는 영국(215개)이나 프랑스(290개)보다 많은 320개나 된다. 미국과 러시아가 보유한 핵탄두는 3,800여 개와 4,300여 개로 추정된다. 하지만 일부 핵·미사일 전문가들은 중국이 훨씬 많은 탄도미사일과 핵탄두를 보유했을 것으로 보고 있다. 빅토르 예신(Viktor I. Yesin) 전 러시아 전략로켓군 사령관은 중국의 핵탄두가 1,600~1,700개라고 추정했다. 리처드 피셔(Richard D. Fisher, Jr.) 미국 〈국제평가전략센터〉 선임연구원도 중국의 핵탄두가 1,000개 이상일 것이라고 밝혔다.

이와 관련하여 빌링슬리 특사는 2020년 9월 27일과 28일 한국을 방문해 함상욱 외교부 다자외교조정관 등 고위 관리들을 만나 비밀리에 빠르게 늘어나고 있는 중국의 군비 증강 정보를 공유했다. 빌링슬리 특사는 중국을 두 차례나 '핵으로 무장한 깡패(Nuclear Armed

Bully)'라고 지칭하면서 중국의 핵·미사일 위협을 지적했다. 빌링슬리 특사는 "중국은 '중거리 핵전력 조약(INF)'의 구애를 받지 않아 지난 30년간 1,000~2,000기의 순항·탄도미사일을 개발해 배치했다"며 "중국은 2018년 218회, 2019년 225회, 2020년 8월까지 70회의 미사일 시험 발사를 진행했는데, 이는 가까운 시일 안에 핵무기를 2배로 늘려 배치하려는 의도"라고 강조했다. 실제로 미국 국방부는 의회에 제출한 「2020 중국 군사력 보고서」(2020년 9월 1일 자)에서 "중국은 향후 10년간 핵전력 증강 및 현대화에 따라 핵탄두 보유량을 최소 2배로 늘릴 것"이라면서 "미국을 타격할 수 있는 중국의 ICBM 장착 핵탄두는 현재 100여 개에서 5년 내 200여 개로 늘어날 것"이라고 전망했다. 보고서는 또 "중국은 지상, 해상, 공중 기반 핵전력 증강으로 3축 핵전력을 보유할 것으로 보인다"고 지적했다. 3축 핵전력(Nuclear Triad)은 육상의 ICBM, 해상의 잠수함 발사 탄도미사일(SLBM), 공중의 전략폭격기 등을 말한다. 보고서는 "중국이 새로운 핵분열 물질 생산 없이 핵무기 비축량을 갑절로 늘릴 수 있는 충분한 물자를 보유하고 있다"고 밝혔다. 채드 스브라지아(Chad Sbragia) 미국 국방부 중국 담당 부차관보는 "중국이 과거 알려진 것보다 핵탄두 생산능력이 훨씬 발전하고 있다"면서 "중국은 3축 핵전력 중 두 가지만 보유해 왔지만, 이제는 3축 핵전력 완성에 접근하고 있다"고 밝혔다.

미국은 중국의 차세대 ICBM인 둥펑-41을 가장 위협적으로 보고 있다. 둥펑-41은 최대 사거리가 1만 4000km로 미국 본토 전역을 타격할 수 있다. 둥펑-41이 더욱 가공스러운 것은 핵탄두를 한꺼번에 10개까지 동시 탑재할 수 있기 때문이다. 둥펑-41은 총중량 1,200kg

까지 핵탄두를 탑재할 수 있다. 최대 마하 10의 속도로 비행하는 핵탄두들이 10개의 목표물을 동시 타격하게 되면 미국의 MD(Missile Defense)체제로는 완벽한 요격이 불가능하다. 둥펑-41은 직경 2m, 길이 15m, 중량 25t으로, 3단 고체연료 추진체로 발사되는데, 차량과 열차에 탑재한 상태에서 발사할 수 있다.

미국의 〈프로젝트 2049 연구소〉에 따르면 중국 인민해방군은 핵탄두 대부분을 친링산맥에 있는 이른바 '지하 강철 만리장성'에 보관하고 있다. 지하 강철 만리장성은 적의 핵 공격을 방어하기 위해 산 아래 땅속 깊이 자리한 일련의 방어시설을 말한다. 산의 암반은 적의 공격을 막을 만큼 두텁지만, 방어 시설의 입구와 출구는 취약하기 때문에 강철로 만들어졌다. 이 시설은 지하 1km에 내부 터널 길이가 5,000km에 달하는 것으로 추정된다. 이 터널은 초대형 트레일러가 다닐 수 있을 만큼 넓고, 도로와 철길로 이어져 있다. 지하 강철 만리장성 프로젝트를 이끌고 있는 사람은 중국의 군사 전문가인 첸치후(钱七虎) 공정원 원사이다. 첸 원사는 『글로벌 타임스』와의 인터뷰에서 "지하 강철 만리장성은 극초음속 무기를 비롯해 핵폭탄을 장착한 벙커버스터(Bunker Buster) 등의 공격을 막아 낼 수 있다"고 밝혔다.

지하 강철 만리장성은 산시성 타이바이산에 있는 공산당 중앙군사위원회 직속인 〈제22기지〉가 관리하고 있다. 이 기지는 긴급사태가 발생할 경우, 선양(沈阳), 뤄양(洛阳), 황산(黄山), 시닝(西宁), 화이화(怀化), 쿤밍(昆明) 등 6개의 핵미사일 발사기지에 핵탄두를 철도와 고속도로를 이용해 운반한다. 이 기지는 유사시 중국 공산당 지도부가 대피하는 지하 벙커와 실시간으로 연결된다. 이 지하 벙커는 시진핑 주석 등 지도부들이 집단 거주하는 베이징 중난하이에서 북서쪽으로 20km 떨어진 시산 국립공원 내 지하 2km 깊이에 있다. 이 지하 벙커는 100만 명에게 식수를 공급할 수 있을 정도로 규모가 어마어마하다고 알려졌다.

중국은 그동안 비핵국가에 대해서는 핵무기 사용 및 사용 위협을 하지 않겠다는 '소극적 안전 보장'과 핵보유국을 상대로도 먼저 핵무기를 사용하지 않겠다는 이른바 '핵선제불사용(核先制不使用)' 원칙을 강조해 왔다. 하지만 중국의 핵전력 강화와 현대화 계획을 볼 때 이런 원칙들은 이미 폐기된 것이나 마찬가지라고 볼 수 있다. 후시진 『환구시보』 총편집장은 "중·미 관계가 갈수록 악화하고 있다"면서 "미국의 오만한 태도를 억누르는 가장 좋은 카드는 더욱 강력한 핵무기를 늘리는 것"이라고 강조했다. 후 총편집장은 중국의 핵전력 확대에 대한 국제사회의 우려를 의식한 듯 "미국의 일방적인 행동으로 중국의 국가안보가 위험에 직면해 있다"며 "국제사회가 중국이 처한 상황을 이해할 것"이라고 밝혔다. 특히 후 총편집장은 "중·미 간에 남중국해나 대만 해협에서 일촉즉발의 상황이 발생할 가능성이 있다"며 "서로의 의지를 시험하게 될 때 중국으로선 충분한 핵무기를 갖고 있어야 그 의지가 더욱 굳세질 수 있다"고 주장했다. 중국 군사 전문가 쑹중핑도 "중국이 미국에 대항하려면 핵전력을 더욱 강화해야 한다"고 주장했다. 〈카네기 칭화 국제정책센터〉의 군사 전문가인 자오퉁(赵通) 연구원도 "중국은 핵탄두 숫자를 공식적으로 공개한 바 없다"면서 "중국은 현재 3위 핵 강국이지만, 중요한 점은 핵탄두를 대량으로 늘리고 있다는 사실"이라고 지적했다.

중국은 '신전략무기감축협정(New START)'에 참여하라는 미국의 요구를 거부하고 있다. 이 협정의 주요 내용은 미국과 러시아의 핵탄두 수를 1,550개 이하로 제한하는 것이다. 로버트 게이츠 전 미국 국방장관이 "중국은 얻는 이득이 전혀 없기 때문에 이 협정에 참여하지 않을 것"이라고 지적했듯이, 중국은 핵전력을 증강하고 현대화해 미국과의 격차를 좁힐 때가 왔다고 보고 있다. 이 경우 자칫하면 중국이 '핵깡패'가 될 수 있다.

B61-12는 미국이 핵무기 현대화 계획의 핵심 목표 중 하나로 삼고 양산을 추진 중인 개량형 저위력(low yield) 전술 핵폭탄이다. B61-12는 0.3, 1.5, 10, 50kt(킬로톤: 1kt은 TNT 1,000t의 폭발력) 등 여러 단계로 폭발력을 조절할 수 있다. 최대인 50kt의 B61~12가 땅속을 깊이 파고 들어가 터질 경우, 실제로는 750kt~1.25Mt(메가톤: 1Mt은 TNT 100만t의 폭발력)의 효과를 낸다. B61-12는 낙하산 대신 꼬리날개가 부착되고 위성위치확인시스템(GPS) 등 내부 유도체계가 장착돼 있어 목표물을 30~60m 오차범위로 정밀 타격할 수 있다. 특히 B61-12는 지하 100~150m 이상 되는 목표물을 타격 가능해 '핵 벙커버스터'로 불린다. B61-12는 북한의 지하 벙커뿐 아니라 중국 비밀 핵시설인 지하 강철 만리장성, 러시아의 지하 지휘소까지 모두 손쉽게 파괴할 수 있다. 북한의 핵공격 대피소로 알려진 평양 지하철은 지하 100~150m, 김정은 북한 공산당 총비서의 전쟁지휘소인 '철봉각'은 이보다 수십m 더 깊은 지하에 있는 것으로 추정된다. 브루스 베넷 〈랜드 연구소〉 선임연구원은 "B61-12는 낙진 피해가 거의 없을 뿐만 아니라 적국의 지하 핵무기 시설과 지하 벙커를 확실하게 파괴할 수 있다"고 밝혔다.

미국은 최근 들어 B61-12의 성능시험을 완료하는 등 저위력 핵무기들을 속속 개발하는 것은 물론 실전 배치까지 하고 있다. 그 이유는 중국과 러시아의 전술핵무기 위협에 대한 대응 전략에 따른 것일 뿐만 아니라 북한과 이란 등 핵무기를 보유했거나 개발하려는 국가들을 억제할 수 있는 수단이 될 수 있기 때문이다. 미국 국방부는 2018년 2월 발표한 「핵 태세 검토 보고서(NPR: Nuclear Posture Review)」에서 기존 핵무기보다 실제 사용 가능성이 높은 저위력 핵무기를 적극 개발하겠다고 밝힌 바 있다. 당시 미국 국방부는 NPR에서 기존 핵무기는 위력이 너무 강하기 때문에 사용을 자제해 왔지만, 적대 세력의 각종 안보 위협에 적절히 대응하기 위해 국지적으로 사용할 수 있는 '맞춤형 핵전력' 개발에 박차를 가하겠다고 강조했었다. 실제로 미국은 B61-12 성능시험 평가를 마치고 2021 회계연도(2020년 10월 1일~2021년 9월 30일)에 생산을 시작한다. 미국의 3대 핵무기 개발기관 중 하나인 〈샌디아 국립연구소〉는 2020년 6월 29일 B61-12의 운용성과 안정성 등을 종합적으로 시험하는 기술평가를 성공적으로 마쳤다고 발표했다. 당시 〈샌디아 국립연구소〉는 B61-12에 충격, 진동, 낙하, 극심한 온도, 대량의 전자파 등의 물리적 실험을 실시했다면서 실험결과는 B61-12의 성능이 의도대로 작동할 수 있는지를 판단하는 중요한 이정표라고 강조했다. 특히 〈샌디아 국립연구소〉는 비행시험을 포함한 고도의 컴퓨터 알고리즘 기반 성능실험을 동반했으며 핵무기 부품과 체계, 탄두의 통합성을 검증함으로써 의도하지 않는 폭발이나 허가되지 않는 무기사용을 미연에 방지하도록 했다고 밝혔다.

〈샌디아 국립연구소〉는 2020년 6월 8일 F-15E 스트라이크 이글 전

미국 F-35A 전투기

투기의 B61-12 투하 최종 성능시험을 성공적으로 완료했다고 발표하기도 했다. 당시 실험은 네바다주 토노파 시험장에서 F-15E 2대를 동원해 핵탄두를 제거한 B61-12를 실제 고고도와 저고도에서 각각 투하하는 방식으로 진행됐다. 고고도 실험의 경우 해발고도 7.62km 상공에서 모형 B61-12를 투하한 후 55초 만에 호수 바닥에 꽂히며 12~15m 높이의 사막 먼지를 일으켰다. 저고도 투하 실험은 F-15E가 해발고도 304m 상공에서 음속에 근접한 속도로 비행하면서 모형 B61-12를 투하하는 방식으로 이뤄졌다. 사막 표면에 도달하는 데 35초가 걸렸다. 〈샌디아 국립연구소〉는 당시 실험이 F-15E와 B61-12 간 호환성을 입증하는 마지막 단계로서 완벽한 무기체계 성능을 증명하는 데 성공했다며 B61-12가 F-15E에서 탄도 비행 방식이나 유도중력 낙하용으로 모두 수행 가능한 것이 증명됐다고 강조했다.

미국이 B61-12 등 저위력 전술핵무기를 실전 배치할 경우 북한은 물론 중국과 러시아의 핵 위협에 강력한 억지력을 행사할 수 있다. 그 이유는 전략핵무기를 사용할 경우 적국의 대도시나 공업 중심지, 군사 요충지 등이 완전히 초토화될 뿐만 아니라 엄청난 인명 피해도 발생하지만, 전술핵무기는 타격 범위와 인명 피해를 최소화하면서 한정된 지역과 표적을 파괴할 수 있기 때문이다. 전략핵무기는 100kt 이상인 핵폭탄으로 주로 대륙간 탄도미사일(ICBM)과 장거리 폭격기 등에 탑재된다. 전술핵무기는 100kt 미만의 핵폭탄을 지칭한다. 주한미군은 과거 전술핵무기 950발을 한국에 배치했었다. 미국은 1991년 9월 당시 조지 H. W. 부시(George H. W. Bush) 대통령의 핵무기 감축 선언에 따라 주한미군에 배치됐던 전술핵무기를 철수시킨 바 있다. 저위력 핵무기는 전술핵무기 중에서도 폭발력이 상당히 낮은 소형 핵폭탄을 말한다.

미국은 B-2 스텔스 전략폭격기와 F-35 스텔스 전투기 등이 B61-12를 사용하는 방안도 실험하고 있다. 실제로 〈샌디아 국립연구소〉는 2020년 12월 23일 F-35A에 장착한 B61-12의 첫 적합성 시험을 성공적으로 진행했다고 공개했다. 〈샌디아 국립연구소〉는 2020년 8월 25일 네바다주 토노파 시험장에서 진행된 당시 실험에서 B61-12를 1만 500ft(3.2km) 상공에서 투하하는 데 걸린 시간은 42초였다면서 이 실험은 완벽한 무기 성능을 인증하기 위한 첫 단계라고 밝혔다. 브루스 베넷 〈랜드 연구소〉 선임연구원은 "F-35는 동체 내부 폭탄창을 갖춰 반사면적을 줄이는 방식으로 적성국의 레이더가 움직임을 감지하지 못하도록 설계됐다"면서 "당시 실험은 상대적으로 탄두 크기가 큰 B61-12를 F-35 동체 내부 폭탄창에 탑재해 실제 투하능력을 증명했다는 데 중요한 의미가 있다"고 평가했다. 미국은 이와 함께 동맹국의 전투기들도 B61-12을 사용할 수 있는지를 실험할 계획이다. 미국은 나토의 5개 회원국(독일, 벨기에, 네덜란드, 이탈리아, 터키)과 핵무기 공유협정을 맺고 있다. 이에 따라 미국은 5개 회원국의 6개 기지에 150~180발의 B61 계열 핵폭탄을 배치하고 있는 것으로 추정된다. 미국은 평상시에는 핵무기를 관할하지만, 전시에는 5개 회원국이 보유한 전투기에 탑재해 핵공격을 할 수 있도록 했다. 5개 회원국이 보유하고 있는 F-35를 비롯해 F-16과 토네이도 전투기 등의 호환성 실험이 성공하면 B61-12가 실전 배치될 것으로 보인다. 한국이 5개 회원국과 마찬가지로 미국과 핵무기 공유협정을 체결한다면 B61-12를 보유할 수 있다. 한국 공군이 보유한 F-15K는 F-15E를 개량한 기종이고, F-35A는 2021년까지 40대의 도입이 완료된다.

이런 가운데 미국은 이미 저위력 핵무기를 실전 배치해 중국과 러시아를 깜짝 놀라게 만들었다. 미국 국방부는 2020년 2월 4일 저위력 핵탄두인 W76-2를 장착한 잠수함 발사 탄도미사일(SLBM)인 트라이던트 II를 실은 오하이오급 전략핵 잠수함 테네시호(SSBN-734)가 대서양에 실전 배치돼 있다고 밝혔다. 미국 국방부는 테네시호가 2019년 말께 모항인 조지아주 킹스 베이에서 출항해 대서양에서 '억지 순찰(deterrent patrol)' 임무를 수행하고 있다는 민간 연구기관인 〈미국과학자연맹(FAS)〉의 주장에 대해 '긍정도 부정도 하지 않는다(NCND)'는 원칙을 들어 대응해 오다, 결국 공식적으로 이를 인정했

미국 전략핵 잠수함 테네시호

다. FAS에 따르면 2019년 2월에 첫 제품이 완성된 W76-2 핵탄두 하나의 위력은 5~7kt으로, 히로시마에 투하된 원자폭탄의 3분의 1 수준이다. 미국 핵 잠수함이 통상 탄도미사일에 장착하는 핵탄두의 위력은 90~455kt에 달한다. 미국은 1978년 개발한 100kt의 고위력 탄두 W76-0형, 2008년 이를 90kt으로 감소시킨 W76-1형에 이어, 2018년 5~7kt으로 줄인 저위력 탄두 W76-2형를 개발했다. 미국 국방부는 테네시호에 탑재된 트라이던트 II 미사일 24기 가운데 몇 기에 W76-2를 장착했는지는 밝히지 않았다. 테네시호는 배수량 1만 8750t, 전장 170m, 폭 13m, 흘수 12m, 수중 속력 25kn인 핵추진 잠수함이다. 미국은 현재 테네시호 등 오하이오급 핵 잠수함 18척을 실전 배치하고 있으며, 이 중 4척은 SLBM 대신 토마호크 크루즈미사일을 탑재할 수 있도록 개조했다.

한스 크리스텐슨(Hans M. Kristensen) FAS 핵정보국장은 "W76-2는 중국과 러시아를 겨냥한 것이지만 북한과 이란에 사용할 수도 있는 적절한 무기"라면서 "미국 정부가 W76-2를 실전 배치했다고 발표한 것은 사용할 의사가 있음을 공개적으로 밝힌 것"이라고 분석했다. 크리스텐슨 국장은 "테네시호뿐만 아니라 태평양에 배치된 미국의 핵 잠수함에도 W76-2가 이미 배치됐다"면서 "W76-2는 미국이 북한의 핵 위협에 대응하는 데 이상적일 수 있다"고 밝혔다. 미국 해군은 2020년 2월 12일 캘리포니아주 샌디에이고 인근 해상에서 오하이오급 전략핵 잠수함 메인호에서 트라이던트 II를 시험 발사한 바 있다. 당시 인도·태평양 사령부는 트라이던트 II의 시험 발사가 정기적인 평가훈련이라고 밝혔지만, 탄두에는 W76-2와 같은 무게의 모형 폭탄이 장착됐을 것으로 추정됐었다. 미국이 오하이오급 전략핵 잠수함에 저위력 핵탄두가 장착된 SLBM을 사상 처음으로 실전 배치한 것은 핵 전략에서 상당히 획기적 사건이라고 말할 수 있다.

미국은 또 저위력 핵탄두를 장착할 수 있는 신형 토마호크 크루즈미사일을 개발하고 있다. 토마호크 크루즈미사일은 1,600~2,500km 떨어진 목표물을 오차범위 3m 이내의 정확도로 타격할 수 있다. 이 미사일은 450kg짜리 재래식 탄두와 200kt급 W80 핵탄두를 장착하는 두 가지 종류가 있었지만, 현재는 재래식 탄두만을 사용한다. 토마호크 크루즈미사일은 그동안 이라크전 등 주요 전쟁 때마다 '약방의 감초'처럼 활용돼 왔다. 기존의 토마호크 크루즈미사일은 이지스함과 핵 잠수함에 모두 탑재할 수 있었지만, 신형 토마호크 크루즈미사일은 핵 잠수함에만 탑재될 가능성이 높다. 특히 무려 154발의 토마호크 크루즈미사일을 탑재하는 오하이오급 핵 잠수함이 유력한 탑재 수단으로 거론되고 있다. 이와 관련, 『디펜스 뉴스(Defense News)』는 미국 국방부 고위 관리의 말을 인용해 중국과 러시아 및 북한의 핵위협을 염두에 두고 미국이 개발하는 신형 토마호크 크루즈미사일은 조만간 실전 배치될 수 있을 것이라고 전망했다.

미국이 저위력 핵무기를 새로운 억제력 수단으로 내세우고 있는 것은 북한과 중국, 러시아의 제한적 핵 도발을 예방하려는 조치라고 볼 수 있다. 미국은 압도적인 핵전력을 보유하고 있지만, 북한과 중국, 러시아가 제한적인 핵 도발을 감행할 경우 이에 대처할 수단이 마땅치 않다. ICBM을 사용하면 전면적인 핵전쟁으로 번질 위험이 있다. 하지만 저위력 핵무기를 보유하면 전면적인 핵전쟁 위협은 감소하고, 적국의 핵도발을 억제하는 데 도움이 될 수 있기 때문이다. 저위력 핵탄두를 탑재한 토마호크 크루즈미사일을 실은 핵 잠수함이 한반도 인근 해역에서 작전을 벌이면 북한 전역은 물론 베이징 등 중국 내륙 일부도 사정권에 들어간다. 이런 맥락에서 볼 때 미국의 저위력 핵무기는 중국과 북한 등이 핵도발을 감행하거나 핵위협을 시도했을 경우 이를 억제할 수 있는 '게임 체인저'가 될 것이 분명하다.

미국은 또 저위력 핵무기와 함께 미사일 전력 강화에도 총력을 기울이고 있다. 그 이유는 중국의 중거리미사일 전력이 미국을 압도하고 있기 때문이다. 특히 중국은 그동안 미국의 항공모함 전단을 비롯해 미국령 괌과 주일 미군기지 등을 타격할 수 있는 중거리 탄도미사일 전력을 강화하는 데 박차를 가해 왔다. 미국 국방부가 2019년 5월 의회에 제출한 「중국의 군사와 안보 발전」 연례 보고서에 따르면 중국은 사거리 1,000~5,500km의 지상 발사형 중거리 및 준중거리 탄도 미사일과 크루즈미사일 1,150기를 보유하고 있다. 미국 〈미사일 방어국(MDA)〉이 구분한 사거리에 따른 미사일 종류를 보면 단거리 탄도 미사일(SRBM)은 사거리가 1,000km, 준중거리 탄도 미사일(MRBM)은 1,000~3,000km, 중거리 탄도미사일(IRBM)은 3,000~5,500km를 각각 말한다. 대륙간 탄도미사일(ICBM)은 사거리가 5,500km 이상이다. 중국이 보유한 미사일을 종류별로 보면 IRBM이 160기, MRBM이 450기, 지상형 순항미사일(GLCM)이 540기, SRBM은 1,500기다. 중국이 보유한 사거리 1,000km의 미사일 정도면 주한미군과 주일미군을, 사거리 3,000km 이상이면 미국령 괌을 타격할 수 있다. 게다가 중국은 사거리 1,500km인 둥펑-21D와 사거리 4,000km인 둥펑-26을 개발해 실전 배치했다. '항모 킬러' 둥펑-21D는 항모 등 미군 함정들뿐만 아니라 일본 열도 전역은 물론, 오키나와 등에 있는 주일 미군기지까지 공격할 수 있다. '괌 킬러' 둥펑-26도 미군 항모와 일본 열도 전역과 주일 미군기지 및 괌까지도 충분히 타격할 수 있다.

미국이 2019년 8월 2일 러시아와의 중거리 핵전력 조약(INF)을 공식 탈퇴한 것도 중국의 중거리 미사일 전력 때문이다. INF는 미국과 옛 소련이 냉전시대를 종식하기 위해 합의한 첫 군축 협정으로, 1987년 12월 8일 당시 로널드 레이건 미국 대통령과 미하일 고르바초프(Mikhail S. Gorbachev) 소련 공산당 서기장이 서명했었다. 이 조약은 핵무기를 장착할 수 있는 사거리 500~5,500km 중·단거리 탄도 및 크루즈미사일의 생산, 실험, 배치를 전면금지하는 내용을 담고 있다. 이

조약에 따라 미국은 846기, 소련은 1,846기를 3년에 걸쳐 모두 폐기했다. 미국 정부는 INF 탈퇴의 대의명분으로 러시아의 조약 위반을 내세웠지만, 실제로는 중국의 중거리미사일 전력이 대폭 강화돼 자국의 안보를 위협하고 있기 때문인 것으로 보인다.

미국은 ICBM 전력에선 중국을 압도하고 있지만, 다른 미사일 전력에선 중국에 절대적으로 열세다. 미국은 INF에 얽매여 왔기 때문에 중거리미사일을 1기도 보유하지 못하고 있다. 미국 국방부가 INF 탈퇴 16일 만인 2019년 8월 18일 캘리포니아주 샌니컬러스섬에서 재래식 지상 발사형 크루즈미사일을 시험 발사한 것도 이 때문이다. 당시 500km를 날아간 이 미사일은 지상 공격형 토마호크의 개량형으로, MK-41 발사대를 통해 발사됐다. MK-41은 루마니아와 폴란드에도 배치됐는데, 러시아가 사거리 2,400km의 토마호크 순항미사일 발사가 가능하다고 비난해 온 발사대다. 미국 국방부는 또 2019년 12월 12일 캘리포니아 반덴버그 공군기지에서 지상 발사형 중거리탄도미사일을 시험 발사했다. 당시 이 미사일은 500km 정도를 비행했다.

미국 정부는 또 중국을 겨냥해 아시아·태평양 지역에 중거리미사일 배치를 추진하고 있다. 마크 에스퍼 전 국방장관은 "지상 발사형 중거리미사일을 아시아 지역 동맹국 및 파트너국들과 협의를 거쳐 배치할 계획"이라고 밝혔다. 현재 배치 후보지로는 한국, 일본, 호주, 괌 등이 거론되고 있지만, 미국 정부가 꼽고 있는 가장 적절한 후보지는 일본의 류큐 제도와 팔라우 제도다. 전체 인구 2만여 명밖에 안 되는 섬나라인 팔라우는 미국과 자유연합협정(Compact of Free Association)을

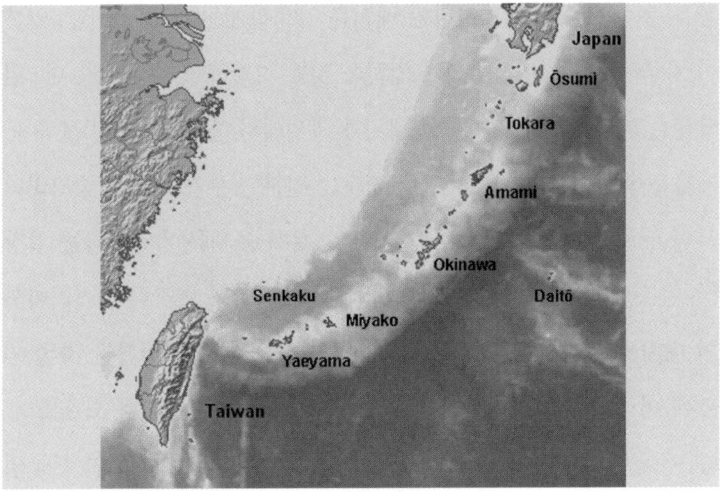

규수와 대만 사이에 호를 그리며 늘어선 류큐 제도

맺고 있어 미국이 중거리미사일을 배치하기가 용이하다. 류큐 제도는 일본 난세이 제도 중에 오키나와현에 속하는 200여 개 섬들을 말한다. 이 중에서 주일 미군기지가 있는 오키나와섬이 가장 크다. 일본 남부 규슈와 대만 사이에 있는 류큐 제도의 섬들은 활처럼 호를 그리며 중국을 둘러싸고 있기 때문에 미국이 중거리미사일을 배치하기에 최적의 장소라고 볼 수 있다.

특히 주목할 점은 일본 자위대가 적 기지 공격 수단으로 미국의 중거리미사일을 도입할 수도 있다는 것이다. 자위대가 보유하고 있는 미사일들은 대부분 사거리가 100~200km 정도밖에 되지 않기 때문이다. 자위대가 미국의 중거리미사일을 도입할 경우 북한 전역은 물론 중국의 미사일 기지들을 직접 타격할 수 있다. 미국 정부는 오키나와 등 류큐 제도에 중거리미사일 배치를 강력하게 바라고 있지만, 일본이 자국의 중거리미사일을 도입하는 것도 지지하는 입장이다. 미·일 양국은 일본에 중거리미사일 배치와 자위대의 중거리미사일 보유 문제를 논의하고 있다. 반면 중국 정부는 일본 정부가 미국의 중거리미사일 배치를 허용하거나 도입할 경우, 보복 조치를 가하겠다는 입장이다. 우첸(吴谦) 중국 국방부 대변인은 이날 "만약 미국이 중거리미사일 배치를 고집하면 중국은 결코 좌시할 수 없다"며 "일본은 자국 영토에 미국의 중거리미사일 배치를 허락하지 말아야 한다"고 경고했다. 중국이 반발하는 이유는 미국의 중거리미사일이 자국 안보에 엄청난 위협이 될 수밖에 없기 때문이다. 이처럼 미국의 저위력 핵무기와 중거리미사일은 동북아와 아시아·태평양 지역 안보질서에 상당한 영향을 미칠 것이 분명하다.

중국의 베이더우 시스템 vs 미국의 GPS

중국 인민해방군은 1996년 3월 8일 대만 남북부의 양대 항구인 가오슝과 지룽 그리고 진먼다오의 앞바다를 향해 미사일 3발을 발사했다. 같은 해 3월 23일 실시되는 대만의 첫 직선제 총통 선거를 앞두고 독립을 주장해 온 리덩후이 총통의 당선을 저지하기 위해 일종의 경고 메시지를 보낸 것이었다. 그런데 중국 인민해방군이 발사한 미사일 중 한 발은 지룽에서 18.5km 떨어진 지점을 타격했지만, 나머지 두 발은 목표지점에서 상당히 벗어난 엉뚱한 해상에 떨어졌다. 미국 정부가 중국의 미사일에 장착된 GPS를 통해 전달되는 위치정보를 차단했기 때문이었다. 당시 중국 인민해방군은 엄청난 모멸감을 느껴야만 했다. 이에 따라 중국 정부는 외국이 장악한 우주 군사시설의 전략적 중요성을 깨닫고 25년 내 독자적인 위성항법 시스템을 구축하기로 결정했다. 중국은 2020년 6월 23일 쓰촨성 시창(西昌) 위성발사센터에서 창정(长征) 3호 운반 로켓을 이용해 베이더우 시스템(BDS: 北斗卫星导航系统)을 구축하기 위한 마지막 위성을 발사해 지구궤도에 안착시켰다. 베이더우는 북두칠성의 앞 두 글자를 말한다.

중국 정부는 2000년부터 베이더우 시스템용 위성 개발을 시작해 2007년 4월 14일 위성 1호 발사에 성공한 데 이어 지금까지 모두 인공위성 55개를 발사했다. 베이더우 시스템은 이 중 35개의 위성으로 운영되고 있다. 중국 정부가 투입한 예산은 100억 달러(약 12조 원)에 달한다. 베이더우 시스템 구축은 3단계 전략으로 추진됐다. 중국 정부는 2007년 첫 위성 발사 후 자국을 대상으로 1차 서비스를 시작했으며, 2012년 말엔 아시아·태평양 지역에 서비스를 제공하는 2차 시스템을 운용했다. 중국 정부는 2018년 3차의 기본 시스템을 완성해 일대일로 프로젝트 참여국을 시작으로 서비스를 전 세계로 확대했고 모든 시스템을 구축했다. 이에 따라 중국은 미국(GPS), 러시아(글로나스), 유럽연합(갈릴레오)에 이어 4번째 자체 위성항법 시스템을 갖춘 국가가 됐다. 베이더우 시스템 책임자인 양창펑(杨长风) 총설계사는 "중국의 베이더우 시스템 구축은 우주 강국으로 가는 기념비적 성과"라고 강조했다.

GPS는 지구를 도는 인공위성이 현재의 위치를 실시간으로 알려 주는 시스템이다. 항공기, 선박, 차량 등의 운행에 널리 이용될 뿐만 아니라 기상, 어업, 임업 등은 물론 토목의 측량이나 등산길 안내, 금융 서비스 등에도 유용하다. 스마트폰과 5G는 물론 차세대 산업으로 주목받는 자율주행 자동차, 사물인터넷, 드론 등에도 활용되고 있다. 이 때문에 시장가치가 엄청나다. GPS는 민·군 겸용이 가능하다. GPS는 각종 미사일을 발사할 때 목표물의 거리를 정확히 측정해 최적의 경로를 찾아 준다. GPS는 또 전투기, 함정, 무인 공격기, 지상 전투 등에도 활용되고 있다. 미국은 1970년대부터 GPS를 개발해 군사 분야에서 사용해 오다 1993년부터 민간에게 무료로 개방하기 전까지 전 세계적으로 사실상 수십 년간 독점체제를 구축해 왔다.

중국이 베이더우 시스템을 구축했다는 것은 앞으로 미국의 GPS와 경쟁하겠다는 것을 의미한다. 상하이 〈베이더우 위성항법 혁신연구원〉의 위원셴(郁文贤) 원장은 "미래는 GPS와 베이더우 시스템을 겸용하는 구도가 될 것"이라면서 "두 시스템이 서로 치열한 대결을 벌일 것"이라고 내다봤다. 실제로 중국은 베이더우 시스템 서비스 지역을 현재 100여 개 국가에서 차츰 넓혀나가 대외적 영향력을 확대할 것이 분명하다. 중국이 지난 20여 년간 우주로 쏘아 올린 베이더우 위성은 55개, 위성항법 시스템 관련 특허는 7만 5000건으로 세계 1위다. 중국은 미국(GPS는 위성 31개)보다 많은 위성을 운용한다는 점을 내세워 전 세계를 대상으로 24시간 고정밀의 위치, 시간 정보를 제공할 것으로 보인다. 중국은 2020년 5월 베이더우 시스템의 기술이 뛰어나다는 것을 증명하기 위해 측량팀을 세계 최고봉인 히말라야 에베레스트산 정상에 보내 산의 높이를 재측정하기도 했다.

특히 중국 정부는 2020년을 '베이더우 서비스 산업 발전' 원년으로 삼았다. 중국 〈위성항법 시스템 관리 판공실〉은 올해 베이더우 시스템으로 창출되는 산업 가치가 4000억 위안(약 67조 9700억 원)을 넘어설 것으로 추산했다. 베이더우 시스템은 각종 산업에 응용되고 있다. 최대 1,200자의 문자메시지를 중계하는 기능도 있는가 하면 베이더우 위성에 탑재된 원자시계가 제공하는 시간 정보는 금융망, 전력망 운영에도 활용될 수 있다. 심지어 중국에선 베이더우 시스템을 이용한 총기 위치추적 시스템이 개발됐다. 〈베이징 바이리닝 테크놀로지〉가 개발한 이 시스템은 총기에 부착된 반도체 칩이 총기의 실시간 위치 신호를 통제센터로 보내 총기 위치를 24시간 파악할 수 있도록 했다. 만약 총기가 총기 소지자에게서 멀어질 경우 이 시스템은 자동으로 경보를 울려 관련 기관이 즉시 총기 수거에 나설 수 있도록 한다. 이는 범죄자 등의 손에 총기가 넘어가는 것을 예방하기 위한 것이다. 중국에서는 민간인의 총기 소유가 금지되어 있으며, 군인, 경찰, 무장 수송요원 등만 총기를 소지할 수 있다. 중국 정부는 2035년까지 물류, 금융, 재난 구조 등 거의 모든 분야에 베이더우 시스템을 활용하겠다는 입장이다.

중국 정부는 시진핑 주석이 적극적으로 추진해 온 일대일로 프로젝트 참여국과 베이더우 시스템을 연계시켜 이른바 '우주 실크로드' 구축에도 나섰다. 일대일로 프로젝트에 참여하는 국가들이 위성항법 시스템 표준으로 베이더우 시스템을 공식 채택할 경우 중국은 5G를 비롯해 차세대 통신기기와 기술을 판매할 수 있게 된다. 특정 국가의 위성항법 시스템을 이용한다는 것은 그 국가의 패권 아래 들어간다는 것을 뜻한다. 중국 정부의 의도는 베이더우 시스템을 이용해 영향력을 더욱 확대하겠다는 것이다. 이처럼 중국 정부는 앞으로 전 세계 국가들을 상대로 미국 GPS의 80% 수준까지 베이더우 시스템을 사용하도록 확대하겠다는 야심을 드러내고 있다.

실제로 중국에서 생산되는 〈화웨이〉, 〈샤오미〉, 〈오포〉, 〈삼성전자〉 등의 스마트폰 가운데 70%가 베이더우 시스템을 활용할 수 있는 칩을 장착했다. 중국 자동차 메이커들은 이미 자사 제품들에 베이더우 시스템에서 보낸 정보를 수신할 수 있는 장치를 탑재하고 있다. 이 때문에 한국 등에서 중국의 스마트폰과 자동차를 사용할 경우 베이더우 시스템을 활용할 수도 있다. 자칫하면 한국도 베이더우 시스템의 영향권에 들어갈 수도 있다. 파키스탄, 태국, 쿠웨이트, 라오스 등은 이미 베이더우 시스템을 적극 이용하고 있다. 게다가 한국의 입장에서 가장 우려되는 점은 북한이 베이더우 시스템을 활용해 미사일 등을 발사할 수도 있다는 것이다. 양 총설계사는 "중국의 베이더우는 세계의 베이더우"라며 "글로벌 위성항법 시스템 시장은 확실히 베이더우의 시장이기도 하다"고 강조했다. 베이더우 위성을 제작한 〈중국항천과기그룹(CASC)〉의 왕핑(王平) 총설계사도 "베이더우 시스템은 중국과 주변국들에 더 정확한 위치 정보를 제공할 수 있다"고 주장했다.

중국 정부가 베이더우 시스템 구축에 전력을 기울이는 또 다른 목적은 군사적 목적이다. 특히 현대전에서 독자적인 위치항법 시스템을 보유하는 것은 필수적이다. 과거처럼 GPS에 대한 접근이 차단되는 비상상황에서도 중국 인민해방군은 미사일 등 각종 정밀 유도 무기들을 안정적으로 운용할 수 있는 능력을 확보한 셈이다. 베이더우가 제공하는 위치 정보는 일반용과 군사용으로 나뉜다. 무료로 공개되는 일반용은 위치 오차범위가 5~10m이지만 암호화된 군사용의 경우 10cm 이하이다. 『사우스 차이나 모닝 포스트』는 "오차범위가 30cm인 미국의 GPS보다 베이더우가 더 정확하다"고 강조했다. 중국 정부는 2019년 10월 1일 건국 70주년 열병식에 군용차량 580대를 동원했는데, 베이더우 시스템과 5세대 통신장비를 동원해 행렬이 기준선에서 좌우로 1cm 이상 벗어나지 않도록 했다고 한다.

중국 인민해방군이 실전 배치한 미국 항공모함을 타격할 수 있는 둥펑-21D의 경우, 베이더우 시스템에 따라 작전 효율성이 최소 100배에서 최대 1,000배 향상될 것으로 보인다. 베이더우 시스템은 또 적국의 군함과 전투기 및 미사일의 이동 및 발사, 속도 등의 정보도 수집할 수 있다. 베이더우 시스템은 중국이 현재 대비하고 있는 우주전쟁과도 밀접한 관련이 있다. 중국 인민해방군은 이미 베이더우 시스템을 이용하고 지원하는 전담 부대까지 운영하고 있다. 중국이 창정 로켓 발사로 우주개발을 시작한 지 올해로 50주년을 맞은 가운데 베이더우 시스템 구축은 중국의 '우주 굴기'를 위한 또 하나의 이정표가 될 것으로 보인다. 중국의 베이더우 시스템과 미국의 GPS가 앞으로 글로벌 시장은 물론 군사 분야에서 치열하게 경쟁을 벌일 것이 분명하다.

둥팡훙(东方红) 1호는 1970년 4월 24일 중국이 최초로 발사한 인공위성이다. '둥팡훙'은 산시성 북부에서 불리던 민요로, 토지개혁 덕분에 농지를 받게 된 한 농부가 중국 공산당과 마오쩌둥 전 주석을 찬양하는 가사를 붙여서 만든 혁명가곡을 말한다. 둥팡훙은 1966년부터 1978년까지 중국의 비공식적 국가로 불려 왔다. 이 노래의 가사는 "동쪽 하늘에 붉은 태양이 뜬다 / 중국에 마오쩌둥이 나타났다 / 그는 인민의 행복을 생각한다"라는 등의 내용이다. 중국 정부가 이 인공위성에 '둥팡훙'이라는 이름을 붙인 것은 세계 최고의 사회주의 국가를 건설하겠다는 의도 때문이었다. 당시 중국은 옛 소련, 미국, 프랑스, 일본에 이어 자력으로 세계에서 5번째로 인공위성 발사에 성공했다. 이후 중국은 개혁·개방으로 급성장한 경제력을 바탕으로 2000년대 들어 우주개발에 적극 나섰다. 중국은 2003년 최초의 우주인 양리웨이(杨利伟)가 선저우(神舟) 5호를 타고 우주로 갔다가 귀환에 성공했다. 2011년 9월엔 중국 최초의 우주정거장 톈궁(天宮) 1호를 쏘아 올렸고, 선저우 9·10호가 우주정거장과의 수동·자동 도킹에 성공해 명실상부한 우주정거장 시대를 열었다. 중국 정부는 2016년 첫 인공위성을 발사한 날인 4월 24일을 국가항천일(航天日: 우주의 날)로 선포하고 '우주굴기'에 박차를 가해 왔다.

중국이 2019년 1월 3일 무인 달 탐사선 창어(嫦娥) 4호를 달 뒷면에 착륙시키면서 우주개발에서 새로운 기록을 세웠다. 달 뒷면 착륙은 인류 역사상 처음이다. 1968년 12월 발사된 아폴로 8호를 타고 처음으로 달 궤도에 진입한 미국 우주인 윌리엄 앤더스(William A. Anders)가 눈으로 달의 뒷면을 직접 본 적을 제외하고, 지난 50년간 달에 보내진 탐사선은 모두 달의 앞면에 착륙하거나 달 궤도를 돌며 멀리서 달 뒷면을 지켜봤을 뿐이다. 달은 공전주기와 자전주기가 27.3일로 같기 때문에 지구에선 달의 뒷면을 볼 수 없다. 이 때문에 탐사선들은 그동안 달의 뒷면으로 진입하면 지구와 교신이 끊어지면서 통신이 불가능하기 때문에 착륙할 수 없었다. 특히 주목할 점은 달 뒷면 착륙이라는 특정 분야에서 중국이 그동안 맹렬하게 뒤쫓던 미국과 러시아를 우주개발에서 처음 앞서게 됐다는 것이다. 창어 4호는 중국이 미국, 러시아와 함께 우주 탐사 주도국이 되려는 야심을 보여 주는 첫 발걸음이라고 볼 수 있다.

창어 4호는 달 뒷면 남극에 위치한 사우스폴에이킨 분지에 착륙했다. 이 지역은 달에서 가장 깊고 오래된 분화구로 햇빛이 전혀 들지 않는 안쪽 지역에는 얼음이 존재할 것으로 추정돼 왔다. 창어 4호는 탐사 로봇 위투(玉兎: 옥토끼) 2호를 활용해 달의 지질구조와 자원 등을 조사하고 있다. 특히 중국은 달 표면에서 면화씨의 싹을 틔우는 데 성공했다. 위투 2호에는 지구에서 가져간 식물 씨앗도 들어 있어 식물 생육실험도 실시하고 있다. 대기가 없는 달은 낮 온도가 섭씨 100도를 넘는 반면, 밤에는 영하 100도 이하로 떨어지는 등 낮과 밤의 기온 차이가 엄청나 식물이 자라기 어렵다. 이 때문에 생육실험은 온도를 일정하게 유지하는 특수용기 안에서 이뤄졌다. 높이 18cm, 지름 16cm의 원통형 알루미늄 합금으로 만든 특수용기에는 면화씨 이외에도 식량 작물인 감자, 토마토, 식용유 성분인 포도씨, 샐러드용 갓류 식물인 크레스(cress) 종자 등과 함께 누에 알도 들어 있다. 식물들이 정상적으로 뿌리내리고 싹을 틔워 꽃을 피우는 사이 누에 알은 부화를 거쳐 나방으로 성장할 수 있다. 누에는 토마토와 크레스가 배출하는 산소를 소비하게 되며 대신 식물들이 필요로 하는 이산화탄소와 거름으로 쓰일 배설물을 공급한다. 셰겅신(谢更新) 충칭대 선진기술연구원 원장은 "탑재한 동식물은 고온, 저온, 방사선을 잘 버텨 낼 수 있는 종으로 선정했다"고 밝혔고, 2019년 1월 면화의 싹을 틔우는 데 성공했다. 식물 생육실험은 100일간 진행 예정이다. 우주에서의 식물 재배가 처음은 아니다. 〈미국 항공우주국(NASA)〉은 2016년 국제우주정거장(ISS)에서 백일초(지니아) 꽃을 피우는 데 성공했다. 하지만 지구가 아닌 다른 천체에서 식물을 재배한 것은 창어 4호가 처음이다.

중국의 우주 프로젝트는 우주정거장 건설, 달 탐사, 화성 탐사 등 3개 분야로 추진되고 있다. 중국은 2022년까지 우주정거장을 건설할 계획이다. 미국과 러시아 등 16개국이 1998년부터 운용하고 있는 국제우주정거장(ISS)이 2024년 퇴역할 경우 중국은 유일한 우주정거장 보유국이 될 수도 있다. 〈중국 국가항천국〉은 2018년 11월 우주정거장 톈궁 3호의 핵심 모듈 모형을 공개했다. 길이 17m의 원통형인 이 모듈은 우주인들의 생활공간으로 쓰일 예정이다. 중국은 앞으로 이와 비슷한 크기의 과학실험용 모듈 2개를 더 제작해 2022년 우주로 발사할 예정이다. 총 60t 규모로 만들어질 우주정거장 톈궁 3호는 3명의 우주인들이 생활할 수 있고, 수명은 10년 정도가 될 것으로 〈중국 국가항천국〉은 예상하고 있다.

중국은 또 2020년 7월 화성에 탐사선을 발사해 공산당 창당 100주년(2021년)에 맞춰 화성 표면에 착륙시킬 계획도 추진하고 있다. 현재까지 미국, 러시아, 유럽연합, 인도가 화성에 탐사선을 보냈지만, 지난해 11월 미국의 화성 무인탐사선 인사이트호만이 화성에 최초로 착륙했다. 중국도 2011년 화성 탐사선을 발사했지만 궤도 진입에 실패했다. 하지만 중국은 화성 탐사선과 지표 탐사 차량의 외형을 공개하는 등 반드시 화성 착륙에 성공하겠다는 의지를 보이고 있다.

특히 중국은 달 정복에 총력을 기울이고 있는데, 2025년까지 달에 무인 기지를 건설하고 2030년까지 유인 기지도 만들 계획이다. 중국은 2020년 11월 24일 무인 탐사선 창어 5호를 발사했다. 창어 5호는 달 표면에서 샘플을 수집해 지구로 가져오는 데 성공했다. 중국은 또 창어 5호에 이어 창어 6호와 7호, 8호 프로그램도 계획하고 있다. 달 탐사 계획을 총지휘하는 우웨이런(吳偉仁) 중국 공정원 원사는 현재 달 탐사 프로그램은 궤도 비행, 착륙, 귀환의 3단계로 이미 2번째 단계까지는 완성됐다고 밝혔다. 중국은 2028년까지 140t 중량을 우주에 올릴 수 있는 창정 9호를 개발할 계획이다. 이는 미국의 아폴로 우주선의 달 탐사에 쓰인 새턴 5호(적재 중량 118t) 이후 가장 강력한 로켓이다. 미국이 2028년까지 심우주 탐사용으로 개발하기로 한 우주로켓 '스페이스 론치 시스템(SLS)'의 130t도 능가한다. 창정 9호는 달 유인 탐사선을 발사하는 데 사용될 예정이다.

미국은 전 세계에서 가장 먼저 유인 우주선을 달에 착륙시켰다. 유인 우주선 아폴로 11호가 달에 착륙한 것은 1969년 7월 21일이었다. 달 정복 이후 반세기 만에 중국의 추격에 자극받은 미국은 달에 기지를 건설할 계획을 추진하는 등 본격적으로 달 탐사 경쟁을 벌이고 있다. 미국의 달 탐사는 정부가 아닌 민간 기업들이 주도한다. NASA는 2019년 11월 30일 달 착륙선 개발 경쟁에 나설 9개 민간 기업을 선정했다. 미국의 대표적인 항공우주 대기업인 〈록히드마틴〉을 비롯해 〈애스트로보틱 테크놀로지스〉, 〈딥스페이스 시스템스〉, 〈드래퍼〉, 〈파이어플라이 에어로스페이스〉, 〈문 익스프레스〉, 〈오빗 비욘드〉 등이다. NASA는 달 착륙선을 시작으로 향후 10년간 26억 달러를 투입해 민간 주도의 새로운 달 탐사 임무에 나선다. 이 계획에는 2024년까지 유인 달 탐사와 우주인 4명이 생활할 수 있는 달 궤도 우주정거장을 건설하는 프로젝트도 포함돼 있다. 달 궤도 우주정거장의 공식 명칭은 '루나 오비털 플랫폼 게이트웨이(LOP－G: Lunar Orbital Platform Gateway)'이다. LOP는 달 탐사뿐 아니라 유인 화성 탐사선을 위한 중간 기지로도 사용될 예정이다.

미국과 중국이 달 탐사와 기지 건설 경쟁을 벌이는 이유는 달이 심우주 탐사의 전초 기지로 최적의 조건이기 때문이다. 달은 중력이 약해 지구보다 훨씬 저렴하게 로켓을 발사할 수 있다. 또 달에는 헬륨3와 우라늄, 백금 등 다양한 희귀 자원이 매장돼 있기 때문이다. 헬륨3 1g은 석탄 40t의 전기 에너지를 생산할 수 있는 미래의 에너지라는 말을 들어 왔다. 특히 미국과 중국은 우주패권의 전초전으로서 달 정복 경쟁을 하고 있다. 이 때문에 달이 미국과 중국의 우주패권 다툼의 무대가 될 것은 분명하다.

· 4장 ·

바이든 시대와 미국의 초강대국 수호 전략

★★★★

동맹 강화와 다자주의를 앞세운 미국의 글로벌 리더십 복원

2020년 미국 대선에서 승리한 조 바이든 대통령이 2020년 11월 4일 트위터에 "파리기후변화협약에 다시 가입하겠다"라는 글을 올렸다. 공교롭게도 11월 4일은 트럼프 전 대통령이 2017년 6월, 파리기후변화협약 탈퇴를 선언한 후 미국의 탈퇴가 공식적으로 발효된 날이다. 파리기후변화협약에 가입한 195개 서명국 중 탈퇴했던 국가는 현재까지 미국이 유일하다. 이 때문에 국제사회는 지금까지 세계 최강국이자 국제질서를 이끌어온 미국이 지구촌의 최대 현안이자 인류의 재앙이 될 수 있는 지구온난화에 따른 기후변화를 외면했다고 비판해왔다. 파리기후변화협약 탈퇴는 트럼프 전 대통령의 대표적인 '미국 우선주의' 정책 중 하나라고 볼 수 있다. 트럼프 전 대통령은 재임 중 미국의 이익에 반하는 국제협정과 기구에서 서슴지 않고 탈퇴했다.

바이든 미국 대통령이 후보 시절 선거운동을 하는 모습(© Michael Stokes, 2019)

실제로 트럼프 전 대통령은 집권 4년 동안 '미국 우선주의'와 '신고립주의' 노선에 따라 국제사회에서 미국의 글로벌 리더십을 팽개쳤고, 파리기후변화협약을 비롯해 환태평양 경제동반자 협정(TPP), 〈세계보건기구(WHO)〉 탈퇴 등으로 다자주의체제를 흔들어 놓았다. 게다가 트럼프 전 대통령은 동맹국들과 우방과의 관계를 약화시켰다. 바이든 대통령은 앞으로 전통적인 미국 민주주의와 국제질서의 복원을 추구할 것이 분명하다. 바이든 대통령은 트럼프 시대를 미국 역사의 일시적인 '일탈'로 규정하고, 미국의 글로벌 리더십 회복과 동맹국들과의 관계 강화, 다자주의 국제질서 재구축 등을 적극 추진할 계획이다. 때문에 바이든 대통령이 대통령 취임 첫날 행정명령을 통해 파리기후변화협약에 재가입하는 조치를 내린 것은 국제사회에 초강대국이자 지도국으로서 미국의 역할과 위상을 회복하겠다는 의지를 천명하는 것이라고 볼 수 있다. 바이든 대통령은 후보 시절 공약을 통해 미국이 '기후 방화범'에서 '기후대응 주도국'으로 변신하겠다고 약속했었다. 바이든 대통령은 앞으로 파리기후변화협약에 복귀하는 데 그치지 않고 외교는 물론 무역·안보전략 등 모든 수단을 동원해 세계가 기후변화 대응 노력을 강화하도록 만들겠다는 입장이다.

바이든 대통령이 앞으로 추진할 외교·안보 노선인 '바이든 독트린(Biden Doctrine)'은 크게 세 가지로 나누어 볼 수 있다. 무엇보다 중요한 것이 미국의 글로벌 리더십을 복원하는 것이다. 바이든은 "트럼프의 미국 우선주의는 '미국 왕따(America Alone)'로 끝났다"며 미국 외교정책을 전면적으로 수정해 정상화하겠다는 입장을 분명하게 밝혔다. 미국 외교를 어떻게 정상화할 것인지는 바이든 대통령이 후보 시절 외교전문지 『포린 어페어스(Foreign Affairs)』(2020년 3·4월호)에 기고한 「미국은 왜 다시 주도해야 하나(Why America must lead again)」라는 제목의 글에 자세하게 기술돼 있다. 바이든은 미국의 글로벌 리더십과 영향력을 트럼프 이전으로 복귀시키기 위해 무엇보다 먼저 미국의 민주주의 가치와 제도에 대한 국제사회의 신뢰를 회복시켜야 한다고 강조했다. 다시 말해 바이든은 트럼프가 훼손시킨 미국의 민주주의 전통과 가치, 이에 기반한 제도와 질서를 미국인들이 먼저 다시 존중하고 수용해야 한다는 뜻이다. 그래야 국제사회에서도 동일한 효과를 기대할 수 있다는 것이다. 이런 맥락에서 볼 때 바이든은 앞으로 다자주의를 앞세우면서 다자협력의 중요성을 가장 먼저 강조할 것이 분명하다. 이에 따라 미국은 〈유네스코(UNESCO)〉, 〈유엔인권이사회(UNHRC)〉 등 각종 국제기구에 복귀할 것으로 보인다. 바이든이 다자협력을 강조하는 이유는 기후변화, 환경, 인권, 전염병, 난민, 대량살상무기 확산 등 국제적인 이슈들을 어느 한 국가의 힘으로 해결할 수 없기 때문이다. 바이든은 국제사회가 서로 협력하고 제도와 규범의 투명한 운영과 준수를 통해 이런 국제적인 문제들을 해결할 수 있다고 믿고 있다. 바이든의 부통령 재임 시절 안보 보좌관을 지낸 콜린 칼(Colin H. Kahl)은 "바이든이 취임 첫날 파리기후변화협약 재가입과 코로나19에 대한 국제협력을 강조하려는 것은 국제사회에 다자협력이 중요하다는 점을 천명하려는 의도"라고 밝혔다. 민주당도 2020년 8월 전당대회에서 채택한 정강·정책에서 '미국 우선주의'의 공식 폐기를 밝히면서 "우리는 건강한 민주주의, 공정한 사회, 포용적 경제가 미국의 글로벌 리더십 회복을 위한 필수적 전제조건이라고 믿는다"고 선언한 바 있다.

바이든 독트린의 두 번째 노선은 동맹 강화다. 바이든은 "가치를 공유하는 동맹국들과의 협력이 미국을 약하게 만들지 않고, 오히려 미국의 힘을 배가하고 영향력을 확대하는 바탕이 된다"고 강조했다. 바이든은 가치와 이념을 공유하는 동맹들과 우방국과 연대하면 수적 우위를 점할 수 있을 뿐만 아니라 미국의 영향력과 힘을 증강시킬 수 있다는 입장을 천명해 왔다. 특히 바이든은 "동맹 강화를 위해 취임 첫해 민주주의 국가들과의 정상회의를 개최하겠다"면서 "세계의 민주주의 국가들을 결집해 우리의 민주주의체제를 강화하고, 이로부터 퇴보하는 국가들과 맞서며, 공통의 어젠다를 구축하겠다"고 강조했다. 게다가 바이든은 트럼프처럼 나토의 유럽 회원국들에 방위비를 GDP의 2% 수준으로 상향하도록 압력을 가한다든지, 한국과 일본에 방위비 분담금을 대폭 인상할 것을 요구하는 등의 정책은 잘못된 것이라고 보고 있다.

민주당도 정강·정책에서 '동맹 재창조'을 강조했다. 민주당은 트럼프의 동맹 폄하가 적성국들이 꿈꾸던 방식이었다면서 미국의 동맹 시스템이 냉전 종식 이후 최대 위기에 처했다고 진단했다. 민주당은 또 트럼프가 나토의 유럽 회원국들을 공격하는 한편 러시아를 G7 체제에 포함시키려 했다고 지적했다. 독일에서 미군을 감축하겠다고 위협한 점도 거론했다. 민주당은 "한반도에서 핵위협이 계속되고 있는데도 그는 방위비를 극적으로 증액하기 위해 동맹 한국을 갈취하려고 노력했다"고 꼬집었다. 특히 민주당은 "동맹국들이 자위능력을 강화하고 역내안보에 더 큰 책임을 지도록 장려하겠으나 우리는 결코 동맹을 돈벌이 수단으로 취급하지 않을 것"이라고 선언했다. 한·미 방위비 협상은 트럼프 전 대통령이 전년 대비 50% 인상에 해당하는 13억 달러를 마지노선으로 요구하면서 장기 표류하고 있는 상태다. 바이든 정부는 한국의 방위비를 소폭 인상하는 수준에서 원만히 타결하게 할 것으로 보인다.

바이든 독트린의 세 번째 노선은 인권존중 외교다. 바이든은 2010년 8월 20일 민주당 전당대회 대통령 후보 수락 연설에서 "나는 동맹, 우방국들과 연대하는 대통령이 될 것"이라며 "적들에 대한 메시지는 분명하다. 미국은 더 이상 독재자들의 비위를 맞추지 않을 것"이라고 강조했다. 바이든은 또 "우리가 믿는 인권과 존엄성이란 가치를 항상 지지할 것"이라고 밝혔다. 바이든의 이런 연설은 시진핑 주석과 블라디미르 푸틴(Vladimir S. Putin) 러시아 대통령, 김정은 총비서 등 독재정권의 지도자들에게 단호하게 인권존중의 외교정책을 추진하겠다는 점을 분명히 한 것이라고 볼 수 있다. 실제로 바이든은 2020년 10월 22일 대선후보 TV토론에서 김정은을 '폭력배(thug)'라고 부르며 독재자라고 비난하기도 했다. 바이든은 또 중국의 이슬람 소수민족인 위구르족에 대한 인권탄압을 '인종청소(genocide)'라고 표현하며 중국을 압박한 바 있다. 바이든은 위구르족을 수용소에 가둬둔 채 사상 재교육 및 강제노역을 시행하는 중국 공산당의 이러한 인권 짓밟기 행태에 대해 국제사회 모두가 나서 반대해야 한다고 역설해 왔다. 바이든은 중국의 홍콩국가보안법을 강력하게 비판하면서 트럼프가 2019년 서명한 홍콩인권·민주주의법(홍콩인권법)을 완전히 시행할 것이라고 공언했다. 바이든은 이와 함께 망명 중인 티베트의 정신적인 지도자 달라이 라마 14세를 만날 것이라고 밝히기도 했다. 앨리슨 하버드대 교수는 "개인의 자유, 인권, 민주주의에 대한 미·중 간 근본적 차이는 바이든 정부에서 더욱 뚜렷해질 것"이라면서 "미·중 간 이념 차이가 더욱 심화할 것"이라고 내다봤다.

바이든, 동맹과 손잡고
중국 때리기 강화

바이든 대통령은 덩샤오핑 이후 장쩌민(江泽民), 후진타오(胡锦涛), 시진핑 등 중국의 역대 지도자들을 모두 만난 적이 있는 '중국통'이다. 바이든은 1979년 미·중 수교 첫해, 미국 상원의원 방문단의 일원으로 중국 공산당 중앙군사위 주석이었던 덩샤오핑을 만났다. 당시 37세였던 바이든은 덩샤오핑으로부터 개혁개방 청사진을 듣고 상당히 감명을 받아 "중국과 건설적 관계를 수립해야 한다"고 밝히기도 했다. 특히 바이든은 시진핑과는 3차례나 만난 적이 있다. 바이든은 2011년 부통령으로서 중국 방문을 했을 때 5박 6일간의 일정을 당시 시진핑 국가부주석이 동행했다. 두 사람은 쓰촨성을 방문해 대지진 피해를 입은 고등학교 학생들과 시간을 보냈고, 쓰촨대학에서 연설하기도 했다. 시진핑이 국가주석이 된 이후에도 두 사람의 인연은 이어졌다. 바이든이 2013년 중국을 찾았을 때 시 주석은 바이든을 '라오펑유(老朋友: 오랜 친구)'라고 불렀다. 시 주석이 2015년 미국을 방문했을 때도 두 사람은 만났다. 당시 바이든은 "향후 50년 역사는 미·중 양국이 어떻게 관계를 이끌어나가냐에 달렸다"고 말했다.

이처럼 중국에 호의적인 입장을 보였던 바이든은 2020년 대선에서 반중 노선을 분명하게 밝혔다. 실제로 바이든은 외교전문지 『포린 어페어스』 기고문에서 "미국은 중국에 강하게 나갈 필요가 있다. 중국이 마음대로 한다면 미국과 미국 기업의 기술과 지식재산권을 계속 털어갈 것"이라며 "가장 효과적 방법은 동맹 및 파트너와 공동 전선을 구축하는 것"이라고 강조했다. 바이든이 입장을 바꾼 이유는 중국이 미국의 패권을 위협할 정도로 강대국이 됐기 때문이다. 미국의 입장에선 중국의 부상을 억눌러야만 패권을 유지할 수 있기 때문에 민주·공화 양당이 초당적으로 강경한 중국 정책을 추진할 수밖에 없다. 트럼프 전 대통령의 외교·안보정책을 모두 변경하려는 바이든이 중국 정책만은 그대로 유지할 것이 분명한 것도 이 때문이다.

민주당의 정강·정책에도 중국에 대한 강경대응 방침은 분명히 규정돼 있다. 민주당은 당시 남중국해 항행의 자유 보장과 대만관계법 지원, 중국의 인권탄압에 대한 대응 등을 분명하게 공언했다. 특히 민주당은 기존에 기술돼 왔던 "하나의 중국 원칙을 이행한다"라는 내용을 삭제했다. 중국이 그동안 '하나의 중국' 원칙에 따른 대만 문제 해결을 양보할 수 없는 핵심으로 주장해 왔다는 점에서 볼 때 바이든이 민주당의 정강·정책대로 대중 노선을 추진할 경우 미국과 중국의 갈등과 대립은 증폭할 것이 분명하다. 게다가 민주당은 물론 바이든이 인권을 핵심적인 대외정책으로 간주한다는 점에서, 미·중 간에 새로운 전선에서 충돌이 일어날 가능성이 높다. 바이든이 위구르족 등 소수민족들은 물론 반체제 인사들에 대한 인권탄압을 일삼아 온 중국 공산당의 독재체제를 정면으로 비판했다는 것은 상당히 의미심장하다.

바이든의 중국 정책에서 트럼프와 다른 점이 있다면 미국 대 중국의 '일대일' 대결 구도가 아닌 중국 대 다자 간 견제 구도가 형성될 것이라는 점이다. 바이든은 동맹국들과 관계 강화를 통해 연대하고 국제기구와의 협력을 통해 중국을 제도적으로 압박할 가능성이 높다. 중국에 대한 포위망도 보다 정교해질 것으로 보인다. 실제로 민주당은 정강·정책에서 "미국이 동맹국들과 협력해 글로벌 무역의 조건을 바꾸지 않으면, 이로 인해 미국의 노동자와 중산층이 그 대가를 치를 것"이라면서 "미국으로선 동맹국들의 협력과 결집이 필요하다"고 강조했다. 민주당은 또 "중국의 지식재산권 침해, 환율조작 등에도 모든 수단과 방법으로 대처할 것"이라면서 "노동, 인권, 환경에 대한 기준도 엄격히 따질 것"이라고 밝혔다. 민주당은 "미국의 중국 정책은 강력한 힘을 바탕으로 추진할 것이며, 미국과 동맹국들의 이익을 보호하는 데 그 목적이 있다"고 강조했다. 게다가 바이든은 중국과의 무역전쟁에서도 트럼프 전 대통령처럼 고율관세 부과 조치와 기업제재를 남발하지 않고 제조업 등 미국의 산업보호와 함께 동맹국과의 연대를 통해 중국의 불공정 제도·관행 등을 집중 공략할 것으로 보인다. 특히 바이든은 중국과의 기술패권 전쟁을 강화하겠다는 입장이다. 바이든은 2020년 9월 미네소타주 선거 유세에서 "중국 기술 분야의 위협을 주시하고 있다"면서 "전문가들과 함께 이 문제에 대처하기 위한 최선의 해결책을 제시하겠다"고 밝혔다. 바이든은 또 미국 기업들의 중국 〈화웨이〉 장비 사용금지를 지지한다면서 미국 기술을 도용하는 중국 기업들에 대한 새로운 제재 방안을 모색하기로 했다. 이런 점들을 볼 때 바이든도 중국의 기술 분야를 전방위적으로 압박할 가능성이 높다.

바이든은 인도·태평양 지역에서 중국을 견제하는 전략도 더욱 강화할 것으로 보인다. 트럼프는 중국의 부상을 견제하기 위해 미국을 중심으로 일본·호주·인도와의 안보협력체인 쿼드를 구축하는 전략을 추진해 왔다. 바이든은 이런 전략을 더욱 발전시킬 가능성이 높다. 그는 상원의원 시절 동맹국과의 협력을 통한 '집단안보체제'를 선호하는 입장을 보여 왔다. 대표적으로 바이든이 나토 회원국들과 함께 슬로보단 밀로셰비치(Slobodan Milošević)를 전범으로 처벌하기 위해 세르비아 폭격을 강력하게 지지했던 사례를 들 수 있다. 바이든은 미국과 나토 회원국들의 유고슬라비아 사태 개입을 '공직 경력에서 가장 자랑스러운 순간'이라면서 밀로셰비치를 전범 재판에 세우기 위해 나토 회원국들과 함께 힘을 모으는 것에 적극 나섰다고 회고한 적이 있다. 이런 점으로 볼 때 바이든은 앞으로 '인도·태평양판 나토'라고 불리는 쿼드 강화에 나설 가능성이 높다. 바이든은 쿼드를 강화하기 위해 한국 등 인도·태평양의 다른 국가들을 포함시키는 '쿼드 플러스' 전략을 추진할 것으로 보인다. 바이든이 동맹과 다자주의를 강조하는 만큼 대중국 봉쇄 전선에 인도·태평양 지역의 국가들을 대거 끌어들일 것은 분명하다. 스인훙 중국 인민대 국제관계학 교수는 "바이든은 임기 동안 기존 동맹들과 관계를 강화해 봉쇄와 고립으로 중국을 압박할 것"이라고 내다봤다. 위안정(袁征) 〈중국사회과학원〉 산하 미국연구소 연구원도 "바이든은 동맹국과 관계를 개선하고 인권과 민주주의에 대한 미국의 가치를 강조할 것"이라면서 "동맹국들과 함께 중국 봉쇄를 모색하려 할 것"이라고 전망했다.

바이든은 또 자신이 부통령 시절 성사시키는 데 공을 들였던 환태평양 경제동반자 협정(TPP)에 재가입할 계획이다. 미국은 트럼프가 대통령으로 취임한 직후인 2017년 2월 TPP에서 탈퇴한 바 있다. 바이든은 대선 유세 기간 "TPP 재참여가 최우선 과제"라고 공약했다. 미국 탈퇴 후 일본과 호주는 다른 국가들과 함께 포괄적·점진적 환태평양 경제동반자 협정(CPTPP)을 체결했다. 때문에 미국이 CPTPP에 재가입할 경우 CPTPP는 전 세계 국내총생산(GDP)의 40%, 교역의 27%를 차지하는 세계 최대의 FTA가 된다. 바이든의 의도는 중국이 주도하는 역내 포괄적 경제동반자 협정(RCEP)을 견제하려는 것이다. 바이든은 CPTPP를 중심으로 글로벌 가치사슬을 재편하는 방안을 추진할 가능성이 높다. 팡중잉(庞中英) 중국 해양대 교수는 "바이든 정부에서 미·중 경쟁이 더욱 심화할 가능성이 있다"면서 "오바마 전 대통령 재임 시기 미국은 '아시아로의 회귀(pivot to Asia)'와 환태평양 경제동반자 협정 등으로 중국을 견제하려 했다"고 지적했다. 팡 교수는 "이런 이유로 바이든 대통령 임기 중 중국이 직면할 도전은 더욱 심각할 수 있다"면서 "협상이 가능한 트럼프와 달리 바이든은 원칙에 따라 움직이기 때문"이라고 전망했다.

게다가 바이든은 국민들의 반중 여론을 반영하는 정책을 추진할 수밖에 없을 것으로 보인다. 실제로 미국 여론조사기관 〈퓨리서치센터〉의 여론조사 결과(2020년 10월 6일 자)에 따르면 미국, 한국, 일본, 독일, 프랑스, 캐나다, 호주 등 14개 주요 국가에서 중국에 대한 부정적 인식은 역대 최고치를 기록했다. 특히 중국에 '비호감'을 느끼는 미국인 비율은 73%로, 조사가 시작된 2005년 이후 최고치를 기록했다. 공화당은 물론 민주당도 중국의 부상은 미국에 대한 분명하고 현실적인 위협으로 보고 있다. 실제로 트럼프 정부가 코로나19, 무역, 금융, 안보, 스파이, 화웨이 등 기술패권 등의 분야에서 중국에 대한 제재 조치와 압박을 가했을 때 바이든과 민주당은 이에 전혀 반대하지 않았다. 리처드 하스(Richard N. Haass) 미국 외교협회 회장은 "미국의 대중국 외교정책은 앞으로 4년간은 이전 4년보다 더 강경해질 것"이라며 "중국이 바뀌었으며, 중국에 대한 미국의 생각도 바뀌었다"고 강조했다. 이런 맥락에서 볼 때 바이든의 중국 정책은 더욱 강경할 것이 분명하다.

바이든 정부의 외교·안보팀(2021년 1월 26일 기준)

바이든 대통령이 발탁한 장관과 참모진들의 인종 구성을 보면 '멜팅팟(melting pot: 용광로)'과 같은 미국 사회라고 말해도 과언은 아니다. 다시 말해 백인뿐 아니라 히스패닉, 흑인, 아시아계가 섞인 다양성이 특징이라고 볼 수 있다. 특히 과거 오바마 정부에서 일했던 전문가들과 베테랑들을 대거 기용했다. 바이든 대통령으로선 취임 이후 맞닥뜨려야 할 코로나19 사태와 경제위기 및 중국과의 관계, 이란과 북한의 핵 문제 등 시급한 현안을 감안할 때 공화당과의 인준 전쟁으로 시간을 낭비해선 안 된다고 판단했기 때문이다. 또 다른 기준은 자신과의 친분이다. 토니 블링컨(Antony J. Blinken) 국무장관은 이런 조건에 가장 적합한 인물이다. 그는 바이든의 '또 다른 자아(Alter Ego)'라고 불릴 만큼 바이든과 오랜 기간 밀접한 관계를 맺어 왔다. 바이든과는 상원 외교위원회에서 처음 인연을 맺고 이후 18년간 '복심'이라는 말을 들을 정도로 지근거리에서 일해 왔다. 그는 대선 캠프에서도 외교·안보 분야 좌장을 맡았다. 게다가 그는 마치 국무장관을 위해 키워진 듯한 스펙의 소유자이기도 하다. 또 외교관들 중 외교관이라는 말을 들을 정도로 유능할 뿐만 아니라 세련된 매너를 갖춘 정통파이다.

블링컨은 1962년 미국 뉴욕의 유대계 가정에서 태어났다. 그의 생부 도널드 블링컨(Donald M. Blinken)은 투자은행을 설립할 정도로 부유한 은행가였으며, 민주당에 거액을 기부한 공로 덕분에 클린턴 정부 시절 헝가리 대사를 지냈다. 그는 초등학생이던 때 친부와 이혼한 어머니를 따라 프랑스 파리로 갔다. 그의 계부이자 유명 변호사인 사무엘 피사르(Samuel Pisar)는 폴란드계 유대인 출신으로 비알리스토크에서 학살된 900명 어린이 가운데 유일하게 살아남은 홀로코스트의 생존자였다. 피사르는 블링컨에게 자신이 홀로코스트에서 겨우 살아남은 이야기를 들려주며 상당한 영향을 끼쳤다. 그는 파리에서 고교 생활을 하면서 비틀스에 심취해 밴드를 만들고 보컬리스트가 되려고도 했다. 파리에서의 생활은 블링컨이 외교관의 길을 걷는 데 큰 자산이 됐다. 그의 고등학교 동창이자 비영리 싱크탱크인 〈국제위기그룹〉의 로버트 말리(Robert Malley) 이사는 "블링컨은 해외 생활을 하며 다른 나라 사람들이 미국을 어떤 시각으로 바라보는지, 또 미국의 외교정책이 다른 나라들에 어떤 영향을 주는지 잘 알고 있다"고 밝히기도 했다.

하버드대에 입학한 그는 학보사 생활을 하며 한때 언론인의 길에도 관심을 가졌고, 졸업 이후 컬럼비아대 로스쿨을 나와 잠시 변호사로도 활동했다. 그러다가 그는 1988년 친부의 친구였던 마이클 두카키스(Michael S. Dukakis) 전 매사추세츠 주지사를 도우면서 공직에 입문했다. 1990년대 초 빌 클린턴 정부 1기 때 백악관에서 스피치라이터(연설비서관)로 일하다 국가안보회의(NSC)로 자리를 옮겨 외교·안보 업무를 맡게 됐다. 이후 그는 의회로 가면서 상원 외교위원회 민주당 총괄국장(2002~2008)으로 일하다 당시 바이든 상원 외교위원장과 호흡을 맞추게 됐다. 그는 바이든이 2008년 민주당 대선 경선에 나섰을 때 캠프에서 외교·안보 참모로 활동했다. 당시 바이든은 경선을 중도 포기하고 오바마 후보의 러닝메이트가 됐다. 그는 오바마 대통령 취임 이후 바이든 부통령의 국가안보 보좌관이 됐다. 그러다가 오바마 대통령의 국가안보 부보좌관(2013~2015)을 지낸 뒤 국무부 부장관(2015~2017)을 역임했다. 당시 바이든 부통령은 『워싱턴 포스트(The Washington Post)』와의 인터뷰에서 "블링컨은 슈퍼스타다. 과장이 아니다"라면서 "오바마 대통령이 4년 만에 그것을 인지하고 내게서 그를 훔쳐 갔다"고 밝히기도 했다.

블링컨은 바이든이 주창한 '동맹 복원과 다자주의 강화' 외교 노선을 이끌 적임자라고 볼 수 있다. 블링컨은 "미국은 세계 문제를 혼자 해결할 수 없다"면서 "다른 나라와 협력할 필요가 있다. 우리는 그들의 협력과 파트너십이 필요하다"며, 앞으로 추진할 외교·안보정책의 방향을 제시했다. 그는 또 "미국은 지구상의 어떤 나라보다 우리 시대의 도전에 맞서기 위해 다른 나라들을 한데 모을 수 있는 강한 능력을 가지고 있다"고 강조했다. 특히 그는 대중정책에 대해 "미국과 중국의 관계는 적대적·경쟁적 측면뿐 아니라 협력적 측면도 갖고 있다"면서도 "미국과 자유민주주의 동맹이 함께 중국에 맞서 나가겠다"고 밝혔다. 그는 또 중국이 가장 민감하게 여기는 대만과의 협력도 강화하겠다는 입장이다. 그는 "대만과 경제관계를 보다 강력히 하는 것은 민주주의라는 공동의 가치와 지역 내 평화와 안정에 대한 헌신을 뒷받침한다"고 밝혔다.

그는 대북정책과 관련해선 "강력한 대북 경제 제재로 북한의 비핵화 협상 복귀를 압박하고, 검증 가능한 합의를 도출하자"고 주장해 왔다. 특히 문재인 정부가 추진하는 종전선언과 관련, 2018년 6월 싱가포르 북·미 정상회담 당시 『뉴욕타임스』 기고를 통해 "트럼프 대통령은 핵을 포기하기도 전에 평화조약을 논의하려는 북한의 바람을 들어주려는 것 같다"고 비판했다. 특히 그는 김정은 총비서를 "최악의 폭군"이라고 표현하면서 "미국 외교가 '위협과 압박'에서 [김정은과의] '연애편지' 사이를 거칠게 오가는 충동적이고 변덕스러운 양상을 보이면서 혼란을 주고 있다"며 트럼프 전 대통령을 비난하기도 했다.

바이든 행정부의 국가안보 보좌관으로 임명된 제이크 설리번(Jake Sullivan)은 '외교 천재'라는 말을 들어온 젊은 엘리트이다. 그는 1976년 11월 28일생으로 1960년대 존 F. 케네디(John F. Kennedy) 대통령 시절 국가안보 보좌관에 임명된 맥조지 번디(McGeorge Bundy) 이후 최연소이다. 그는 나이에 비해 외교·안보 분야에서 경력이 풍부한 베테랑이다. 바이든이 상원 외교위원장이었던 2002~2008년 상원 외교위 총괄국장을 지냈다. 예일대를 졸업하고 로즈장학생으로 영국 옥스퍼드대에서 석사학위를 받은 그는 예일대 로스쿨을 졸업하고 로펌 등에서 일하다 2008년 민주당 대선 후보 경선 때 힐러리 클린턴(Hillary D. R. Clinton) 후보를 도왔다. 클린턴이 국무장관이 되면서 국무장관 부비서실장이 됐다. 이후 국무부 정책기획국장을 거쳐 블링컨의 후임으로 바이든 부통령의 국가안보 보좌관을 맡아서 일했었다. 클린턴이 2016년 대선에 나서자 캠프에서 수석 정책고문으로 활동했던 그는 이후 〈국가안보행동〉이라는 비영리단체를 만들고 다트머스대·카네기 기금 연구원 등으로 활동했다. 2017년에는 런던과 뉴욕에 본사를 둔 매크로 어드바이저 파트너스에서 일하기도 했다.

특히 설리번은 '이란 핵 합의'를 도출하는 데 공헌했다. 그는 이란 핵 합의의 발판을 마련한 초기 회담의 수석 협상가였다. 그는 지난 8월 카네기 재단 세미나에서 "중국을 견제하기 위해선 경기장 수준을 높이고 글로벌 시스템이 더 공정해지도록 규칙을 바꿀 필요가 있다"면서 "민주주의 국가 간 연대를 통한 중국 압박 전략을 추진해야 한다"고 밝히기도 했다. 그는 북핵 문제와 관련해서, "북핵 문제는 미국에 대한 최고의 국가안보 위협으로서, 다음 대통령이 다뤄야 할 최우선 의제가 될 것"이라며 "북한에 대해 이란에 했던 것과 비슷한 전략을 구사해야 한다"고 밝혔다. 그는 "이란과의 핵 협상에서 보듯이 북한에 대해선 압박과 대화 모두가 필요하다"면서 "북한과 대화가 가능하려면 북한에 대한 압박을 지속하는 게 필요하다"고 강조했다.

바이든은 국방장관에 4성 장군 출신인 로이드 오스틴(Lloyd J. Austin III) 전 중부군 사령관을 지명했다. 오스틴은 2021년 1월 22일 상원 인준을 통과하면서 미국 국방부 73년 역사상 첫 흑인 수장이 되었다.

앨라배마주 모빌 출생인 그는 1975년 육군사관학교(웨스트 포인트) 졸업 후 2016년 전역까지 41년간 전선을 누볐고, 지휘관 경력의 대부분을 중동에서 보냈다. 2008년 이라크에서 다국적군을 지휘했고, 2012년 흑인으론 처음으로 육군 참모차장에 올랐다. 2013년 중동을 관할하는 중부군 사령관에 취임해 이슬람 수니파 테러 조직인 〈이슬람국가(IS)〉 퇴치 작전을 지휘했다. 그가 2010년 이라크 주둔 미군 사령관에 임명됐을 때 바이든은 취임식에 직접 참석하기도 했다. 당시 그의 참모진 중 한 명으로 2015년 암으로 사망한 장남 보 바이든(J. R. "Beau" Biden III)이 있었다. 바이든이 그를 낙점한 것은 이런 친분을 고려한 것은 물론 민주당의 진보진영과 흑인층을 의식한 것이라고 볼 수 있다. 하지만 전역한 지 4년밖에 안 됐기 때문에 상원에서 인준에 통과될지는 미지수였다. 트럼프 전 대통령 재임 시절 제임스 매티스(James N. Mattis) 전 국방장관처럼 법 적용의 예외(waiver)를 인정받은 경우로 볼 수 있다. 오스틴 국방장관은 "미국은 동맹과 함께할 때 가장 강하다고 굳게 믿는다"라고 강조하기도 했다.

국토안보부 장관으로는 알레한드로 마요르카스(Alejandro N. Mayorkas) 전 국토안보부 부장관이 지명됐다. 마요르카스 지명자는 오바마 정부 때 부장관으로서 어릴 적 미국으로 건너온 이민자들의 추방을 유예하는 보호 프로그램(DACA)을 담당했었다. 마요르카스는 쿠바에서 태어나 유아기에 가족과 함께 피델 카스트로(Fidel A. Castro Ruz) 정권을 피해 미국으로 건너온 이민자 출신이다. 상원 인준을 통과할 경우 이민자 중 처음이자 히스패닉계로서도 첫 국토안보부 장관이 된다. 국토안보부는 테러 대책뿐 아니라 이민 정책을 담당하는 부처다.

에이브릴 헤인스(Avril D. Haines) 국가정보국(DNI) 국장은 2004년 DNI 설립 이래 최초의 여성 국장이 되었다. DNI는 중앙정보국(CIA)과 연방수사국(FBI), 국가안보국(NSA), 국방정보국(DIA), 국가정찰국(NRO) 등 16개 정보기관을 통솔한다. 이른바 '정보기관의 정보기관'이다. 초강대국 미국의 최고 정보기관들이 생산하는 정보가 그를 거쳐 대통령에게 전달되는 것이다. 헤인스 국장은 그동안 여러 차례 유리천장을 깼다. 여성으로는 처음으로 CIA 부국장에 올랐고, 오바마 전 대통령의 국가안보 담당 수석 부보좌관을 지냈다. 당시에도 대통령의 주요 안보자문역에 임명된 첫 여성으로 주목받았었다. 1969년 뉴욕 맨해튼에서 출생했고 부친은 생화학 분야 과학자였고 모친은 화가였다. 모친은 결핵으로 헤인스가 15세 때 사망했다. 고등학교 졸업 뒤엔 1년간 일본에 머물며 유도의 본산 고도칸(講道館)에서 유도를 배워, 갈색띠(1급)를 땄다. 그는 미국으로 돌아와 1988년 시카고대에서 이론물리학을 전공했으며, 당시 자동차 수리업체에서 일했다. 1992년에는 결혼 후 볼티모어로 이사해 서점을 운영했다. 서점 이름은 모친의 이름을 딴 〈에이드리언스 북 카페〉였다. 그러다 1995년 뒤늦게 조지타운대에서 법학을 공부했고 2001년 박사학위를 받았다. 이후 국무부 법률 고문실에서 일하던 그는 2008년 상원 외교위원회 부고문을 맡으며 바이든과 인연을 맺었다. 오바마 정부 당시 대북정책에도 깊이 관여했던 그는, 국제사회가 일관된 대북 압박을 통해 비핵화 목표를 추구해야 한다고 말해 왔다. 그는 2017년 〈브루킹스 연구소〉 주최 토론회에서 "김정은을 협상 테이블로 불러내고, 궁극적으로 북한 비핵화를 위한 핵무기 개발 동결을 끌어내기 위해서는 압박을 계속해야 한다"고 강조했다.

흑인 여성인 토머스-그린필드(L. Thomas-Greenfield) 유엔 주재 미국 대사 지명자는 35년 경력의 베테랑 직업 외교관 출신이다. 라이베리아, 스위스, 파키스탄, 케냐, 감비아, 나이지리아, 자메이카 등 4개 대륙에 걸쳐 외교 무대를 누빈 경험이 있다. 오바마 정부에선 아프리카 담당 정책 차관보를 지냈다. 바이든 정부가 추진하는 다자주의 외교에서 유엔 대사의 역할은 매우 중요할 것이 분명하다. 바이든의 파리 기후협약 재가입 약속을 실행하는 것도 유엔 대사의 일이다. 이에 따라 바이든은 토머스-그린필드 지명자에게 '각료급(Cabinet-rank)' 대사란 타이틀을 달아 줄 것으로 예상된다. 유엔 대사는 내각 일원이 아니지만, 대통령의 재량에 따라 국무장관과 어깨를 나란히 하는 각료의 직급을 부여할 수 있다. 오바마 전 대통령 시절 수전 라이스(Susan E. Rice)와 서맨사 파워(Samantha J. Power) 유엔 대사도 각료급이었다.

존 케리(John F. Kerry) 전 국무장관이 기후변화 담당 대통령 특사에 내정된 것도 주목된다. 케리 전 국무장관은 조지 W. 부시 대통령에게 패배하긴 했지만 2004년 대선에 민주당 후보로 출마한 중량감 있는 정치인이다. 그는 오바마 정부 시절 파리기후변화협약, 이란 핵 합의 등 주요 국제협약을 이끌어낸 인물이기도 하다. 그는 앞으로 NSC에 참석할 예정이다. 기후변화특사가 NSC 참석 멤버에 포함된 것은 사상 처음으로, 기후변화를 긴급한 국가안보 이슈로 다루겠다는 바이든의 의중이 반영됐다는 것이라고 볼 수 있다.

바이든은 코로나19 사태를 국가안보처럼 가장 중요하고 시급한 현안으로 보고 있다. 그 이유는 전 세계에서 가장 많은 확진자와 사망자가 발생하고 있는 미국의 코로나19 사태를 해결하는 최우선 과제이기 때문이다. 바이든은 이를 위해 보건복지부 장관으로 히스패닉계인 하비에르 베세라(Xavier Becerra) 캘리포니아주 법무장관을 발탁했다. 베세라 지명자는 24년간 하원의원으로 활동했다. 특히 그는 건강보험개혁법(Affordable Care Act)인 이른바 '오바마 케어'를 와해시키려는 트럼프 정부와 공화당에 맞서 이를 지키는 데 앞장서 왔다. 멕시코 이민자인 모친을 둔 베세라는 상원 인준 통과시 미국의 첫 히스패닉계 보건복지부 장관이 된다.

질병통제예방센터(CDC) 국장에는 감염병 전문가인 로셸 왈런스키(Rochelle P. Walensky) 박사가 임명됐다. 여성인 왈런스키 박사는 매사추세츠 종합병원의 감염병 부문 책임자였으며 하버드대 의대 교수로도 재직했다. HIV 치료제 관련 연구 등으로 학계에선 유명하다. 보건복지부 산하기관인 CDC는 질병의 예측, 예방, 통제를 담당하며 연방정부 차원의 코로나19 대응 주무 부서다.

또 코로나19 대응을 총괄하는 '코로나 차르'라는 평가를 받는 백악관 코로나19 조정관 겸 대통령 자문관에는 제프리 자이언츠(Jeffrey D. Zients)가 발탁됐고, 부조정관에는 내털리 퀼리언(Natalie Quillian) 전 백악관 선임보좌관이 내정됐다. 자이언츠는 바이든 대통령직 인수위원회 공동의장을 맡았고, 오바마 정부 때 백악관 예산관리국(OMB) 부국장과 국가경제위원회(NEC) 위원장을 맡은 경제 전문가다. 특히 바이든은 코로나19를 비롯한 전염병 최고 권위자인 앤서니 파우치(Anthony S. Fauci) 〈국립알레르기·전염병연구소(NIAID)〉 소장을 유임시키고, 그에게 대통령 수석보좌관 업무도 맡겼다. 트럼프 정부의 코로나19 태스크포스(TF) 일원이었던 파우치 소장은 마스크 착용 등 방역 대책을 놓고 트럼프 전 대통령과 자주 대립했고, 트럼프 전 대통령은 그를 '재앙'이라고 악담하기도 했다. 보건복지부 의무총감 겸 공중보건서비스단(PHSCC) 공동단장에는 비벡 머시(Vivek H. Murthy)가 발탁됐다. 오바마 정부에 이어 두 번째로 의무총감을 맡는 머시는 바이든의 코로나19 자문단의 공동단장으로 활동해 왔다.

바이든 정부에서 가장 중요한 인물은 론 클레인(Ronald A. Klain) 대통령 비서실장이다. 클레인은 무려 31년간 바이든과 함께해 온 최측근이다. 인디애나폴리스 출신인 그는 조지타운대와 하버드대 로스쿨을 우등으로 졸업한 헌법·선거법·행정법 전문가다. 로스쿨을 졸업한 직후 바이런 화이트(Byron R. White) 전 연방대법관의 법률 서기관으로 활동했고 1989년부터 상원 사법위원회의 변호사로 일하면서 당시 상원의원이었던 바이든과 만나 지금까지 인연을 맺어 왔다. 백악관과 의회를 아우르는 정무 감각이 뛰어난 인물로 평가되는 그는 2009~2011년 바이든의 부통령 시절 비서실장이었다. 2014년엔 오바마 정부 당시 퍼졌던 에볼라 대응팀의 수장인 '차르'직을 맡았다. 러시아 황제를 일컫는 '차르'는 미국 정부에서 특정 이슈에 관한 최고 조정관을 뜻하는 비공식적인 직함으로, 상원의 의결 없이 임명이 가능한 직책이다. 1995~1999년엔 앨 고어(A. A. "Al" Gore, Jr.) 전 부통령의 비서실장을 역임했다. 바이든은 "그의 깊고 다양한 경험, 모든 이들과 함께 일할 수 있는 정치적 스펙트럼은 우리가 위기의 순간을 직면한 이 시점에 백악관 비서실장으로 나라를 다시 하나로 통합할 때 그가 필요한 이유"라고 낙점 이유를 밝혔다. 그는 외교·안보팀과 긴밀한 소통을 통해 바이든이 적절한 결정을 내릴 수 있도록 조언하는 역할을 할 것이다.

바이든 정부의 경제팀(2021년 1월 26일 기준)

바이든은 재무장관으로 재닛 옐런(Janet L. Yellen) 전 연방준비제도이사회(Fed) 의장을 낙점했다. 옐런 재무장관은 오바마 정부 때인 2014년 역대 첫 여성 연준 의장에 올랐다. 그가 상원 인준을 통과하면서, 재무부 231년 역사에서 최초의 여성 장관이라는 기록을 세우게 됐다. 그는 클린턴 정부 당시인 1997년 백악관 경제자문위원장도 지냈다. 재무장관, 연준 의장, 경제자문위원장을 모두 거치는 것은 역사상 처음 있는 진기록이다. 옐런 재무장관은 트위터에 "우리는 지금 국가적으로 엄청난 도전에 직면해 있다"면서 "회복을 위해, 우리는 아메리칸 드림을 다시 복원해야 한다"는 글을 올렸다. 그는 "나는 재무장관으로서 모두를 위해 아메리칸 드림을 재건하기 위해 매일 같이 일할 것"이라고 강조했다. 올해 74세로 뉴욕시 브루클린에서 태어난 옐런은 브라운대를 졸업하고 예일대에서 경제학 박사학위를 받았으며 하버드대와 런던정경대 등에서 학자 경력을 쌓았다. 그는 1994년 클린턴 정부 당시 연준 이사로 임명되면서 공직을 시작했다. 미국 언론들은 그가 이론을 겸비한 경제학자이면서 정책과 실무 경험이 출중해 모든 면에서 흠잡을 데가 없는 재무장관이라고 평가하고 있다. 그의 재무장관 지명 소식에 뉴욕 다우존스 지수가 사상 처음으로 3만을 돌파하는 등 '귀환'을 환영하기도 했다.

바이든이 옐런을 재무장관에 지명한 것은 그가 코로나19 사태로 전대미문의 타격을 입은 미국 경제를 회복시키기 위한 적임자라고 판단했기 때문이다. 미국 경제 전문 채널 CNBC는 미국이 "독특하고 수많은 경제적 난관에 직면해 있다"며 "옐런 전 의장이 재무장관에 오른다면 바이든 정부에서 가장 까다로운 자리를 맡게 되는 것"이라고 지적했다. 글로벌 금융위기가 어느 정도 수습되고 양적 완화 종료가 필요한 시점에 연준 의장으로서 통화정책 운전대를 잡은 옐런 재무장관은, 2015년 금리인상을 거의 10년 만에 처음으로 단행해 정책 방향전환이라는 임무를 수행했다. 이후 5번 금리를 올리는 동안 시장과 소통하며 점진적으로 추진해서 시장 충격을 최소화했다는 평가를 받았다. '비둘기파(통화완화 선호)'로 꼽히는 그는 연준 의장으로 재임하면서 양적 완화의 속도를 조절하고 고용 회복에 초점을 맞춰왔다. 『워싱턴포스트』는 2차 세계대전 이후 옐런 재무장관의 연준 의장 재임 시절보다 큰 폭으로 미국의 실업률을 떨어뜨린 연준 의장은 아무도 없었다고 지적했다. 그는 트럼프 전 대통령이 집권하면서 연임을 반대해 40여 년 만에 처음으로 단임에 그친 연준 의장이라는 기록을 세우기도 했다. 노벨 경제학상 수상자인 조지프 스티글리츠(Joseph E. Stiglitz) 컬럼비아대 교수는 제자인 옐런 재무장관에게 "가장 중요한 과제는 '위기 이후 경제'로 갈 수 있는 다리를 놓는 것"이라고 조언했다. 그는 앞으로 바이든의 의중대로 대규모 경기부양에 적극 나설 것으로 보인다.

바이든은 재무부 부장관 자리에 월리 아데예모(A. "Wally" Adeyemo) 전 백악관 국가안보회의(NSC) 국제경제 담당 부보좌관을 흑인으로는 처음으로 지명했다. 아데예모는 어릴 때 나이지리아에서 이민을 온 입지전적 인물이며, 비영리단체인 〈오바마 재단〉의 회장직을 맡고 있다.

대통령 직속 경제자문위원회(CEA) 위원장에는 흑인 여성이자 노동경제학자인 세실리아 라우스(Cecilia E. Rouse) 프린스턴대 교수를 내정했다. 경제자문위원장은 백악관에서 대통령의 경제정책을 조언하는 자리로 라우스 교수가 인준을 거치면 74년 CEA 역사상 첫 유색인종 위원장이 들어서게 된다. 라우스 교수는 미국 최초의 흑인 여성 노벨문학상 수상자인 소설가 토니 모리슨(Toni Morrison)의 며느리이기도 하다.

정부의 재정 지출에 대한 로드맵을 세우는 백악관 예산관리국(OMB) 국장에는 인도계 여성인 니라 탄덴(Neera Tanden) 미국진보센터 의장이 지명됐다. 백악관 국가경제위원회(NEC) 위원장에는 기후변화 전문가인 브라이언 디즈(Brian C. Deese) 전 오바마 대통령 보좌관이 발탁됐다. 디즈 내정자는 NEC 부위원장, 백악관 예산관리국(OMB) 부국장, 기후변화 특별고문 등을 지냈으며, 미국 자동차산업 구제와 파리기후변화협약 협상에서 주도적 역할을 담당하기도 했다.

미국의 통상정책을 총괄하는 〈미국 무역대표부(USTR)〉 대표에는 대만계인 캐서린 타이(Katherine C. Tai) 하원 세입위원회 민주당 수석 자문위원이 발탁됐다. 타이 지명자가 상원 인준을 통과하면 미국 역사상 최초의 여성 유색인종 USTR 수장이 된다. 부모가 모두 대만 출신 이민자인 그는 코네티컷주에서 태어나 워싱턴 D.C.에서 성장했는데, 부유층 자녀가 다니는 명문학교 시드웰 프리엔즈를 나와 예일대를 졸업하고 중국 광저우의 중산대에서 2년간 영어를 가르치기도 했다. 하버드대 로스쿨에서 법학 박사학위를 받은 후 2007년부터 2014년까지 USTR에서 근무하며 〈세계무역기구(WTO)〉에서 벌어진 중국과의 분쟁 사건을 담당하는 등, 중국 전문 변호사로 일해 왔다. 특히 중국어에 능통한 그는 하원에서 중국과 관련된 무역 법안을 입안하는 데 상당한 역할을 해 왔다. 그는 또 트럼프 정부가 북미자유무역협정(NAFTA)을 미국·멕시코·캐나다 협정(USMCA)으로 개정하는 협상에도 참여했었다. 당시 그는 민주당이 요구한 노동과 환경 조항을 USMCA에 집어넣는 데 핵심 역할을 했다. 이 때문에 민주당은 물론 노동계가 당시 그의 활동을 높이 평가하기도 했다.

타이 지명자는 중국에 대해 강경한 입장을 보여 왔다. 시민단체인 〈글로벌 트레이드 워치〉의 로리 왈라치(Lori Wallach) 대표는 타이 지명자가 중국과 관련된 무역 문제에 대해 백과사전적 지식을 갖추고 있다고 평가했다. 그의 동료였던 벤저민 코스트제와(Benjamin Kostrzewa) 변호사는 타이 지명자를 두고 "벨벳 장갑 안에 강철 주먹이 있다"면서 "협상에서 강하게 밀어붙이는 것을 주저하지 않는다"고 밝혔다. 그는 지식재산권 침해와 농산물, 가전기기의 수출 보조금, 광물의 수출규제에 관한 협약 위반 등으로 중국을 여러 차례 WTO에 제소한 적이 있다. 심지어 그는 트럼프 전 대통령의 중국 무역정책이 대부분 방어적이라고 비판하기도 했다. USTR에서 함께 일했던 로렌 맨델(Lauren

Mandell) 변호사는 “중국과의 무역 분쟁을 성공적으로 해결한 그의 경험은 타의 추종을 불허한다”며 “그는 WTO를 통해 미국의 이익을 증진시킬 인물이자 세계 무역 시스템에 대한 중국의 도전을 잘 이해하고 있는 인물”이라고 높이 평가했다. 타이 지명자는 강제노역이 자행되고 있는 중국 신장 웨이우얼 지역의 면화 수입을 금지하는 법안에 대한 민주당 의원들의 지지를 이끌어내 법안의 신속한 통과를 도왔다. 바이든이 그를 지명한 것은 중국에 대해 강경한 통상정책을 추진하겠다는 의지를 보인 것이라고 볼 수 있다.

바이든이 발탁한 인물 중에서 가장 중요한 인물 중 하나로 백악관 인사 담당 국장인 캐시 러셀(Kasey Russell)을 꼽을 수 있다. ‘인사가 만사’라는 말이 있듯이 정부 관리들의 인사를 담당하는 그는 차기 정부의 성패를 좌우할 수 있는 역할을 맡았다. 트럼프 정부가 실패를 겪을 수밖에 없었던 이유들 중 하나로 인사가 꼽힌 것은 널리 알려진 사실이다. 지난 4년간 수백 개의 중요한 자리가 임자를 찾지 못한 채 마지막까지 공석으로 남았다. 가족들끼리 일자리를 물려주거나 넘기는 사례도 적지 않았다. 러셀은 퍼스트레이디인 질 바이든(Jill T. Biden)의 오른손으로 오랫동안 일했으며, 그의 남편 톰 도닐런(Thomas E. Donilon)도 오바마 정부에서 백악관 국가안보 보좌관을 지냈다. 이들 부부는 1980년대 말부터 바이든의 측근으로 자리 잡았다.

바이든은 이처럼 여성들을 대거 기용하고 있다. 특히 백악관 공보팀은 모두 여성으로 구성됐다. 대변인 등 백악관 공보팀 최고위직 7개 자리에 여성들이 전원 발탁된 것은 미국 역사상 처음이다. 대변인으로 임명된 젠 사키(Jennifer R. Psaki) 인수위 선임고문은 2001년 민주당 선거 캠프에서 일한 것을 시작으로 대선 캠프와 백악관, 관가를 두루 거치며 대언론 분야에서 잔뼈가 굵은 베테랑이다. 백악관 공보국장에는 바이든 대선 캠프 선대부(선거대책본부) 본부장을 지낸 케이트 베딩필드(Katherine J. Bedingfield)가 낙점됐다. 그는 오바마 정부 시절 백악관에서 신속대응국장, 공보 담당 차석 비서관 등을 역임했다. 바이든이 부통령이었을 때 대변인이었던 엘리자베스 알렉산더(Elizabeth E. Alexander)는 질 바이든의 공보국장으로 기용됐다. 바이든이 앞으로 다양한 인물들로 구성된 내각과 참모진들을 슬기롭게 조율해 '하나의 팀'으로 잘 꾸려 갈 수 있을지 주목된다.

바이든 정부가 추진할 중국과의 경제패권 다툼 향방

로버트 라이트하이저(Robert E. Lighthizer) 전 〈미국 무역대표부(USTR)〉 대표는 중국 정부가 트럼프 정부와 무역협상을 하면서 가장 껄끄럽다고 생각해 온 인물이다. 레이건 정부에서 USTR 부대표를 지낸 라이트하이저는 미국 최대 로펌 가운데 하나인 〈스캐든〉에서 파트너 변호사로 일하는 등 통상법 전문가이다. 라이트하이저는 그동안 협상에서 중국 정부를 가장 강력하게 압박해 왔다. USTR 대표에서 물러난 그는 "중국 정부가 코로나19를 이유로 1단계 무역합의 사항 중에서 일부를 이행하지 않고 있다"면서 "바이든 정부는 중국에 대한 압박을 지속해야 한다"고 조언했다. 그의 이런 말은 바이든 정부가 향후 중국과의 협상에서 유리한 조건을 끌어내기 위해 트럼프 전 대통령의 유산을 적극 활용하라는 뜻이라고 볼 수 있다. 바이든 정부는 그의 조언처럼 중국과의 1단계 무역합의를 당장 손보진 않을 것으로 보인다.

바이든은 당선인 시절 『뉴욕타임스』의 토머스 프리드먼(Thomas L. Friedman) 칼럼니스트와의 인터뷰(2020년 12월 1일)에서 "중국과의 1단계 무역합의나 중국산 수입품에 부과한 25% 관세의 철회에 즉각 나서진 않을 것"이라고 밝혔다. 바이든의 의도는 트럼프 전 대통령이 남긴 중국과의 무역전쟁의 유산인 '관세'를 활용하겠다는 것이라고 볼 수 있다, 바이든이 일단 중국과의 1단계 무역합의를 유지하려는 이유로 중국과의 기존 합의에 대해 전면적인 검토가 필요하다는 점을 꼽았다. 중국이 2000억 달러의 미국산 상품을 구매하겠다는 약속을 지키는지에 대한 확인은 물론 관세 부담이 오히려 미국 소비자에게 전가돼 역효과를 냈다는 비판론도 검증하겠다는 것이다. 바이든은 또 다른 이유로 동맹과의 협력 필요성을 제시했다. 트럼프 전 대통령이 유럽은 물론 한국, 일본 등 아시아의 동맹국을 상대로도 무역, 안보 등 전방위적인 갈등을 빚어 균열이 심화된 상황에서, 중국에 대한 압박 정책을 추진하기 전에 동맹들과의 관계 회복이 무엇보다 중요하다는 것이 바이든의 입장이다.

바이든은 중국과의 무역적자보다는 중국의 불공정한 무역관행에 초점을 맞추는 정책을 추진할 계획이다. 바이든은 중국과 무역협상에 나설 경우, 미국의 무역적자 해소보다는 무역관행 전반의 개선을 목표로 한 글로벌 규칙 설정에 힘을 쏟고, 이를 위해 동맹과 연합전선을 구축해 중국을 압박하겠다는 입장을 밝혔다. 바이든은 중국이 개선해야 할 무역관행으로 지식재산권 절취, 덤핑, 불법 보조금, 강제적 기술이전 등을 열거했다. 바이든이 중국과의 무역협상에서 강경한 전략을 추진할 수밖에 없는 이유는 무엇보다 중국을 견제해야 한다는 의회의 초당적 입장을 고려해야 하기 때문이다. 특히 트럼프 전 대통령이 대선 운동 기간, 바이든 후보가 대통령이 되면 중국에 나약한 모습을 보일 것이라고 집중 공격한 것을 바이든도 의식할 수밖에 없다. 쇠락한 공업지대인 이른바 '러스트벨트' 지역에서 반중 정서가 강하다는 점도 감안해야 한다. 바이든이 대통령에 당선된 것은 러스트벨트 지역 유권자들의 지지가 있었기 때문이다.

바이든은 중국과의 경쟁을 위해 정부 주도의 대규모 투자 계획인 '미국에 최우선으로 투자(investing in America first)' 정책을 주장했다. 투자 적합 분야로는 에너지, 생명공학, 첨단재료 및 인공지능의 연구·개발과 기반시설, 교육을 꼽았다. 그는 "미국에 최우선으로 투자 정책으로 중국과 필사적으로 싸울 계획을 분명히 한다"면서 "국내 노동자들의 교육 등에 상당한 투자가 이뤄지기 전까진 어느 국가와도 새로운 무역합의를 맺지 않을 것"이라고 강조했다. 바이든은 "최고의 대중(對中) 전략은 우리의 모든 동맹과 또 적어도 동맹이었던 국가들이 합심하는 것"이라며 "이것이 내가 임기를 시작하는 초기 핵심 우선순위가 될 것"이라고 밝혔다.

바이든은 트럼프보다 정교하게 중국과 싸운다

중국의 미국 전문가들은 바이든 대통령이 트럼프 전 대통령보다 다루기가 훨씬 까다로울 것이라고 이구동성으로 전망하고 있다. 특히 중국은 바이든이 〈미국 무역대표부(USTR)〉 대표에 대만계인 타이 변호사를 지명하자 상당히 충격을 받았다. 우신보(吳心伯) 푸단대 미국학센터 소장은 "WTO에 중국을 제소해 온 타이 변호사를 USTR 대표로 발탁한 미국의 전략은 다자간 플랫폼에서 중국에 압력을 가하는 데 능숙하다는 것을 의미한다"며 "바이든 정부에서는 트럼프 정부와는 다른 차원의 압박이 들어올 것"이라고 전망했다. 이처럼 바이든은 트럼프보다 중국과의 패권다툼에서 상당히 정교한 전략을 구사할 것이 분명하다.

무엇보다 바이든은 자타공인 외교 전문가이다. 그는 36년간 상원의원을 지내면서 외교위원회에서 12년간 활동했고, 외교위원회 위원장도 두 차례 지냈다. 오바마 정부에서는 8년간 부통령을 역임했다. 아울러 바이든은 중국의 덩샤오핑, 옛 소련의 레오니트 브레즈네프(Leonid I. Brezhnev) 서기장을 직접 회담하는 등 각국 전·현직 지도자들을 가장 많이 만난 미국의 정치인이기도 하다. 말 그대로 바이든은 산전·수전·공중전까지 경험한 노련한 외교 거물이다. 특히 바이든은 철저한 민주주의자이며 국가 간 동맹관계를 가장 중시한다. 바이든은 그동안 트럼프가 동맹과 파트너들을 깔보고 그들의 권위를 약화시켰다고 강력하게 비판해 왔다. 그는 "민주주의는 미국 사회의 근간일 뿐 아니라 힘의 원천"이라면서 "대통령으로서 나는 미국의 민주주의와 동맹들을 다시 공고히 하고, 다시 한번 미국이 세계를 선도할 수 있도록 즉각적인 행동을 취할 것"이라고 강조했다. 이런 점에서 볼 때 바이든이 대통령으로 집권하는 동안 미국과 중국이 이념적으로 대립할 가능성이 높다. 스티브 창(Steve Tsang) 영국 런던대 동양·아프리카대(SOAS) 산하 중국연구소 연구원은 "바이든 정부가 기후변화나 코로나19 대응에서 중국과 협력을 추구한다고 해도 양국 간에는 각각 권위주의 수호와 민주주의 수호라는 기본적인 노선의 차이가 존재한다"고 지적했다. 반면 트럼프는 재임기간 동안 민주주의 수호라는 원칙조차 밝힌 적이 없을 뿐만 아니라 오로지 상업주의적인 관점에서 대외정책을 추진했다.

게다가 바이든은 경제 문제에서도 미국이 규범과 규칙을 정해야 한다는 입장을 보여 왔다. 그는 "가장 중요한 것은 누가 '교역의 원칙'을 쓰느냐는 것"이라면서 "중국이 아닌 미국이 앞으로 국제사회를 이끌어가야 한다"고 강조했다. 바이든의 신념은 민주주의와 경제에서 미국이 확고한 원칙을 세우고 동맹국들과 힘을 합쳐 중국의 도전에 맞서 세계를 주도해야 한다는 것이다. 바이든은 중국의 도전에 대응하는 방법에 대해 "미국의 동맹과 파트너들로 이루어진 연합전선을 만들어 중국의 잘못된 행동과 인권침해 행위에 맞서는 것"이라며 "미국은 그 자체로 세계 GDP의 25%이고 동료 민주주의 국가들을 합치면 두 배 이상이 되기 때문에 중국은 국제경제의 절반 이상을 무시할 수 없을 것"이라고 강조하기도 했다. 반면 트럼프는 동맹을 중시하지 않았다. 이 때문에 동맹국들이 트럼프에 등을 돌렸고, 그 바람에 중국만 어부지리를 얻어 왔다.

중국의 입장에서 볼 때 바이든은 상당히 껄끄러운 상대가 될 것이 분명하다. 중국 정부의 외교 고문인 스인훙 인민대 교수는 "바이든은 대선 내내 중국에 적대적인 태도를 드러냈고 트럼프와 다르게 중·미 관계에 접근할 것이라는 어떤 신호도 보여 주지 않았다"고 지적했다.

시진핑 주석의 책사인 정비젠(郑必坚) 전 공산당 중앙당교 상무부교장은 "바이든 정부 아래에서 중·미 관계의 긴장이 완화될 것이라고 섣불리 기대할 수 없다"면서 "상황이 개선되지 않을 것에 대비해 군사력을 강화해야 한다"고 밝혔으며, "중국은 군사력 강화를 포함해 장기적인 계획을 세워야 한다"고도 강조했다. 특히 정 부교장은 "중국이 일대일로 프로젝트 추진에 박차를 가해야 한다"고 주장해 바이든 정부의 중국 포위전략에 대비해야 한다는 견해를 밝혔다. 황치판(黃奇帆) 〈중국 국제경제교류센터〉 부이사장은 "미국이 환태평양 경제동반자협정(TPP)에 복귀할 것에 대비해 중국이 선제 대응을 해야 한다"면서 "바이든 정부가 다자주의를 강조하고 있는 만큼 미국이 중국의 이익을 위협할 다른 무역협정을 추진하는 것에 대비해야 한다"고 강조했다. 정융녠(郑永年) 글로벌 및 당대 중국고등연구원 원장은 "바이든은 분명 매우 약한 대통령"이라며 "그는 미국 국내 문제를 해결하지 못하면 외교 전선에서 중국을 상대로 뭔가를 할 것"이라고 내다봤다. 정 원장은 "우리(중국)는 트럼프가 민주주의와 자유를 신장시키는 데 관심이 없고 바이든은 그 반대라고 말하는데, 트럼프는 전쟁에 관심이 없다. 반대로 민주당 대통령은 전쟁을 시작할 수 있다"고 경고했다. 정 원장은 또 "트럼프는 사업가이고 예측 불가능하게 행동한다. 반면 바이든은 엘리트 경로를 밟고 예측 가능하다"면서 "그렇기 때문에 트럼프는 비이성적으로 중국에 강경하고 바이든은 이성적으로 강경하다"고 지적했다. 정 원장은 "중·미 간 기술전쟁은 앞으로 더욱 악화할 것"이라며 "우리는 우리의 기술을 확보해야 하며 우리의 시스템을 개선해야 한다"고 강조했다.

바이든, 인도 앞세워 중국 견제

"캐멀라도, 커말라도, 카멜라도 아닙니다. 바로 카멀라입니다."

카멀라 해리스(Kamala D. Harris) 미국 부통령이 2016년 상원의원에 출마했을 때, 동영상을 제작해 자신의 이름을 어떻게 발음해야 하는지 친절히 알려 주는 내용 중 일부이다.* 해리스 부통령은 자메이카계 흑인 아버지와 인도인 어머니 사이에서 태어났다. 그의 어머니는

* https://twitter.com/kamalaharris/status/735197253153914881?s=21

인도인 정체성을 지키겠다는 뜻으로 딸의 이름을 '카멀라'라고 지었다. 카멀라는 인도의 고어(古語)인 산스크리트어로 '연꽃'을 의미한다. 미국에서 생소한 이름이다 보니 해리스는 그동안 자신의 이름을 틀리게 발음하는 것을 들어 왔다. 그럼에도 불구하고 해리스는 인도 출신이라는 점을 숨기지 않고 자신의 이름을 똑바로 발음해 달라고 동영상까지 만든 것이다. 해리스는 자신이 인도 출신이라는 자부심까지 보여 왔다. 그는 2020년 8월 민주당 전당대회에서 부통령 후보로 지명됐을 때, 수락 연설에서 "치티(Chittis: 인도 타밀어로 이모나 고모)를 비롯해 가족들의 응원에 감사한다"고 밝히며 자신이 인도 출신임을 강조하기도 했다.

그런데 한 가지 주목할 점은 바이든이 대선에 승리하는 데 인도계 미국인들도 한몫했다는 것이다. 미국에는 이른바 '해외 인도인(OCI: Overseas Citizenship of India)'이 가장 많이 거주하고 있다. 전체 OCI 중 13.9%인 446만 명이 미국에 있다. 이 가운데 미국에서 투표권을 가진 인도계 미국인 유권자 수는 190만여 명이다. 미국 전체 유권자의 1%에도 미치지 못하지만, 인도계 유권자들은 상당한 영향력을 발휘해 왔다. 이들은 대부분 고학력자에다 재산도 상당하다. 실리콘 밸리에 있는 대형 IT 기업 CEO들은 물론, 고위 간부 중 상당수는 인도계이다. 이들은 각종 선거에서 자신들이 선호하는 후보에 거액의 기부금을 내는 등 정치적 목소리를 드러내 왔으며, 트럼프 전 대통령이 추진해 온 이민 규제 강화 정책에 반대해 왔다. 특히 이들은 이번 2020년 대선에서 격전지였던 텍사스(16만 명), 펜실베이니아(6만 1000명), 미시간(4만 5000명), 플로리다(8만 7000명), 조지아(5만 7000명) 등에 많이 거주하고 있었다. 이들 중 대부분은 '같은 핏줄'인 해리스의 당선을 위해 바이든 후보를 찍었다. 인도의 유력 경제지 『이코노믹 타임스(The Economic Times)』는 "인도계 기술자들이 대거 미국으로 이민을 신청했지만 트럼프 정부의 정책으로 시민권을 받지 못했다"면서 "바이든 정부가 50만 명의 이민자들에게 시민권을 부여할 것으로 보인다"며 기대했다.

특히 모디 인도 총리는 해리스 부통령을 고리로, 바이든 미국 정부와의 관계를 강화하기 위해 적극 나서고 있다. 모디 총리의 입장에선 국경분쟁을 벌이고 있는 데다 지속적으로 인도양에 진출하려는 중국을 견제하기 위해 바이든과 손을 잡는 것이 무엇보다 중요하다. 게다가 모디 총리는 코로나19 사태로 타격을 입은 경제를 회복시키기 위해서도 미국과의 협력이 필수적이라고 보고 있다. 인도 정부가 최근 중국 IT 기업들의 애플리케이션을 대거 사용금지 조치 내리는 등, 중국과 대립각을 세우고 있는 것도 미국 IT 기업들의 투자를 유치하려는 의도 때문이다. 인도 정부는 또 안보와 군사 분야에서도 미국과 더욱 강력하게 연대하겠다는 의지를 분명하게 보이고 있다. 인도 해군이 2020년 11월에 인도양과 아라비아해에서 두 차례에 걸쳐 미국, 일본, 호주 등 4개국 안보협력체인 이른바 쿼드 회원국 해군과 해상 연합훈련을 사상 처음 실시한 것도 이 때문이다.

바이든도 트럼프 전 대통령과 마찬가지로 인도와의 협력관계를 견고하게 유지해야 한다는 입장이다. 바이든이 2020년 11월 모디 총리와의 통화에서 "양국의 전략적 파트너십이 확대·강화되기를 기대한다"고 밝힌 것도 이 때문이다. 바이든 당선인은 모디 총리에게 "안전하고 번영하는 인도·태평양 지역의 유지를 비롯한 공동의 과제에 긴밀히 협력하기를 바란다"고 강조했다. 바이든의 이런 발언은 앞으로도 중국을 견제하고 포위망을 구축하려는 미국의 인도·태평양 전략에 인도가 적극 동참해 줄 것을 당부한 것이라고 볼 수 있다. 바이든은 상원의원 시절이던 2006년 언론과의 인터뷰에서 "2020년에는 미국과 인도가 세계에서 가장 가까운 사이가 되는 게 내 꿈"이라면서 "그런 일이 발생한다면 세계는 더욱더 안전해질 것"이라고 밝힌 적이 있다. 당시 바이든의 의도는 인구로 볼 때 세계 최대 민주주의 국가인 인도와 두 번째인 미국이 협력한다면 중국을 견제하기에 충분하다는 뜻이었다고 해석할 수 있다.

미국과 일본의 동맹 강화, 다섯 번째 아미티지-나이 보고서

미국의 저명한 싱크탱크인 〈전략국제문제연구소〉는 2020년 12월 7일 「2020년의 미·일 동맹-글로벌 어젠다에 대한 동등한 동맹」이란 제목의 보고서를 발표했다. 일본 언론들은 이 보고서를 「5차 아미티지-나이 보고서」란 별칭을 달아 대대적으로 보도했다. 이 보고서는 리처드 아미티지(Richard L. Armitage) 전 국무부 부장관과 조지프 나이(Joseph S. Nye, Jr.) 하버드대 특별공로교수 등 미국의 초당파(超黨派), 지일파(知日派) 전문가들이 바이든 정부가 추진해야 할 미·일 동맹 강화 방안을 담은 것이다. 구체적인 내용을 보면 이 보고서는 중국의 부상이라는 새로운 환경 속에서 '경쟁적 공존'을 하려면 바이든 정부가 일본을 미국, 영국, 캐나다, 호주·뉴질랜드 등 영어권 5개국의 정보 공동체인 '파이브 아이즈'에 여섯 번째로 가입시켜 안보협력을 강화해야 한다고 제안하고 있다. 이 보고서는 또 바이든 정부가 트럼프 정부가 탈퇴했던 '포괄적·점진적 환태평양 경제동반자 협정(CPTPP)'에 재가입해 일본과 기술·경제 분야에서의 협력을 강화해야 한다고 강조했다. 이 보고서는 중국을 최대 위협으로, 북한을 두 번째 위협으로 간주하면서 한·미·일 군사협력과 쿼드 강화·확대를 주문하고 있다.

아미티지와 나이는 2000년 10월 발표한 「성숙된 파트너십을 위해」라는 제목의 첫 보고서에서 "미국의 민주적 동맹국인 일본은 미국이 아시아에 관여할 때 열쇠가 된다"며 "일본이 그동안의 헌법 제약을 해체하고 집단적 자위권을 행사해야 한다"고 주장했다. 이들의 제안은 2015년 4월 미·일 가이드라인(방위협력지침) 개정과 그해 9월 일본 안보법제 개정을 통해 그대로 관철됐다. 두 사람은 2007년 2월 2차 보고서에서 일본이 오랫동안 유지해 온 '무기 수출 3원칙'을 완화하고 미사일 방어체계(MD)를 강화할 것을 제안했다. 이런 주장도 역시 실현됐다. 두 사람은 2012년 8월 3차 보고서에서 미·일 양국이 원자력 연구개발을 강화하고 환태평양 경제동반자 협정(TPP)에 적극 나서야 한다고 강조했다. 당시 아베 신조 총리는 이 제안을 받아들여 미국과 TPP의 최종 합의를 도출했지만 트럼프 대통령은 취임 사흘째인 2017년 1월 23일 TPP 탈퇴를 선언했다. 그럼에도 불구하고 일본은

TPP를 CPTPP로 이름을 바꿔 지금도 유지하고 있다. 두 사람은 또 2018년 10월 네 번째 보고서에서 미·일 연합 통합임무부대 창설, 자위대 통합 사령부 창설, 공동의 유사계획 수립 등을 제안했다. 이런 방안은 미국과 일본이 사실상 무력을 완전하게 일체화하는 것으로 단계적으로 실현되고 있다.

아미티지와 나이는 5번째 보고서에서 코로나19 및 경제위기로 인해 국방예산을 늘리기 어려워진 만큼, 미·일 동맹의 '상호 운용성'을 넘어 '상호 의존성'을 강화해야 한다고 강조했다. 다시 말해 군사적 일체화를 가속화해 '안보의 경제성'도 달성하자는 것이다. 두 사람은 또, 한·미·일 협력을 위해 한·일 관계 개선의 필요성도 강조했다. 보고서는 "한·일 간의 지속적인 긴장이 최대 문제라며, 한·일 양국은 과거가 아니라 미래에 초점을 맞출 필요가 있다"고 지적했다. 이는 오바마 정부가 한·일 관계를 중재하면서 한·미·일 군사협력 강화를 추진했던 전략과 유사하다.

특히 이들은 대만 문제를 주목했다. 보고서는 "중국이 대만에 대해 군사적·정치적 압박을 강화하고 있다"면서 "미·일 동맹은 대만에 대한 정치적·경제적 관여를 강화해야 한다"고 주문했다.

바이든 정부가 이런 보고서대로 전략을 추진할지는 확실하지 않지만, 앞으로 중국을 견제하기 위해 미·일 동맹 강화에 적극 나설 것은 분명하다. 실제로 바이든 대통령은 당선인 시절인 2020년 11월 12일 스가 요시히데(菅 義偉) 일본 총리와의 첫 통화에서 센카쿠 열도(중국명: 댜오위다오)에 미·일 안보조약 제5조를 적용하기로 약속했다. 미·일 안보조약 제5조는 "미·일 양국은 일본 행정권 아래 있는 영토에서 미국 또는 일본에 대한 무력 공격이 있을 경우, 자국의 헌법 규정 및 절차에 따라 공동 위험에 대처하도록 행동한다"고 규정하고 있다. 일본 정부는 그동안 센카쿠 열도가 자국 행정권 아래에 있기 때문에 당연히 미국이 군사 개입해야 한다고 주장해 왔다. 그런데 바이든이, 스가 총리가 먼저 거론하지도 않은 센카쿠 영유권 문제에 일본 정부의 주장을 그대로 수용했다는 것은 앞으로 미·일 동맹을 강화하겠다는 의지의 표현이라고 볼 수 있다. 이런 맥락에서 볼 때, 바이든 정부는 앞으로 트럼프와 아베의 시절처럼 일본을 앞세워 중국을 적극적으로 견제하는 전략을 추진할 것이 확실하다.

중국의 호주 때리기는 바이든 정부의 동맹 강화 전략에 대한 선제공격

중국 정부는 2020년 10월 호주산 석탄을 실은 수송선들의 하역을 금지한다는 내용의 구두 명령을 내렸다, 중국 정부는 또 자국 발전소와 제철소들에 호주산 발전용 및 제철용 석탄 수입을 중단하도록 구두로 통보했다. 중국 정부는 과거 남중국해에서 영유권 분쟁을 벌여온 필리핀에 대한 보복 조치로 바나나를 실은 선박들의 하역을 금지한 적이 있다. 당시 바나나가 모두 썩는 바람에 필리핀 수출업자들이 큰 피해를 입었다. 호주 석탄 수출업자들도 선박들의 용선료 등 비용이 올라가기 때문에 상당한 타격을 입고 있다. 중국 정부의 이런 조치는 코로나19 발원지에 대한 국제조사를 주장한 호주 정부에 대한 보복이다. 호주는 지난 2년간 중국에 매년 140억 호주달러(약 11조 5600억 원) 상당의 석탄을 수출해 왔다. 호주의 대중 수출품목 중에서 석탄은 철광석과 천연가스에 이어 세 번째로 많다.

중국 정부는 2020년 5월 호주산 보리에 80.5%의 반덤핑관세*를 부과하고, 호주 4대 도축업체가 가공한 소고기 수입을 중단시켰다. 중국 정부는 면화, 목재, 랍스터, 구리 등 각종 호주산 수출품에 대한 수입제한과 금지 및 통과 불허 조치를 내렸고, 호주산 와인에 최대 200%가 넘는 반덤핑관세까지 부과했다. 이들 품목은 중국 시장에 대한 호주의 수출의존도가 높은 반면, 중국 입장에서는 수입선을 다른 나라로 돌릴 수 있는 품목들이다. 호주의 생산업자들은 졸지에 최대 시장을 잃어 큰 타격을 입고 있지만, 중국은 다른 나라에서 수입할 수 있어 국내 물가에 영향을 거의 받지 않는다. 중국 정부의 이런 조치들은 경제보복을 통해 호주 정부의 '항복'을 받아 내려는 전형적인 수법이다. 호주로선 최대 수출 시장인 중국의 잇단 보복 조치로 경제적으로 상당한 어려움을 겪고 있다. 호주 통계청에 따르면 2019~2020 회계연도 호주 상품 수출의 39%, 수입의 27%를 중국이 차지했다. 반면 호주가 중국의 수출에서 차지하는 비중은 단 1.9%에 불과하다. 무역보복이 지속되더라도 중국은 큰 영향을 받지 않겠지만, 호주의 GDP

* 부당하게 낮은 가격으로 수출된 제품 때문에 수입국의 산업이 피해를 입었을 때, 수입국에서 해당 수출품의 부당가격에 관세를 부과하는 것.

는 6%나 떨어질 것이란 전망이 나오고 있다.

이런 사실을 잘 알고 있는 중국 정부는 노골적으로 호주 정부에 요구사항까지 제시했다. 호주 캔버라 주재 중국 대사관은 호주의 반중 사례 14가지를 들면서 불만을 표출했다. 그 내용을 보면 ① 〈화웨이〉와 〈ZTE〉의 5G 사업 참여 배제, ② 중국 기업의 호주 투자 프로젝트가 국가안보상의 이유로 거부된 점, ③ 코로나19에 대한 국제사회의 독립적 조사를 요구하는 미국의 행동에 동조, ④ 신장 웨이우얼~홍콩~대만 문제에 대한 간섭, ⑤ 남중국해 개입, ⑥ 빅토리아 주정부의 일대일로 프로젝트 참여를 막은 입법 조치 등이다. 그러면서 중국 대사관은 성명을 통해 "중국은 매우 화가 나 있다"면서 "호주가 중국을 적으로 만들면, 중국은 호주의 적이 될 것"이라고 경고했다.

중국 정부가 전방위적으로 '호주 때리기'에 나서고 있는 의도는 무엇보다 미국 정부를 겨냥한 것이라고 볼 수 있다. 호주는 영어권 5개국 정보동맹체인 파이브 아이즈의 일원일 뿐만 아니라 중국을 겨냥한 4개국 안보협력체인 쿼드의 회원국이다. 두 기구에 모두 이름을 올린 것은 호주와 미국뿐이다. 게다가 호주는 국제사회에서 주요 현안이 발생했을 때 항상 미국을 지지해 온 핵심 동맹국이다. 호주는 전 세계에서 처음으로 중국 최대 통신장비 업체인 〈화웨이〉의 5G 사업 참여를 배제하면서 미국의 제재 조치에 동참했다. 호주는 중국의 영향력 확대를 차단하기 위해 남중국해에 함정들을 파견해 미국, 일본 등과 연합 해상훈련도 실시해 왔다. 호주는 자국 영토에 미군 주둔을 허용하는 미국과의 군사협력도 강화해 왔다. 중국의 입장에서 호주가 눈엣가시일 수밖에 없다.

이에 따라 중국과 호주의 관계는 갈수록 소원해졌다. 중국 정부는 신냉전을 벌이고 있는 미국과는 정면대결을 피하는 대신 동맹국인 호주를 공략함으로써 미국에 간접적인 경고의 메시지를 보내는 방법을 구사하고 있다고 말할 수 있다. 일종의 '살계경후(殺鷄儆猴)' 전략이다. 닭(호주)을 죽여 원숭이(미국)를 겁주겠다는 것이다.

또 다른 이유는 호주에 대한 보복을 통해 미국의 인도·태평양 지역의 동맹과 전략적 파트너들에게 미국과 협력하지 말 것을 압박하려는 것이다. 미국의 협력 대상국들로는 일본과 한국, 베트남, 인도네시아, 인도 등이다. 이 가운데 일본과 인도를 제외하고 나머지 국가들은 중국의 경제보복과 군사적 위협을 버티기 어렵다. 중국 정부의 의도는 이들 국가에 미국 편을 들면 호주처럼 될 것이라는 점을 보여 주려는 것이다. 말 그대로 '본보기'라고 볼 수 있다.

중국의 궁극적인 목적은 바이든 대통령을 겨냥한 것이다. 바이든은 정부의 최우선 과제로 동맹 복원을 내세우고 있다. 바이든 정부의 전략은 트럼프 정부의 '미국 우선주의'로 악화된 동맹과의 관계를 회복해 중국을 견제하기 위한 연합전선을 구축하는 것이다. 다시 말해 '동맹국 vs 중국'의 대결 구도를 만들겠다는 것이다. 때문에 중국의 호주 때리기는 바이든 정부의 이런 전략에 대한 선제공격이라고 분석할 수 있다. 미국 외교전문지 『포린폴리시』는 "중국의 호주에 대한 위협 공세는 중국과 무역으로 얽혀 있는 모든 국가에 경고의 메시지를 보내는 것"이라면서 "중국의 이런 행위는 미국의 동맹체제에 대한 도전"이라고 지적했다. 『워싱턴포스트』는 "중국은 호주가 자신들의 요구에 굴복할 가능성이 없다는 걸 알고 있다"면서 "그럼에도 불구하고 중국은 자국에 경제적으로 크게 의존하는 아시아·태평양 지역 국가들에 이런 메시지가 매우 위협적일 것으로 보고 있다"고 분석했다.

바이든 정부로선 중국의 호주 때리기라는 선제공격이 위기이자 기회가 될 것으로 보인다. 위기인 측면에서 볼 때 바이든 정부가 동맹국들과의 관계를 복원해 연합전선을 구축하기도 전에 동맹국들이 중국의 압박에 못 이겨 중국에 등을 돌릴 수도 있기 때문이다. 또 바이든 정부는 코로나19 퇴치와 인종 차별 문제 및 경제위기 등 국내적으로 산적한 현안들을 우선적으로 해결해야 하기 때문에 동맹국들을 지원할 여유가 없다. 『뉴욕타임스』는 "바이든 정부는 국내 문제로 정신이 팔려 있다"며 "바이든 정부가 국내 위기를 먼저 처리하는 동안 '중국의 음모'를 뒤로 미루도록 강요받고 있다"고 지적했다.

그럼에도 불구하고 바이든 정부는 동맹과의 관계 복원과 연합전선 구축이 중국을 견제하는 가장 좋은 전략이라는 점을 중국의 호주 때리기 전략을 통해 인식하고 있다. 『워싱턴포스트』는 "동맹을 되살리겠다고 약속한 바이든이 그 일을 시작하기에 가장 좋은 곳은 호주"라며 "바이든이 대통령에 취임하자마자 적극적으로 호주 지원에 나선다면 동맹국들을 결집시킬 수 있는 기회가 될 것"이라고 지적했다. 실제로 바이든은 당선인 시절 스콧 모리슨(Scott J. Morrison) 호주 총리와의 통화에서 호주와의 동맹 강화 의지를 밝혔다. 바이든은 모리슨 총리에게 "안전하고 번영하는 인도·태평양 지역의 유지를 포함한 많은 공동 과제에 관해 긴밀히 협력하길 기대한다"고 강조했다. 제이크 설리번 백악관 국가안보담당 보좌관도 "호주 국민은 전 세계의 자유와 민주주의를 지키기 위해 큰 희생을 했다"면서 "미국은 동맹인 호주와 함

스콧 모리슨 호주 총리(© Kristy Robinson, 2014)

께할 것"이라고 밝혔다. 모리슨 총리도 "호주의 가치, 민주주의, 주권은 무역에 달린 문제가 아니다"라면서 중국의 압박에 굴복하지 않겠다는 의지를 천명했다. 중국의 '호주 때리기'는 향후 국제질서의 향방을 점쳐 볼 수 있는 '리트머스 시험지'라고 볼 수 있다.

바이든 시대의 화두는 미·중 신냉전의 본격화

"세계는 100년 만의 대격변을 겪고 있다. 국제환경이 갈수록 복잡해지고 불안정성과 불확실성이 뚜렷이 커졌다. 중국 공산당은 이런 어려움에도 불구하고 오는 2035년까지 '사회주의 현대화'를 기본적으로 실현하겠다."

중국의 최고 권력기관인 공산당 중앙위원회가 2020년 10월 26일부터 29일까지 진행한 제19기 제5차 전체회의에서 채택한 회의결과를 담은 공보(발표)에 밝힌, 미국을 추월해 세계 최강국이 되겠다는 '청사진'이다. 중앙위원회가 공식적으로 선언한 '2035년 사회주의 현대화'라는 목표는 '2035년까지 경제력 면에서 미국을 뛰어넘겠다'는 것을 의미한다. 중국 공산당의 최고기구는 전국 대표대회(당 대회)이지만 5년마다 열리기 때문에 상설기구인 중앙위원회는 권한을 위임받아 당의 중요 정책을 결정하고 지도부를 선임하기 때문에 최고 의사결정기관이다. 중앙위원회는 당시 회의에서 제14차 5개년 경제개발계획(2021~2025)과 2035년까지의 장기 발전 전략을 심의하고 만장일치로 통과시켰다. 중국 공산당이 5년마다 열리는 5중전회에서 장기 발전 전략을 내놓은 것은 제9차 5개년(1996~2000) 이후 25년 만이다. 미국 대선이 실시되기 전이었는데도 불구하고 중국 공산당이 장기 발전 계획을 결정한 것은 미국과의 패권 경쟁을 본격적으로 벌이겠다는 의지를 분명히 한 것이다.

중국 공산당은 이런 목표를 실현하기 위한 15년 계획 가운데 첫 번째로 제14차 5개년 계획에서 새로운 경제발전 전략을 추진하기로 했다. 새로운 경제발전 전략은 '쌍순환(雙循環)'이다. 쌍순환 전략은 세계경제(국제 대순환)와 긴밀한 연결을 유지하면서도 국내 경제(국내 대순환)를 최대한 발전시켜 나간다는 것이다. 중국이 이런 전략을 추진하는 의도는 미국과의 신냉전과 코로나19에 따른 세계적인 경기 침체 등 불확실성 속에서 내수에 중점을 두고 경제 자립에 주력하겠다는 것이라고 볼 수 있다. 또 다른 전략은 기술자립이다. 중앙위원회는 공보에서 "과학 자립과 자강을 국가발전 전략으로 삼고, 세계경제 전쟁터에서 혁신성을 보완해 과학기술 강국 건설을 가속화할 것"이라고 강조했다. 또 제조 강국, 품질 강국, 인터넷 강국, 디지털 강국 등 4대 강국을 건설하자는 목표도 제시했다. 이는 핵심 첨단기술의 국산화로 중국 IT 기업에 대한 미국의 제재에 대응하겠다는 의미라고 볼 수 있다. 중국의 입장에서 볼 때 미국에 맞서려면 무엇보다 기술자립이 가장 중요하다. 중국 공산당은 앞으로 미국과의 기술패권 경쟁을 위해 7대 신(新)인프라로 꼽히는 5G 이동통신, 인공지능, 빅데이터 센터, 산업인터넷, 특고압송전설비(UHV), 광역철도망, 신에너지자동차(친환경차) 충전시설 등에 대대적으로 투자할 것이 분명하다.

중국 공산당이 두 가지 전략을 추진하는 이유는 미국의 전략적 중국 봉쇄와 코로나19 팬데믹이라는 두 개의 도전을 극복하겠다는 의도 때문이다. 중국 공산당은 일단 두 개의 도전을 충분하게 돌파할 수 있는 충분한 자신감을 보이고 있다. 실제로 미국과 유럽 국가들이 코로나19 사태로 경제적 어려움에서 벗어나지 못하고 있지만, 중국은 코로나19 방역에 어느 정도 성과를 거두면서 '나 홀로 성장'에 성공했다. 영국 경제분석기관인 〈캐피털이코노믹스〉는 "신속한 코로나19 통제와 효과적인 경기 부양 정책 덕분에 중국은 코로나19 팬데믹 이전 성장 궤도로 되돌아온 첫 번째 국가가 됐다"고 평가했다.

중국이 미국보다 코로나19에 선방한 덕분에 앞으로 국력 상승에 상당히 도움이 될 것으로 보인다. 호주의 외교·안보 전문 싱크탱크 〈로위 연구소〉가 평가한 '2020년 아시아 파워 지수(API)'에서 미국은 100점 만점에 81.6점으로 1위, 중국은 76.1점으로 2위를 각각 기록했다. 양국 간 격차는 2018년 9.5점에서 2019년 8.6점, 올해 5.5점으로 갈수록 좁혀지는 추세다. 〈로위 연구소〉는 "2020년대 말쯤에는 중국이 미국과 어깨를 나란히 할 것"이라고 내다봤다. 이 연구소의 허브 레마이우(Hervé Lemahieu) 수석 연구원은 "양국 간 격차가 좁혀진 것은 코로나19에 대한 미국의 대응이 미흡한 것이 큰 이유"라면서 "세계무대에서 미국의 리더십이 흔들리는 것도 원인 가운데 하나"라고 밝혔다. 〈일본경제연구센터(JCER)〉도 코로나19 사태를 계기로 미국의 성장세가 한풀 꺾이면서 중국의 미국 추월이 앞당겨질 것으로 내다봤다. JCER은 "코로나19의 영향이 미치지 않은 국가는 거의 없지만, 모든 국가가 같은 정도로 영향을 받은 것은 아니다"라면서 "현재의 차이점들이 15년 뒤 각국의 경제 규모에 상당한 변화를 가져오게 될 것"이라고 강조했다. JCER은 중국 경제가 2028~2029년 사이에 미국 경제를 추월할 것으로 예측했다.

특히 주목할 점은 중국 공산당이 인민해방군의 현대화를 창군 100주년이 되는 오는 2027년까지 실현시키겠다는 결정까지 내렸다는 것이다. 중앙위원회는 공보에서 "2027년까지 국방과 군사의 완전한 현대화, 강한 군대 육성을 위해 공산당의 인민해방군에 대한 절대적인 지도력이 필요하다"고 밝혔다. 홍콩의 친중국계 신문인 『밍바오(明報)』는 "중국 공산당이 군의 현대화 관련 목표를 설정한 것은 사상 처음"이라고 지적했다. 홍콩의 영자지 『사우스 차이나 모닝 포스트』는 "중국 공산당이 제19기 제5차 전체회의를 통해 세계 패권국으로 가는 길에 가해지는 외부의 압력을 용납하지 않을 것이라고 천명했다"면서 "인민해방군의 현대화 목표를 창군 100주년인 2027년으로 설정한 것은 그때까지 미군과 대등해지겠다는 것"이라고 평가했다. 중국 공산당이 군사력 강화를 공식적으로 선언한 것은 미국을 추월해 세계 최강국이 되겠다는 '부국강병(富國强兵)' 의지를 분명히 한 것이라고 볼 수 있다.

중국 공산당이 2035년까지 세계 최강국이 되겠다는 청사진을 마련한 것은 미국의 차기 대통령이 누가 되든 중국에 대한 전략적 봉쇄를 추진할 것이 분명하다고 판단했기 때문이다. 중국 공산당의 의도는 미국의 정권 교체 여부에 관계없이 쌍순환과 기술자립 전략을 통해 이른바 '지구전'을 펴겠다는 것이다. 시 주석 등 중국 지도부는 미국과의 패권경쟁을 장기전이라면서 이에 대비해야 한다고 강조해 왔다. 게다가 2035년은 시 주석이 '사회주의 현대화'라는 목표를 기본적으로 실현하겠다고 제시한 시한이다. 시 주석이 앞으로 82세가 되는 2035년까지 통치하면서 중국을 세계 최강국으로 만들겠다는 것이다. 말 그대로 21세기 '신(新)대장정' 이라고 볼 수 있다. 마오쩌둥의 20세기 대장정이 국공 내전에서 공산당을 승리로 이끌면서 중화인민공화국을 건국했듯이, 시 주석의 21세기 신대장정은 중화민족의 위대한 부흥과 세계 최강국이란 목표를 달성하겠다는 것이다.

미국도 중국의 부상을 억눌러야만 패권을 유지할 수 있기 때문에 바이든 대통령과 의회는 초당적으로 강경한 대(對)중국 정책을 추진할 것이 분명하다. 미국의 주요 정치세력 간에 별 이견이 없는 한 가지 주제가 있다면 그것은 미국의 대중 정책이다. 공화당과 민주당 모두 시진핑 주석 체제하에 중국의 부상은 전 세계가 아니더라도 미국에 대한 분명한 위협으로 보고 있기 때문이다. 코로나19 방역이나 인종차별 등의 각종 현안에 대해선 정파적으로 치열하게 다투면서도 민주당과 공화당은 중국을 견제하는 것에 있어서는 이례적으로 초당적으로 협력하고 있다. 조지프 나이 하버드대 석좌교수는 "미·중 양국은 경제적, 사회적으로 미국과 소련보다 훨씬 긴밀히 연결돼 있는 '협력적 경쟁'관계"라면서도 "바이든 대통령은 중국을 거칠게 몰아붙일 것"이라고 내다봤다. 윌리엄 라인시(William A. Reinsch) 〈전략국제문제연구소〉의 선임 연구원은 "미·중 양국의 갈등은 무역을 넘어 외교·안보, 5G, 인공지능(AI), 생명공학 등 핵심 기술로까지 확대되고 있다"면서 "바이든 대통령은 중국과의 디커플링(decoupling: 탈동조화) 수순을 밟을 것"이라고 전망했다. 〈윌슨 센터〉 산하 미·중 관계 연구소의 로버트 달리(Robert Daly) 소장은 "미·중 관계는 근본적으로 논쟁적이고 적대적이기에 바이든 대통령은 강경한 대중국 정책을 유지할 것"이라고 지적했다. 이런 맥락에서 볼 때 바이든 시대의 최대 화두는 미·중 양국의 본격적인 신냉전이 될 것이 분명하다.

· 5장 ·

역사의 교훈과 한국의 선택

★★★★★

중국의 6·25전쟁 왜곡과 시진핑이 선동하는 애국주의

〈금강천(金刚川)〉은 중국에서 6·25전쟁 참전 70주년을 맞아 2020년 10월 23일 개봉된 영화다. 이 작품은 6·25전쟁의 휴전을 앞둔 상황에서 금강산 인근 금강천의 중국군이 미군의 공습에도 불구하고 병사들의 몸으로 다리를 쌓아 도강에 성공하는 이야기를 그린 것이다. 이 영화를 공동 연출한 관후(管虎) 감독은 자신의 부친이 6·25전쟁에 참전했던 경험을 토대로 이 작품을 만들었다고 밝혔다. 관 감독은 항일전쟁을 다룬 영화 〈빠바이(八佰)〉를 연출한 이른바 '애국주의' 영화의 대가다. 이 작품에는 애국주의 영화 〈특수부대 전랑(战狼)〉의 감독이자 주연이었던 우징(吴京)이 주인공을 맡았다. 제작비가 무려 4억 위안(약 680억 원)이나 투입된 이 영화는 6·25전쟁을 다룬 최고의 블록버스터라는 말을 듣고 있다.

'항미원조전쟁'은 중국 정부와 공산당이 6·25전쟁을 공식적으로 부르는 명칭이다. '미국의 지원을 받은 한국의 침략에 맞서 조선(북한)을 구하기 위한 전쟁'이라는 뜻이다. 6·25전쟁은 이오시프 스탈린(Iosif V. Stalin) 전 소련 공산당 서기장과 마오쩌둥 전 중국 국가주석의 승인하에 김일성의 북한이 기습 남침해 시작됐는데도 불구하고, 중국 정부와 공산당은 남침을 공식적으로 인정한 적이 없다. 이에 중국 정부와 공산당은 그동안 모든 역사책에서 6·25전쟁을 '북침'으로 기록해 왔다. 게다가 중국 정부와 공산당은 6·25전쟁은 제국주의 침략자(미국)가 중국 인민에게 강요한 전쟁이라면서 침략에 맞선 '위대한 정의의 전쟁'이며 '승리한 전쟁'이라고 강변해 왔다.

중국은 6·25전쟁을 내전으로서의 '조선전쟁'과 국제전으로서의 '항미원조전쟁'으로 구분한다. 중국은 조선전쟁이 1950년 6월 25일 38선에서 시작돼 같은 해 10월 24일 북·중 국경인 압록강에서 북한의 패배로 사실상 끝났다고 본다. 중국은 항미원조전쟁이 1950년 10월 19일 압록강에서 시작돼 1953년 7월 27일 휴전선에서 끝나면서 '침략자(미국)'를 400km 이상 몰아내는 성과를 거뒀다고 주장해 왔다. 실제로 중국은 1950년 2월부터 인민해방군 병력 44만여 명을 동북지역에 집결시켜 놓았다. 중국은 김일성의 지원 요청에 따라 같은 해 10월 19일 인민해방군을 '중국 인민지원군'이라는 이름으로 압록강을 건너 북한에 진입시켰다. 중국 인민지원군은 같은 해 10월 25일 평안북도 운산지역에서 미군 제1기병사단과 한국군 제1사단을 기습 공격해 첫 승리를 거두었다. 중국 정부와 공산당은 바로 이날을 항미원조전쟁 기념일로 제정했다.

중국 정부와 공산당은 2020년, 항미원조전쟁 70주년을 맞아 대대적인 선전·선동 작업을 벌였다. 공산당 기관지 『인민일보』는 "위대한 항미원조전쟁은 중국 공산당과 인민군대의 혁명 정신을 널리 알린 전쟁이었다"면서 "항미원조 정신은 중국 인민의 귀중한 자산"이라고 강조했다. 중국 정부와 공산당이 항미원조전쟁 카드를 꺼내든 의도는 코로나19 사태를 계기로 본격적으로 벌어지고 있는 미국과의 신(新)냉전에서 반드시 승리하겠다는 의지를 대내외에 보여 주려는 것이라고 분석할 수 있다. 특히 중국 정부와 공산당은 국민들에게 반미정서와 애국주의를 고취시키려는 속셈이 있다고 볼 수 있다. 말 그대로 '제2의 항미원조전쟁' 전략을 구사하고 있는 셈이다.

시진핑 주석은 2020년 10월 23일 베이징 인민대회당에서 열린 6·25전쟁 참전 70주년 기념식에 참석해 연설했다. 6·25전쟁 참전 기념행사에서 국가주석이 직접 연설하는 건 2000년 장쩌민 전 주석 이후, 시 주석이 처음이다. 장 전 주석이 연설에 나섰던 당시도 1999년 5월 미군 폭격기가 유고슬라비아의 중국 대사관을 오폭해 중국 외교관이 숨진 사건의 여파로 반미 여론이 고조됐던 때였다. 시 주석은 국영 중앙 TV(CCTV)를 통해 중국 전역에 생중계된 가운데 진행된 연설에서 "항미원조전쟁의 승리는 중화민족의 역사에 영원히 기록되고 인류 평화, 발전, 진보의 역사에도 영원히 기록될 것"이라고 밝혔다. 시 주석은 "70년 전 중국 인민지원군은 침략에 저항하는 정의의 기치를 들고 북한 인민군과 함께 2년 9개월을 싸웠다"며 "전쟁에서 희생된 19만 7000여 명의 소중한 생명을 영원히 잊지 않을 것"이라고 말했다. 특히 시 주석은 6·25전쟁이 북한의 남침으로 시작됐다는 역사적 사실을 왜곡하면서 참전의 정당성을 강변했다. 시 주석은 "1950년 6월 25일 조선 내전이 발발했고 미국은 냉전적 사고를 바탕으로 내전에 무력 개입하기로 결정했다"며 "위대한 항미원조전쟁은 제국주의의 침략에 저항하고 중국의 안보를 수호하며 한반도 정세를 안정시키기 위한 것"이라고 평가했다. 시 주석은 미국의 참전을 제국주의적 침략으로 규정한 것이다. 시 주석은 또 "그해 10월 초 미군은 중국 정부의 경고에도 불구하고 38선을 넘어왔고 중국 동북 접경지역을 수차례 폭격해 중국 인민의 안전이 위협받았다"며 당시 참전이 자위권 발동의 차원이었다고 강조했다. 시 주석은 "당시 미국과 중국의 국력은 현저한 차이가 있었지만, 중국군은 미군의 불패 신화를 깼으며 1953년 7월 27일 체결된 정전협정은 항미원조전쟁의 위대한 승리로서 중국과 세계에 깊은 의미를 지닌다"며 "이 전쟁을 통해 제국주의는 다시 중국을 침략하지 못하게 됐으며 중국의 강철 같은 의지를 만방에 보여 줬다"

6·25전쟁 당시 중공이 제작한 포스터(chineseposters.net)

라고 주장했다.

시 주석은 미국과의 신냉전에서도 반드시 승리하겠다는 의지를 강력하게 피력했다. 시 주석은 "약자를 괴롭히고 침략을 확대하면 반드시 머리가 깨져 피를 흘리게 된다는 사실이 확인됐다[頭破血流]"면서 "일방주의, 보호주의, 극단적 이기주의나 협박, 봉쇄, 극한의 압력 행사 같은 방법은 통하지 않을뿐더러 반드시 죽음의 길로 이어질 것"이라고 주장했다. 시 주석이 '머리가 깨져 피를 흘리게 될 것', '죽음의 길로 이어질 것' 등의 강한 표현을 사용한 것은 미국과의 대결에서 결코 질 수 없다는 비장한 각오를 보인 것이라고 말할 수 있다. 시 주석은 "위대한 항미원조 정신은 시공간을 넘어 계승돼야 한다"면서 "애국주의의 기치 아래 한마음으로 협력하고 세계가 중국의 힘을 건드릴 수 없도록 해야 한다"고 강조했다. 42분에 걸친 연설에서 시 주석은 '애국주의'란 말을 6번이나 언급했다. 시 주석은 "오늘날 중국은 두 개의 백 년(중국 공산당 창당 100년인 2021년, 중국 건국 100년인 2049년) 목표 달성의 중요한 역사적 교차점에 서 있다"면서 "우리의 앞길은 순조롭기만 할 순 없지만 우리는 항미원조전쟁의 고난을 뚫고 거둔 위대한 승리를 기억해 앞으로 나아가야 한다"고 밝혔다.

중국 공산당 기관지 『인민일보』는 사설(2020년 10월 23일 자)에서 "미국은 북한에 대한 전면전쟁을 도발했고, 중국의 수차례 경고에도 불구하고 전쟁은 중국 본토도 위협했다"면서 "이런 위급한 상황에서 중국 공산당과 정부는 역사적 결정을 내렸고 평화 수호의 사명을 감당했다"고 강조했다. 이 신문은 "중국 인민지원군이 전쟁에서 승리를 거둔 근본적인 원인은 항미원조전쟁의 정의성"이라면서 "그 어떤 세력도 패릉주의(霸凌主義: 집단따돌림) 수단으로 그들의 의지를 중국에 강요할 수 없고, 중국의 발전 방향을 바꿀 수 없으며 아름다운 삶을 실현하려는 중국 인민의 노력을 가로막을 수 없다"고 역설했다. 중국 정부의 입장을 대변해 온 관영매체 『환구시보』는 사평(2020년 6월 23일 자)에서 "1950년 중국이 미국과 근본적인 힘의 차이가 있었음에도 승리할 수 있었던 것은 중국이 정의의 편에 섰기 때문이며 연대와 희생을 두려워하지 않는 용기가 있었기 때문"이라고 주장했다. 이 신문은 "항미원조전쟁의 경험은 중국이 가난할 때도 미국에 굴복하지 않았다는 중요한 역사적 유산을 남겼다"면서 앞으로 미국과의 신냉전에서 승리해야 한다는 점을 강조했다.

중국에선 이처럼 6·25전쟁을 미화하는 애국주의 열풍이 거세게 불면서 글로벌 아이돌 그룹인 한국의 방탄소년단(BTS)을 비판하는 사태까지 벌어지고 있다. BTS는 2020년 10월 7일 미국의 한·미 친선 비영리재단인 〈코리아소사이어티〉의 연례행사에서 한·미 우호관계 증진에 공을 세운 한국인과 미국인에게 주는 밴 플리트상을 받았다. 이 상은 미군 8군 사령관으로 6·25전쟁에 참전했고 1957년 〈코리아소사이어티〉를 창립한 제임스 밴 플리트(James V. Fleet) 장군을 기리기 위해 1995년 제정됐다. BTS의 리더인 RM(본명 김남준)은 온라인으로 진행된 시상식에서 "우리는 한국과 미국이 함께 겪었던 고난의 역사와 많은 남성과 여성의 희생을 영원히 기억해야 한다"는 내용이 포함된 소감을 밝혔다. 이에 대해 중국의 일부 네티즌들은 '한국과 미국이 겪었던 고난의 역사'라는 표현을 문제 삼으며 "BTS가 항미원조전쟁의 역사를 잘 알지 못한 채 전쟁에서 희생된 중국 군인을 존중하지 않고 중국을 모욕하고 있다"고 비난했다.

그런데 중국이 6·25전쟁 참전 정당성과 승리했다는 주장은 역사적으로 볼 때 사실과는 다르다. 중국의 참전은 유엔 안보리 결의와 국제법 등을 무시하고 북한의 침략전쟁을 도와준 것이기 때문에 정당성을 잃은 행위라고 볼 수 있다. 게다가 중국 정부가 발표한 전체 사상자는 30만여 명이지만 실제로는 100만여 명에 가깝다는 것이 정설이다. 중국이 투입한 병력은 이른바 '윤전(輪戰)' 방식으로 연인원 240만여 명이나 됐으며 비전투 요원 50만여 명까지 모두 290만여 명이나 됐다. 이들 중 세 명에 한 명꼴로 죽거나 다치는 등 엄청난 희생을 치러야만 했다. 중국 정부와 공산당의 의도는 이런 '역사적 교훈'을 외면한 채 애국주의와 민족주의를 앞세워 미국의 공세에 맞서겠다는 것이다. 중국 인민해방군 총참모부 상교(대령) 출신 군사 전문가 웨강(岳刚)은 "항미원조전쟁은 중국이 미국에 맞서 싸운 소중한 정신적 자산"이라면서 "미국이 전방위적으로 중국을 밀어붙이는 상황에서 인민들의 단결만이 살길"이라고 강조했다. 중국 〈군사과학원〉의 허레이(何雷) 인민해방군 중장도 "항미원조전쟁은 미국의 제국주의가 천하무적이라는 신화를 깨뜨렸다"면서 "코로나19 등으로 전 세계가 격변을 겪고 있고 중국 안보에도 심각한 도전이 제기되는 상황에서 항미원조전쟁을 되새길 필요가 있다"고 주장했다.

하지만 중국 정부와 공산당 지도부가 미국과의 대결 구도로서 '제2의 항미원조전쟁' 전략을 구사하는 것은 엄청난 오판이 될 것으로 보인다. 싱가포르 난양이공대의 콜린 코 교수는 "항미원조전쟁을 이용해 중국 국민들의 반미감정을 부추기려는 중국 정부의 노력은 미·중

관계를 더욱 악화시키는 것 외에는 별다른 소득이 없을 것"이라면서 "중국이 미국에 버리라고 요구해온 냉전적 사고가 영속화하는 데 도움을 줄 것"이라고 비판했다. 게다가 한국의 입장에서 볼 때 중국의 항미원조전쟁 미화는 6·25전쟁은 아직 끝나지 않았다는 사실과 누가 동맹이고 누가 적인지를 새삼 확인시켜 준다. 특히 6·25전쟁 때 전사한 한국군은 14만 명이나 된다. 6·25의 영웅인 고(故) 백선엽 장군은 "중공군과 싸운 기간이 거의 전부"라고 지적한 바 있다. 6·25는 김일성이 마오쩌둥의 군사 지원을 약속받았기 때문에 발발했다. 6·25전쟁 직전, 중국이 북한에 지원한 조선인 사단 2개는 남침의 주력 부대였다. 6·25전쟁에 대한 중국의 책임이 분명한데도 중국은 이를 모른 척했다. 수백만 명의 인명 피해와 이산가족의 생이별을 초래한 장본인은 바로 중국이다. 마자오(马钊) 미국 세인트루이스대 중국 역사·문화과 교수는 "역사에 대한 이러한 종류의 극단적인 이념적 접근은 중국에 대한 한국인의 생각을 개선시킬 수 없으며 양국 간 인적 교류도 활성화할 수 없을 것"이라고 지적했다. 마 교수는 "BTS에 공격을 퍼부은 사건은 많은 중국 젊은이들이 이웃 나라의 시각에서 역사를 이해하는 능력과 인내심이 결여돼 있음을 분명하게 보여 준다"면서 "애국주의라고 말하는 이러한 종류의 맹목은 중국이 국제사회 리더가 되는 데 있어 가장 큰 장애물이다"라고 비판했다. 그런데도 시 주석은 정의와 평화의 전쟁이라고 주장한다. 전쟁의 최대 피해자가 한국인데도 시 주석은 사죄는커녕 한마디 언급조차 하지 않았다. 정말로 어처구니없는 적반하장이다.

만절필동과
한국 일부 정치인들의 모화사상

경기 가평에는 조종암(朝宗巖)이 있다. 이 바위에는 조선 제14대 국왕인 선조(宣祖)가 임진왜란 때 원군을 보내 준 명나라에 감사하는 뜻으로 쓴 '만절필동(萬折必東) 재조번방(再造藩邦)'이라는 친필의 글씨가 새겨져 있다. '만절필동'은 황하의 물줄기가 수없이 꺾여도 결국은 동쪽으로 흐르는 것을 말하는데, 이는 '충신의 절개'를 뜻한다. 다시 말해 천자를 향한 제후들의 충성을 말한다. '재조번방'은 '오랑캐 나라를 다시 세워 주었다'는 뜻이다. '만절필동'은 대표적인 사대주의자 송시열이 명나라 숙종과 의종을 모시기 위해 고향에 세운 만동묘(萬東廟)의 어원이기도 하다. 이처럼 '만절필동'은 조선의 명나라에 대한 사대를 의미하는 대표적인 사자성어로 자리매김했다. 그럼에도 불구하고 문희상 전 국회의장이 2019년 2월 12일 워싱턴을 방문해 낸시 펠로시(Nancy P. Pelosi) 미국 하원의장에게 '만절필동'이라고 쓴 휘호를 선물했다. 당시 문 의장은 "북한과의 비핵화 협상이 우여곡절은 겪겠지만 결국은 잘 풀리지 않겠느냐는 염원을 담은 글"이라고 설명했다. 평소 서예를 즐긴다는 문 의장이 '만절필동'의 의미를 몰랐을 리 없었겠지만 그런데도 동맹국이라는 미국의 하원 수장에 이런 휘호를 선물했다는 것은 '몰상식'이라고 볼 수 있다. 문 전 의장이 스스로 친중파임을 자백한 것이나 마찬가지이기 때문이다. 노영민 전 대통령 비서실장은

2017년 12월 5일 주중대사 신임장을 제정하고 시진핑 주석을 만난 후 방명록에 '만절필동'이라는 문구를 쓰기도 했다. 당시 노 대사는 사드(THAAD: 고고도 미사일 방어체계) 갈등 등 우여곡절을 겪었지만 한·중 관계가 다시 잘 풀릴 것이라는 의미로 해당 문구를 사용했다고 해명했다. 하지만 지금까지 중국의 주한 미군 사드 배치에 따른 한국에 대한 경제보복 조치는 그대로 유지되고 있다.

중국 정부는 그동안 한국 정부에 정상회담은 물론, 외교·국방 장관회담 등 다양한 채널을 통해 기회가 될 때마다 사드 문제의 해결을 지속적으로 압박해 왔다. 중국 정부의 끈질긴 협박에 못 이겨 문재인 정부는 2017년 10월 중국의 보복 조치를 철회하는 대가로 이른바 '3불(不)'이라는 굴욕적인 양보 조치를 약속한 바 있다. 3불의 내용을 보면 ① 추가 사드를 배치하지 않고, ② 미국의 미사일 방어체계(MD)에 가입하지 않으며, ③ 한·미·일 군사동맹을 체결하지 않는다는 것이다. 하지만 중국 정부는 지금까지 이에 대해 반대급부로 약속한 보복 조치를 철회하지 않고 있다. 문재인 정부는 그동안 중국 정부에 사드 보복 등은 물론 전투기의 한국방공식별구역(KADIZ) 무시, 〈화웨이〉의 통신장비, 역사 왜곡, 미세먼지 등에 대해 'NO'라는 말을 제대로 한 적이 없다. 특히 문 대통령은 중국의 '입맛'에 맞는 발언만 해 왔다. 심지어 문 대통령은 시 주석과의 정상회담에서 "한국과 중국은 오랫동안 교류하고 문화적 유대를 쌓아 왔으며 양국은 운명공동체"라고 강조하기도 했다. '운명공동체'라는 용어는 중국 정부가 자국과 전략적 우호관계를 맺는 국가에 사용해 온 표현으로 일종의 '동맹관계'를 말한다. 중국 정부는 미국의 견제를 의식해 동맹 대신에 운명공동체라는 용어를 사용해 왔다. 다시 말해 운명공동체는 중국의 패권을 인정하고 중국식 모델을 따른다는 의미다. 문 대통령의 운명공동체 발언은 조선 시대의 '만절필동'과 마찬가지라고 해도 과언은 아니다.

문 대통령은 "중국의 일대일로 구상과 한국의 신남방·신북방정책 간의 연계 협력을 토대로 제3국에 공동 진출해 시너지 효과를 낼 수 있는 다양한 협력 사업들이 조속히 실행되길 기대한다"고 밝히기도 했다. 일대일로는 시 주석이 강력하게 추진하는 중국 주도의 세계 패권 전략이다. 문 대통령의 발언은 중국 정부의 일대일로 프로젝트에 협력하겠다는 것이다. 하지만 이런 입장 표명은 문 대통령이 트럼프 전 대통령과의 한·미 정상회담 후 기자회견에서 "신남방정책과 인도·태평양 전략의 조화로운 협력을 추진할 것"이라고 밝힌 대목과 어긋난다. 미국 정부는 중국이 일대일로 프로젝트를 앞세워 급속하게 세력을 넓혀 가자, 이를 견제하기 위해 인도·태평양 전략을 적극 추진해 왔다. 인도·태평양 전략의 핵심은 인도와 일본, 호주 등 태평양 지역 동맹국과 함께 중국의 해양 진출을 견제·봉쇄하겠다는 것이다. 문 대통령의 발언을 볼 때 '양다리 전략'을 구사하겠다는 것으로 해석할 수 있지만, 실제로는 문 대통령의 속내는 인도·태평양 전략보다 일대일로 프로젝트를 선호한다고 보는 것이 타당하다. 문 대통령은 그동안 '동아시아 철도공동체' 비전을 언급하면서 남·북 철도 연결을 강조해 왔기 때문이다. 동아시아 철도공동체 구상은 한국과 북한을 비롯해 중국, 일본, 러시아, 몽골 등 6개국이 우선 철도 연결을 중심으로 경제 공동체를 조성한 뒤, 안보 공동체로 넓혀 동아시아의 항구적 평화를 유지하겠다는 것이다. 문 대통령의 인도·태평양 전략과 신남방정책의 협력 운운은 중국으로 기울지 않았다면서 미국을 달래려는 제스처인 셈이다.

문 대통령은 시 주석과 정상회담을 위해 중국을 방문했던 2017년 12월 15일 베이징대 연설에서 "중국의 높은 산봉우리가 주변 봉우리와 어울리면서 더 높아진다"면서 "한국은 작은 나라이지만 중국몽과 함께할 것"이라고 밝혔다. 심지어 문 대통령은 "중국몽이 중국만의 꿈이 아니라 아시아 모두, 나아가서는 전 인류와 함께 꾸는 꿈이 되길 바란다"고 강조했다. 이처럼 문 대통령의 '중화 사대주의'는 한국을 아예 소국(小國)이라고 자처할 정도다. 문재인 정부의 친중정책은 '소중화(小中華)' 노선이나 마찬가지다. 문재인 정부는 '모화사상(慕華思想: 중국이나 중국의 문물을 섬기며 따르려는 것)'에서 벗어나 중국에 당당히 'NO'라고 말해야 한다.

한국, 중국과의 짝짜꿍은 위험한 선택

대만의 〈TSMC〉는 세계 최대 반도체 파운드리(위탁생산) 업체이다. 1987년 설립된 〈TSMC〉는 파운드리 업계에서 48%의 시장점유율로 세계 1위를 차지하고 있다. 앞에서도 살펴보았지만, 파운드리는 설계를 하지 않고 팹(Fab)을 통한 반도체만 생산하는 업체다. 반도체 업계에서 팹은 공장을 의미하는데, 공장 없이 설계만 전문으로 하는 기업은 팹리스(Fabless)라고 부른다. 〈TSMC〉는 세계 최대 통신장비 업체이자 5G 이동통신의 글로벌 선두주자인 중국의 〈화웨이〉와 밀접한 관계를 맺어 왔다. 미국 정부는 그동안 〈화웨이〉에 대해 각종 제재 조치를 취해 왔다. 〈TSMC〉는 2020년 5월 15일 미국 애리조나에 120억 달러 규모의 반도체 공장을 짓는다고 발표했다. 이 공장은 최신 기술인 5nm 반도체 생산에 초점을 맞출 것이며 2021년에 건설이 시작될 예정이다. 중국의 난징과 상하이에도 공장을 운영하는 〈TSMC〉가 미국에 새로운 공장을 건설하기로 결정한 이유는 무엇 때문일까.

〈TSMC〉의 발표가 나오던 날, 공교롭게도 미국 상무부는 미국의 소프트웨어와 기술을 활용한 외국 반도체 제조업체의 경우 미국의 허가 없이 〈화웨이〉에 반도체 부품을 공급할 수 없다는 내용의 새롭게 개정된 수출규제 조치를 시행하겠다고 공표했다. 〈TSMC〉는 그동안 미국의 기술과 제조 장비 등을 이용해 반도체 부품을 생산하는 등 공장을 운영해 왔다. 〈TSMC〉는 또 미국의 〈애플〉, 〈퀄컴〉 등 미국 반도체 업체들의 사업 파트너이다. 〈TSMC〉 매출의 60%가 미국 기업들에서 나온다. 미국과 중국의 기술패권 전쟁에서 '양다리 작전'으로 매출을 극대화했던 〈TSMC〉는 결국 미국을 선택할 수밖에 없었다.

미국과 중국의 신냉전이 본격화하고 있는 가운데 바이든 정부도 트럼프 정부처럼 중국 때리기를 계속할 것이 분명하다. 양국의 대결과 갈등은 앞으로 제2의 무역전쟁과 금융전쟁 및 기술패권 전쟁으로 비화할 것으로 보인다. 게다가 양국은 각국을 상대로 '우군 만들기'에 들어갔다. 바이든 정부가 동맹과의 관계를 복원하고 다자주의를 추진하겠다는 것은 우군 만들기 전략의 일환이다. 미국 정부의 전략은 한국, 호주, 뉴질랜드, 베트남, 인도, 멕시코, 일본 등과 협력해 새로운 글로벌 공급망을 구축하겠다는 것이다. 중국에 대한 생산 의존도를 낮춰 글로벌 공급망을 바꾸겠다는 의도다. 특히 주목할 점은 중국 정부가 미국 정부의 새로운 글로벌 공급망 구축을 저지하기 위해 한국과 독일 등에 '러브콜'을 보내고 있다는 것이다. 실제로 시 주석은 2020년 5월 13일 문재인 대통령과의 통화에서 최근 양국이 기업인들의 필수적 활동 보장을 위해 입국절차를 간소화한 '패스트트랙(신속통로)' 제도를 신설한 것을 코로나19 대응의 대표적 모범사례로 꼽았다. 중국 언론의 보도에 따르면 문 대통령에게 전화를 먼저 걸어온 시 주석은 "양국은 최초로 공동방역과 통제 협력체제를 수립했다"며 "양국은 기업인 패스트트랙을 개통해 산업·공급·물류 체인의 운영을 원활하게 했다"고 밝혔다. 시 주석은 양국 관계를 '풍우동주(風雨同舟: 비바람 속에서 한배를 타고 강을 건넌다)'라고 표현하면서 "한국과 중국은 떼어놓을 수 없는 좋은 이웃이며, 앞으로 전략적 교류를 강화해 양국 관계를 한 단계 끌어올리기를 바란다"고 강조했다.

2020년 5월 12일 중국 경제계획 총괄부처인 〈국가발전개혁위원회〉(이하 발개위)는 북·중 접경지역인 지린성 창춘시에 '한·중 국제 합작 시범구'를 설치하겠다는 방안을 공개했다. 중국 정부가 비준한 이 방안에 따르면 창춘시 동북부에 한국 기업을 유치하기 위한 36km² 면적의 산업단지를 건설하고, 장기적으로 210km²까지 확대한다는 것이다. 협력 분야로는 인공지능, 5G, 반도체, 공업·서비스 로봇, 신재생

에너지 자동차, 지능형 자동차 및 주요 부품, 가상현실(VR) 등 첨단 분야가 대거 포함됐다. 이와 함께 한·중 관광 협력을 대폭 강화하고 시범지역에 한국 관광기구가 지사를 설립하는 것을 지원해 국경 간 관광을 적극 발전시킨다는 내용도 명시됐다. 발개위는 "이 방안이 일대일로 프로젝트의 공동 건설과 중국 동북 지역의 전방위 진흥을 위한 새로운 동력을 주입해 동북아 경제협력의 새로운 모델을 탐색하기 위한 것"이라고 밝혔다. 중국 정부가 한·중 국제 합작 시범구까지 설치하려는 의도는 미국을 견제하기 위해 한국을 이용하겠다는 속셈이라고 볼 수 있다. 특히 중국 정부로선 미국 정부가 〈화웨이〉를 제재하기 위해 외국 반도체 업체들의 수출까지 막는 조치까지 내린 상황에서 〈삼성전자〉와 〈SK하이닉스〉 등 한국의 반도체 기업들을 끌어들일 경우, 미국 정부의 제재를 돌파할 수 있다. 게다가 중국 정부로서는 일대일로 프로젝트에 한국이 참여한다면 금상첨화(錦上添花)가 될 수 있다.

하지만 미국 정부가 문재인 정부의 친중정책을 묵과하지 않을 것으로 보인다. 미국 정부가 자국 기업들의 탈(脫)중국과 본토 복귀(reshoring)를 강화하고 있는 것은 물론 동맹국 기업들이 중국으로부터 벗어나도록 유도하는 전략을 추진하고 있는 상황에서 미국 정부는 한국 기업들의 중국 투자에 제동을 걸 것이 분명하다. 브루스 베넷 〈랜드 연구소〉 선임연구원은 "코로나19 사태는 앞으로 미국 정부가 자국과 동맹국 기업들에게 중국에서 공장을 이전하도록 촉구할 수 있는 계기가 될 것"이라고 지적했다.

미국과 중국은 이처럼 신냉전에 따라 각국에 양자택일을 요구하고 있다. 한국이 중국에 경도될 경우 자칫하면 경제가 붕괴할 위험에 직면할 수도 있다. 특히 한국이 중국의 일대일로에 적극 참여할 경우, 미국에 등을 돌리고 중화경제권에 편입될 수는 있을 것이다. 그러나 국제사회는 중국이 일대일로 프로젝트 참여국들의 경제발전을 이끌어내기보다는 막대한 빚을 지게 만들고 자국의 이득만을 챙기고 있다면서 중국을 '채무 제국주의'라고 비판하고 있다. 미·중 무역전쟁에서 볼 수 있듯이 미국의 초강대국 지위는 앞으로 상당기간 흔들릴 가능성이 낮다. 한국으로선 중국과의 위험한 '짝짜꿍'보다는 철저한 '거리두기'를 선택할 필요가 있다. 더 이상 양다리 전략은 유효하지 않기 때문이다.

데니 태극기와
낡아빠진 안미경중론

국립중앙박물관에는 우리나라에 존재하는 가장 오래된 태극기가 전시돼 있다. 등록문화재 제382호인 이 국기는 '데니 태극기'라고 불린다. 고종이 외교고문으로 일했던 미국인 오웬 니커슨 데니(Owen Nickerson Denny, 1838~1900)에게 하사한 태극기다. 오리건주 판사 출신으로 1877년 중국 톈진 주재 영사로 부임한 데니는 1880년 상하이 주재 총영사를 거치며 외교 수완을 발휘해 청나라의 실권자 리훙장(李鴻章)

과 친교를 맺었다. 1884년 미국으로 귀국한 데니는 리훙장의 제안으로 고종의 외교고문직을 제안받았다. 1886년 3월 28일 조선에 도착한 데니는 같은 해 4월 9일 조선 조정으로부터 임명장을 받고 조선과 프랑스 간의 통상협상 체결을 처리하기도 했다. 당시 청은 위안스카이(袁世凱)를 조선 주재 총리교섭통상대신으로 보내면서 노골적으로 조선 내정에 간섭했고, 고종의 폐위까지 획책하기도 했다. 위태로운 조선을 지켜본 데니는 청의 의도와 달리 고종의 외교정책을 적극 지지하면서 조선을 위해 조언을 아끼지 않았다. 이 때문에 청에 미운털이 박히게 된 데니는 1890년 외교고문직을 박탈당하고 미국으로 돌아가게 됐다. 이때 고종이 조선을 도운 데니에게 태극기를 감사의 선물로 주었다. 이 태극기는 데니 친척들이 대대로 보관해 왔다. 그러다 데니 누나의 손자인 윌리엄 랠스턴(William Ralston)이 가족들의 유품을 정리하다 이 태극기를 발견해 1981년 6월 23일 한국에 기증했다.

데니가 외교고문으로 일하던 시절 조선을 둘러싼 강대국들의 이해관계는 복잡했다. 청은 조선이 속국이라면서 미국과의 수교를 방해했다. 초대 주미공사 박정양이 미국 함정을 타고 워싱턴 D.C.로 떠날 때 위안스카이는 영약삼단(另約三端)이라는 원칙을 제시했다. 주재국에 가면 먼저 청국 공사관에 알린 뒤 청국 공사와 함께 주재국 외교부를 방문하고, 외교 모임에서는 청국 공사의 아랫자리에 앉고, 문제가 생기면 청국 공사와 합의 처리하라는 치욕적인 명령이었다. 박정양이 청국 공사를 배제하고 스티븐 클리블랜드(Stephen G. Cleveland) 미국 대통령에게 신임장을 제청하자 위안스카이는 처벌을 요구했다. 고종은 박정양을 국내로 소환했지만, 형식적으로 처벌한 뒤 다시 중용했다.

고종의 반청(反淸) 의지를 확인한 데니는 '청한론(淸韓論: China and Korea)'이라는 저서를 통해 조선이 청에 속한다는 속방론(屬邦論)을 부정하고 조선의 국제적 지위를 독립국으로 규정하면서 청의 간섭을 신랄하게 비판했다. 그러면서 데니는 위안스카이를 규탄하고 청나라 정부에 소환을 촉구하기도 했다.

한국과 미국은 그동안 데니 태극기가 상징하듯 오랜 우의(友誼)를 맺어 왔다. 특히 미국은 북한의 남침으로 벌어진 6·25전쟁 때 가장 먼저 군대를 파병해 한국을 지원한 국가이다. 미군은 3만 3686명이 전사하는 등 한국을 수호하기 위해 엄청난 희생을 치러야만 했다. 한·미 동맹은 6·25전쟁 이후 양국이 1953년 10월 1일 서명하고, 1954년 11월 18일 발효된 상호방위조약을 바탕으로 유지해 온 우호·협력체제를 말한다. 한국이 지금까지 경제발전과 평화를 유지해 온 것은 한·미 상호방위조약에 따른 미국과의 동맹체제를 견고히 구축해 왔기 때문이다. 반면 중국은 그동안 한·미 동맹과 미·일 동맹으로 이뤄진 한·미·일 연대에서 가장 약한 고리인 한국을 자국 쪽으로 끌어당기려 노력해 왔다. 중국의 전략적 목표는 한반도 전체를 자국 영향력 아래 두는 동시에 미국을 태평양 동쪽으로 밀어내는 것이다. 때문에 중국은 한·미 동맹을 눈엣가시처럼 간주해 왔다.

최근 들어 한·미 동맹이 그 어느 때보다 흔들리고 있다. 미국과 중국이라는 거대한 고래싸움에 자칫하면 한국의 등이 터질 상황이다. 이런 가운데 문재인 정부의 고위관리들이 한·미 동맹을 폄훼하는 발언을 서슴지 않고 있다. 이인영 통일부 장관이 2020년 9월 2일 진보 성향의 개신교 연합단체인 〈한국기독교 교회협의회(NCCK)〉를 방문해 "한·미 관계가 어느 시점에는 군사동맹과 냉전동맹을 탈피해 평화동맹으로 전환할 수 있을 것이라 생각한다"고 밝혀 파문을 일으켰다. '냉전동맹'이라는 표현은 중국과 북한이 그동안 주장해 온 용어다. 특히 중국은 일관되게 '한·미 군사동맹은 냉전시대의 유물'이라고 주장해 왔다. 북한도 한·미 동맹과 주한미군이 없어져야 한반도를 적화(赤化)통일할 수 있다고 생각해 왔다. 북한이 그동안 한·미 동맹에 대해 "외부 세력의 이익을 위해 민족의 운명과 이익을 해치는 범죄 행위"라고 비난해 온 것도 이 때문이다. 때문에 이 장관이 1980년대 후반 반미(反美)·주사파(主思派) 단체인 〈전국대학생대표자협의회(전대협)〉 1기 의장 출신이었다는 점을 감안할 때 이 장관의 이런 발언은 중국과 북한의 의도를 대변한 것이라고 볼 수밖에 없다.

미국 조야는 중국과의 본격적인 패권다툼을 벌이고 있는 상황에서 이 장관을 비롯해 문재인 정부의 주요 인사들이 이처럼 친중(親中)·친북(親北) 발언을 서슴지 않고 하고 있는 것에 불쾌감을 보이고 있다. 빈센트 브룩스(Vincent K. Brooks) 전 주한미군사령관은 "중국은 미·한 동맹의 질에 더 큰 영향을 받는다"며 "한국이 당장 사용할 수 있는 중국에 대한 레버리지는 미국과의 관계를 강화하는 것"이라고 강조했다. 코리 가드너(Cory S. Gardner) 전 상원 외교위 동아태소위원장은 "혈맹으로 맺어진 미·한 동맹은 미국의 경제·국가안보 이익의 핵심"이라고 지적했다. 특히 미국 국무부 대변인실 고위관리는 "미·한 동맹은 1953년 체결된 상호방위조약의 범주를 뛰어넘는 훨씬 깊은 관계"라면서 "경제, 에너지, 과학, 보건, 사이버안보, 여권 신장을 비롯해 지역과 국제적 사안 전반에 걸친 협력을 포함한다"고 밝혔다. 이 관리는 "우리가 공유하는 자유, 민주주의, 인권, 법치주의의 가치는 확고한 양국의 유대관계를 더욱 강화해 왔다"면서 "미·한 동맹은 인도·태평양 전략 지역의 안보와 안정, 번영의 핵심축"이라고 강조했다.

미국 조야는 문재인 정부에 자국이냐 아니면 중국 편에 설 것인지 양자택일(兩者擇一)할 것을 주문하고 있다. 미국 정부는 반중 경제블록인 경제번영네트워크(EPN)에 동맹의 동참을 요구해 왔다. 미국 정부는 또 미국·일본·호주·인도의 4자 안보협력체인 '쿼드'에 한국·베트남·뉴질랜드 등 3국까지 포함한 '쿼드 플러스'도 출범시킬 계획을 추진하겠다는 입장이다. 문재인 정부는 이런 미국 정부의 요청에 낡아빠진 '안미경중론(安美經中論)'을 내세우면서 모호한 입장만을 고수하고 있다. '안보는 미국, 경제는 중국'이라는 안미경중론은 코로나19 사태 이후 전개되는 새로운 국제질서에 더 이상 유효하지 않은 전략이다. 이미 안미경중론은 사실상 폐기된 것이나 마찬가지다.

미국 정부가 중국 최대 통신장비 업체이자 스마트폰 제조업체인 〈화웨이〉에 대한 제재 조치를 내린 이유도 '안보'에 위협이 되기 때문이라고 명분을 내세웠지만, 실제로는 중국과의 '경제' 전쟁의 일환이다. 미국 정부의 '화웨이 죽이기'는 미래 기술 산업의 핵심 인프라인 5G 네트워크의 주도권을 중국에 넘겨줄 수 없다는 강력한 의지에서 비롯됐다. 〈화웨이〉는 인공지능, 사물인터넷, 자율주행차 등 4차 산업혁명 분야에서 핵심 인프라 기술인 5G 네트워크 분야에서 선두주자이다. 때문에 미국 정부는 동맹국들은 물론 각국에 5G 네트워크 구축 사업에서 〈화웨이〉를 배제할 것을 강력하게 요청하고 있다. 특히 미국 정부는 앞으로 〈화웨이〉에 그치지 않고 중국의 모든 IT 기업들을 배제시키기 위한 '클린 네트워크 프로그'램 구축에 적극 나설 것이라고 밝혔다.

미국 정부의 〈화웨이〉 제재로 인해 〈삼성전자〉와 〈SK하이닉스〉, 〈LG디스플레이〉 등 한국 주요 기업들은 〈화웨이〉에 각종 제품을 수출할 수 없다. 중국 관영매체 『글로벌 타임스』는 "〈삼성전자〉와 〈SK하이닉스〉가 〈화웨이〉에 반도체를 공급하지 못하게 되면 시련을 겪게 될 것"이라고 지적했지만, 국제 반도체 전문가들은 한국 기업들이 단기적 손실은 불가피하지만, 장기적으로는 큰 영향이 없다고 전망하고 있다. 실제로 〈삼성전자〉는 2020년 9월 7일 미국 1위 통신사업자이자 이동통신 매출 기준 세계 1위 통신사업자인 〈버라이즌〉과 66억 4000만 달러(약 7조 9983억 원) 규모의 5G 네트워크 장비 공급 계약을 맺었다. 이 금액은 한국 통신장비 산업 역사상 최대 규모의 단일 수출 계약이다. 〈삼성전자〉는 이 계약을 토대로 글로벌 5G 시장에서 점유율을 더욱 확대할 것으로 보인다.

만약 문재인 정부의 입장대로 중국과의 경제협력을 강화하기 위해 한국 기업들이 반도체 등을 〈화웨이〉에 계속 공급한다면 미국 정부의 제재 조치로 자칫하면 엄청난 피해를 입을 수밖에 없을 것이다. 게다가 한국 기업들은 미국 시장에 발을 딛기도 어려울 것이 분명하다. 중국의 기술력은 아직까지 반도체 등 주요 분야에서 미국을 따라가지 못하고 있다. 중국 정부가 미국 정부의 강력한 제재 조치에 제대로 반격조차 하지 못하고 있는 것도 이 때문이다. 특히 중국은 반도체, 전자, 조선, 철강, 원전 등 주요 경제 분야에서 한국의 경쟁국이다. 중국은 한국이 우위에 있는 분야에서 기술을 빼먹기 위해 경제협력이란

당근을 제시하고 있지만, 자국이 유리한 분야에선 한국에 '갑질'을 해왔다.

한국이 중국 경제에 종속되지 않으려면 세계 최첨단 기술력을 가진 미국과의 협력이 무엇보다 중요하다. 미국 정부는 포스트 코로나 시대를 맞아 중국을 배제하고 미국과 가치를 공유하는 국가들을 묶어 글로벌 공급망을 짜려는 계획을 추진하고 있다. 이런 상황에선 문재인 정부의 안미경중론은 설득력이 떨어질 수밖에 없다. 한국이 미국과 동맹을 유지하면서 미국이 적으로 간주하는 나라와 경제적으로 가까워지는 건 앞뒤가 맞지 않기 때문이다. 중국과 경제적으로 더욱 깊게 얽혔다가는 미국은 물론 미국과 가까운 유럽과 아시아 시장 등을 잃을 수 있다. 중국과의 경제적 밀착에 따른 리스크는 그 어느 때보다 크기 때문이다.

안보 분야에서 미국과의 동맹관계를 강화하는 것은 더욱 중요하다. 무엇보다 중국은 북한의 급변사태가 발생할 경우 한반도 통일을 저지하겠다는 속셈을 갖고 있다. 다시 말해 중국은 자국의 국익을 위해 한반도의 현상 유지(status quo)를 원할 뿐만 아니라 북한 정권이 붕괴할 경우 군사개입을 통해 북한에 진주하겠다는 의도가 있다는 것이다. 미국 국방부의 「2020 중국 군사력 보고서」에 따르면 중국은 1961년 북한과 맺은 조·중 우호협력 및 상호원조 조약을 근거로 내세워 북한에서 급변사태가 발생할 경우, 한반도에 군사력을 투입할 수 있다는 것이다. 이 조약은 조약 당사국이 다른 국가의 공격을 받아 전쟁이 발생하면 조약의 다른 당사국이 바로 군사 원조를 제공하는 내용의 '전쟁자동개입조항'을 담고 있다. 즉 북한이 미국의 공격을 받으면 중국이 바로 참전해 북한과 함께 미국에 맞서 싸워야 한다는 것이다. 미국 국방부는 이 보고서에서 중국 인민해방군이 항공, 육상, 해상 훈련과 화학방어 훈련 등 한반도 비상사태에 대비한 군사훈련을 실시하고 있으며, 중국 지도자들은 위기 발생 시 북한을 담당하는 북부전구사령부에 다양한 작전을 명령할 수 있다고 지적했다. 보고서는 이런 작전에는 난민 유입을 막기 위한 북·중 국경 통제, 대북 군사개입 등이 포함될 수 있다고 밝혔다. 중국은 그동안 미국을 견제하기 위해 강력한 제재 조치를 취하지 않는 등 북한 비핵화에 소극적인 입장을 보여 왔다. 중국은 또 북한은 물론 러시아 등과 함께 미국에 대항하는 체제를 구축해 왔다.

이런 맥락에서 볼 때 문재인 정부는 미국이 추진하는 인도·태평양 전략에 적극 참여할 필요가 있다. 중국·러시아·북한의 3각 동맹에 맞서려면 이런 전략밖에 없기 때문이다. 게다가 중국은 기존 국제체제와 룰을 존중하지 않고 자국이 주도하는 새로운 질서를 구축하려는 움직임을 보여 왔다. 시 주석이 입만 열면 강조하는 '중국 특색의 사회주의체제'를 통해 실현시키려는 이른바 중국몽이 포스트 코로나 시대를 맞아 중국이 지향하는 새로운 질서라고 볼 수 있다. '중국 특색의 사회주의'는 마르크스·레닌주의, 중화 민족주의, 공산당 일당독재, 국가 주도 경제, 자유와 인권이 없는 사회를 말한다. 한국이 지향하는 자유민주주의와 시장경제 및 법과 인권을 존중하는 가치와는 전혀 다른 세계다. 때문에 한국으로선 미국이 주도하는 인도·태평양 전략에 동참함으로써 중국을 견제하는 데 앞장서야 한다. 또 북한 비핵화를 위해서도 중국의 영향력을 제어해야 한다.

바이든 대통령이 제시한 인도·태평양 전략에 적극 동참해야

바이든 대통령은 당선인 시절 재향군인의 날인 2020년 11월 11일에 부인 질 여사와 함께 펜실베이니아주 필라델피아에 있는 6·25전쟁 참전 추모공원을 방문해 추모비에 헌화했다. 재향군인의 날은 퇴역 군인들의 노력을 기리기 위해 제정된 미국 국경일이며, 필라델피아 6·25전쟁 참전 추모공원은 바이든 대통령의 델라웨어주 윌밍턴의 자택에서 승용차로 20분 거리에 있다. 이곳은 6·25전쟁에서 전사하거나 실종된 622명의 필라델피아 지역 참전용사들을 기리기 위해 세워졌다. 바이든이 당시 이곳을 찾은 것은 미군 참전용사의 희생과 봉사를 기리는 목적이지만 미군이 참전한 이라크전 등 각종 전쟁 중에서 공교롭게도 6·25전쟁 참전 추모공원을 찾은 것은 상당한 함의(含意)가 있다고 볼 수 있다. 바이든의 자택에서 더 가까운 참전용사를 기리는 공원들이 많기 때문이다. 윌밍턴에는 베트남 전쟁 참전용사 기념비가 있는데 5분이면 갈 수 있는 곳이다. 필라델피아에도 각종 전쟁에서 희생된 참전용사들을 기리는 추모 장소와 기념비들이 있다.

바이든은 과거 상원의원과 부통령을 지내면서 한국을 세 차례 방문했다. 바이든은 1998년 11월 상원 외교위원회 민주당 간사로서, 2001년에는 상원 외교위원장로서 각각 방한했다. 특히 바이든은 2013년 12월 한·미 동맹 60주년을 기념하기 위해 미국 정부의 부통령 자격으로 한국을 찾았다. 바이든은 15세이던 손녀 피네건과 함께 용산 전쟁기념관을 찾은 후 헬기를 타고 비무장지대(DMZ) 올렛 초소(GP)도 방문했다. 이런 점들을 볼 때 바이든은 미국의 정치인 중에서 6·25전쟁이 북한의 남침으로 발발했고, 중국의 불법 참전으로 한국군과 미군이 엄청나게 희생됐다는 역사적 사실을 그 누구보다 잘 알고 있다. 때문에 바이든의 6·25전쟁 참전 추모공원 방문은 중국과 한국에 보내는 메시지라고 볼 수 있다. 말 그대로 혈맹(血盟)인 미국과 한국이 협력해 중국과 북한의 도전을 물리치자는 것이다.

바이든은 당선인 시절인 2020년 11월 12일 문 대통령과의 통화에서 "한국이 인도·태평양 지역의 안보와 번영에 있어 린치핀(linchpin: 핵심축)"이라며 "한국에 대한 방위 공약을 확고히 유지하고, 북핵 문제 해결을 위해 긴밀히 협력해 나가겠다"고 밝혔다. 바이든이 언급한 '린치핀'은 오바마 전 대통령이 2010년 G20 정상회의에서 이명박 전 대통령에게 "한·미 동맹은 태평양 전체 안보의 린치핀"이라고 처음 규정한 이후 한·미 동맹을 상징하는 말로 굳어졌다(트럼프 전 대통령은 이런 표현을 거의 사용한 적이 없다). 린치핀은 바퀴가 축에서 빠지지 않도록 고정하는 핀이다. 빼 버리면 전체가 무너지는 핵심 부품이다. 바이든은 문 대통령과의 첫 통화부터 이런 용어를 언급함으로서 동맹을 사실상 경제적 거래 상대로 취급했던 트럼프 전 대통령과는 반대로 혈맹의 가치를 강조한 것이라고 볼 수 있다. 게다가 눈여겨볼 대목은 린치핀은 오바마 전 대통령이 중국의 영향력을 견제하기 위해 아시아에 적극적으로 개입하겠다는 '아시아로의 회귀(pivot to Asia)' 전략을 구사하는 과정에서 나왔다는 점이다.

특히 바이든이 언급한 '인도·태평양 지역의 안보와 번영'은 미국이 추진하고 있는 인도·태평양 전략과 밀접한 관련이 있다는 점을 주목할 필요가 있다. 인도·태평양 전략은 트럼프 전 대통령이 중국을 견제하기 위해 오바마 전 대통령의 '아시아로의 회귀' 전략을 바꿔 2017년 꺼내 든 구상이다. 이 전략은 중국의 일대일로 프로젝트에 맞서 인도·태평양 지역의 동맹, 파트너들과 함께 중국에 대한 포위망을 구축하겠다는 것이다. 미국 정치권은 초당적으로 인도·태평양 전략 추진을 지지하고 있다. 때문에 바이든이 문 대통령과의 통화에서 인도·태평양을 강조한 것은 트럼프 전 대통령의 중국 견제 기조를 이어 가겠다는 뜻을 전하며 한국의 동참을 요청한 것이다. 그런데 바이든은 문 대통령은 물론, 스가 요시히데 일본 총리와 스콧 모리슨 호주 총리와의 같은 날 통화에서도 '인도·태평양'을 강조했다. 바이든은 스가 총리에게 "미·일 동맹 강화와 인도·태평양 지역의 평화와 안정을 향해 협력해 나갈 것을 기대하고 있다"고 밝혔고, 스콧 총리에게도

한국군과 주한미군이 연합훈련의 일환으로 부교 설치를 마친 뒤 기념촬영을 하고 있다.

"미·호주 동맹 강화와 안전하고 번영하는 인도·태평양 지역 유지를 포함한 많은 공동 과제에 관해 긴밀히 협력하길 기대한다"고 말했다. 이런 맥락에서 볼 때 '동맹 강화'와 '다자주의'를 외교·안보의 기본 노선으로 삼고 있는 바이든이 앞으로 추진할 인도·태평양 전략은 무엇보다 중국을 강력하게 견제하기 위해 쿼드를 더욱 확대하는 것이 될 것이 분명하다.

하지만 문 대통령은 바이든의 이런 동참 제안을 외면했다. 문 대통령은 바이든에게 "한·미 동맹의 미래지향적 발전과 한반도 비핵화 및 항구적 평화 정착을 위해 긴밀히 소통해 나가겠다"고 밝혔다. 문 대통령은 인도·태평양이란 용어를 전혀 사용조차 하지 않았다. 스가 총리가 "자유롭고 개방된 인도·태평양의 실현을 향해 함께 연대해 나가고 싶다"고 화답한 것과는 대조적이다. 강민석 청와대 대변인은 "바이든이 언급한 인도·태평양은 해당 지역을 지리적으로 표현한 것이지, 미국의 인도·태평양 전략과는 무관하다"면서 "린치핀이라는 표현도 한·미 동맹의 중요성을 나타내는 것으로, 이 표현 외의 의미를 부여하는 것은 적절치 않다"고 선을 그었다. 청와대가 바이든이 사용한 인도·태평양을 지리적으로만 한정해 해석하는 것은 매우 잘못된 판단이다. 미국은 중국의 팽창을 경계하면서 2018년 5월, 70여 년의 역사를 가진 '태평양 사령부'라는 명칭을 '인도·태평양 사령부'로 변경했다. 인도·태평양 사령부는 주한미군과 주일미군 등을 관할하기 때문이다. 문재인 정부는 그동안 미국 정부의 쿼드 플러스 동참 요청을 거부해 왔다. 심지어 강경화 전 외교장관은 "다른 국가들의 이익을 자동으로 배제하는 그 어떤 것도 좋은 아이디어가 아니라고 생각한다"고 밝히기도 했다.

그렇다면 문재인 정부는 바이든 정부가 앞으로 개최할 계획인 '민주주의 정상회의(Summit for Democracy)'에도 불참하겠다는 뜻인가. 문재인 정부가 중국과의 관계 때문에 자유민주주의라는 '가치 동맹'을 무시한다면 바이든 정부와의 관계는 크게 악화할 수밖에 없다. 바이든 정부는 문재인 정부가 그동안 추진해 온 친중 노선을 계속 유지한다면 상당한 불쾌감을 보일 것이 분명하다. 바이든 정부는 앞으로 포괄적·점진적 환태평양 경제동반자 협정(CPTPP)을 중심으로 글로벌 가치사슬을 재편하는 방안을 추진할 것으로 보인다. 바이든 정부는 또 트럼프 정부와 마찬가지로 중국과 기술패권 경쟁에 적극 나설 계획이다. 이에 따라 바이든 정부는 중국의 최대 통신장비 업체인 〈화웨이〉에 대한 제재 조치를 강화할 방침이다. 바이든 정부는 중국의 일대일로 프로젝트를 견제한다는 입장이다. 하지만 문재인 정부는 〈화웨이〉 제재를 거부하고 있고, 일대일로 프로젝트에도 참여하려는 움직임을 보이고 있다.

특히 바이든 정부는 트럼프 정부와 달리 인권 외교에 상당한 비중을 둘 것이 분명하다. 바이든은 "미국은 더 이상 독재자들의 비위를 맞추지 않을 것"이라면서 시 주석과 푸틴 대통령 및 김정은 총비서를 싸잡아 '불량배'라고 지칭하기도 했다. 바이든은 중국 공산당의 위구르족 인권탄압을 '인종청소(genocide)'라고 표현하는가 하면 홍콩국가보안법을 비판하는 등 동맹국들을 비롯해 국제사회와 연대해 인권문제로 중국을 압박할 것이 분명하다. 북한 인권문제에 대해서도 마찬가지 입장이다. 하지만 문재인 정부는 중국의 위구르족 탄압과 홍콩

국가보안법은 물론 북한 인권문제도 침묵해 왔다. 심지어 대북전단살포금지법까지 제정해 미국 의회와 국제인권단체들의 비판까지 받고 있다.

이처럼 최대 위기에 직면한 한·미 동맹은 앞으로 어떤 목표를 지향해야 할 것인가. 그 해답으로 호주의 전략을 주목할 필요가 있다. 호주는 미국과 중국의 패권 경쟁에 낀 나라 중 하나다. 특히 호주의 입장에선 경제 분야에서 중국이 미국보다 중요하다. 호주가 전 세계에서 교역을 가장 많이 하고 있는 국가는 중국이기 때문이다. 양국의 교역 규모(2017~2018)는 1946억 달러로 이는 호주와 미국 및 일본의 교역 규모를 합친 것(1478억 달러)보다 많다. 호주는 전체 수출의 30.6%를 중국으로 수출한다. 반면 미국은 5.3%, 일본은 12.7%밖에 되지 않는다. 호주 경제가 중국에 의존하고 있다는 말을 들을 정도다. 호주는 서방국가로는 뉴질랜드 다음 두 번째로 중국에게 시장경제 지위(MES)를 부여한 데 이어 선진국 중 처음으로 중국과 자유무역협정(FTA)을 체결했다. 호주는 또 연간 100만여 명의 중국 관광객과 유학생들을 유치해 경제적으로 상당한 이득을 보고 있다. 중국은 그동안 경제협력을 강조하면서 호주를 자국 편으로 끌어들이기 위해 상당히 노력해 왔다.

하지만 호주는 미국과의 동맹관계를 더욱 강화하고 있다. 호주 정부가 2017년 11월에 발표한 외교 백서를 보면 미국을 선택한 이유를 분명하게 알 수 있다. 백서는 "호주의 미래 안보와 번영은 현재 룰(rule)에 기초한 아시아의 국제질서를 유지하는 데 달렸고, 이를 위해 미국의 힘에 의지해야 한다"고 강조했다. 백서는 또 "미국과의 동맹 강화로 자유민주주의, 정치·경제·종교 자유, 인권, 법치 등 호주의 정체성을 지킬 수 있다"고 밝혔다. 호주 정부의 외교 백서가 강조한 '룰에 기초한 국제질서'와 '자유민주주의'라는 정체성은 미국이 지향하고 있는 가치가 분명하다. 반면 중국은 자유민주주의와 인권 등을 외면해 온 공산당의 일당 독재국가이다. 한국의 입장에서 볼 때 앞으로 한·미 동맹이 추진할 지향점은 '호주 모델'이라고 볼 수 있다. 한·미 동맹은 피와 목숨으로 이어진 동맹일 뿐만 아니라 자유민주주의와 시장경제, 법치라는 가치를 공유해 왔기 때문이다. 문재인 정부는 더 이상 미·중을 놓고 좌고우면하지 말고 '호주 모델'을 선택하는 것이 한국의 '정체성'을 유지하는 것임을 명심해야 한다.